URL QR로 미리보고 학습하는 리액트 **최신판**

퍼펙트 리액트

예제 + 응용

박정화 지음

URL QR로 미리보고 학습하는

퍼펙트 리액트

ISBN 979-11-987623-1-3
저자 박정화
발행인 박정화
발행처 나린 출판사
초판일 2024. 6. 20
이메일 narin.books45@gmail.com

기획 및 책임편집 박정화
디자인 박정화 | **교정교열** 문성일 | **제작** 박정화

이 책에 실린 모든 글과 사진, 일러스트를 포함한 디자인 및 편집 형태, 배포에 대한 권리는 박정화와 나린출판사에 있으므로 무단으로 전재하거나 복제, 배포할 수 없습니다.

저자 **박정화**

정보기술개발 및 디자인 훈련교사 자격증을 보유하고 있으며, 웹디자인 실무 경력 10여년 그리고 웹디자인/웹퍼블리싱 양성 과정을 10여년 강의하고 있습니다.

퍼펙트 리액트 학습서는 실무와 강의 경험을 토대로 내용을 엑기스화 하였으며 수록된 실전 예제는 배우면서 곧바로 사용할 수 있도록 구성되었습니다. 본 책자에 수록된 모든 예제는 URL(큐알코드)을 통해 즉시 테스트해 볼 수 있습니다. 여러분의 활기찬 지적 호기심과 용기 있는 도전을 응원하며, 퍼펙트 리액트는 새로운 목표를 향한 힘든 여정에 지름길이 되길 소망합니다.

무려 94개의 반응형웹 예제소스

기초부터 응용까지 한번에 학습할 수 있도록 알차게 구성된 94개의 웹 페이지형 소스는 요점 정리가 따로 필요하지 않습니다. 퍼펙트 리액트는 그 자체로 요점 정리 된 리액트 학습서입니다.

예제소스 URL(큐알코드)

예제소스는 완성되어 웹상에 공개되어 있습니다. 페이지를 찾기 위해 힘들게 타이핑해야 하는 노고를 대신하여 큐알코드를 휴대폰으로 촬영하기만 해도 예제 페이지로 즉시 링크 연결되고 결과를 테스트해 볼 수 있습니다.

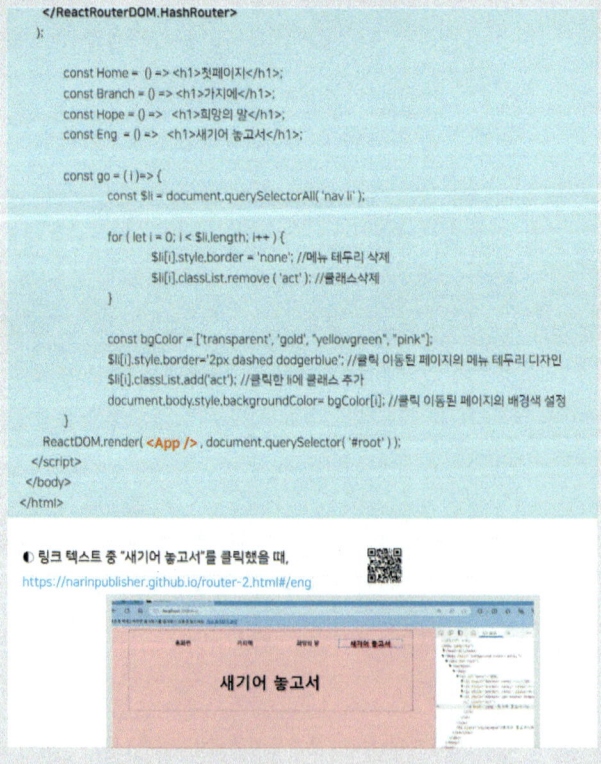

URL QR로 미리보고 학습하는 리액트 최신판

퍼펙트 리액트

예제 + 응용　　박정화 지음

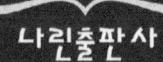

목차

URL QR로 미리보고 학습하는 퍼펙트 리액트

CHAPTER 01 리액트 소개

01. 리액트 소개	018
01-01. React란	018
01-02. 리액트는	019
01-03. React.js 역사	019

CHAPTER 02 리액트 시작

02. 리액트시작	022
02-01. 무설치로 리액트 시작	022
02-02. Node.js를 설치하고 리액트시작	023

CHAPTER 03 리액트 환경설정

03. 리액트 환경설정	028
03-01. 명령 프롬프트 열기	028
03-02. React 앱 생성	028
03-03. 디렉토리 이동	028
03-04. React 앱 실행	029
03-05. npm 설치 완료	029

CHAPTER 04 리액트 소개

04. 리액트 앱 수정 · · · · · · · · · 034
04-01. App.js 수정 · · · · · · · · · 034
04-01-01. App.js 열기 · · · · · · · · · 034
04-01-02. 앱 실행 · · · · · · · · · 035
04-01-03. App.js 수정 · · · · · · · · · 035
04-02. index.js 수정 · · · · · · · · · 035
04-02-01. src 폴더 안에 있는 index.js열기 · · · · · · · · · 036
04-02-02. index.js 수정 · · · · · · · · · 037
04-03. index.js 한번 더 수정 · · · · · · · · · 038

CHAPTER 05 리액트 HTML 렌더링

05. 리액트 HTML 렌더링 · · · · · · · · · 042
05-01. Render() 함수 · · · · · · · · · 042
05-01-01. 두 개의 지역변수 · · · · · · · · · 042
05-01-02. public 폴더 · · · · · · · · · 042
05-01-03. 렌더링 되는 곳 · · · · · · · · · 043
05-01-04. 'root'라는 아이디 명은 표준 규칙 · · · · · · · · · 043
05-02. HTML Code · · · · · · · · · 044
05-02-01. JSX · · · · · · · · · 044
05-03. Root Node · · · · · · · · · 045

CHAPTER 06 리액트 JSX

06. 리액트 JSX · · · · · · · · · 052
06-01. 리액트 JSX 란 · · · · · · · · · 052
06-02. JSX 코딩하기 · · · · · · · · · 052

리액트 JSX 표현식
CHAPTER 07

07. 리액트 JSX 표현식	058
07-01. React JSX 표현식이란	058
07-02. JSX 표현식 예	058
07-03. 최상위 요소는 '하나'	060
07-03-01. 최상위 요소가 <main> 일때	060
07-03-02. 최상위 요소가 <> 일 때	062
07-03-03. 빈 요소 닫기	064

리액트 JSX className
CHAPTER 08

08. 리액트 JSX className 속성	068
08-01. JSX에서 className 속성	068

리액트 JSX 조건문
CHAPTER 09

09. 리액트 JSX 조건문	072
09-01. if 문과 삼항 표현식	072
09-01-01. JSX 코드 외부에 if 문을 작성하는 방법	072
09-01-02. if 문 대신에 삼항 표현식을 사용하는 방법	073

리액트 컴포넌트

CHAPTER 10

10. 리액트 컴포넌트	078
10-01. 컴포넌트 (Components)란	078
10-02. 컴포넌트 생성	078
10-02-01. 클래스 컴포넌트 생성	078
10-02-02. 함수 컴포넌트 생성	080
10-03. 컴포넌트 렌더링	080
10-04. 컴포넌트와 Props	082
10-04-01. Props를 사용한 컴포넌트 문자열 전달	082
10-05. 컴포넌트 안의 컴포넌트	083
10-06. 컴포넌트 합성	081
10-06-01. props.children	085
10-06-02. 특별한 컴포넌트 속의 일반적인 컴포넌트	087
10-07. 별도 파일에 있는 컴포넌트	090

리액트 클래스 컴포넌트

CHAPTER 11

11. 리액트 클래스 컴포넌트	096
11-01. Class 컴포넌트 만들기	096
11-01-01. 클래스 컴포넌트를 생성	096
11-02. Class 컴포넌트에 있는 Constructor	098
11-03. class 컴포넌트에 있는 Props	099
11-04. class 컴포넌트에 있는 생성자 함수	101
11-05. class 컴포넌트 속의 class 컴포넌트	102
11-06. 별도 파일에 있는 class 컴포넌트를 참조	105
11-07. Class 컴포넌트에서 State 객체	107
11-07-01. State 객체 생성	107
11-07-02. State 객체 사용	110

- 계속 -

CHAPTER 11 리액트 클래스 컴포넌트

11-07-03. State 객체 변경	113
11-08. 콤포넌트의 3단계 라이프싸이클	117
11-08-01. 마운트 (연결 Mounting)	117
11-08-01-01. constructor (생성자)	117
11-08-01-02. getDerivedStateFromProps	121
11-08-01-03. render	124
11-08-01-04. componentDidMount	126
11-08-02. 업데이트 (갱신 Updating)	129
11-08-02-01. getDerivedStateFromProps()	129
11-08-02-02. shouldComponentUpdate()	132
11-08-02-02-01. shouldComponentUpdate() false	132
11-08-02-02-02. shouldComponentUpdate() true	135
11-08-02-03. render()	139
11-08-02-04. getSnapshotBeforeUpdate()	143
11-08-02-05. componentDidUpdate()	147
11-08-03. 언마운트 (Unmounting)	151

CHAPTER 12 리액트 Props

12. 리액트 Props	158
12-01. 리액트 Props 란	158
12-01-01. 리액트에서 데이터 전달하기	161
12-01-01-01. 매개변수로 데이터 전달하기	161
12-01-01-02. 변수를 생성하여 값 전달하기	163
12-01-01-03. 오브젝트를 생성하여 값 전달하기	167

CHAPTER 13 · 리액트 이벤트

- 13. 리액트 이벤트 · · · · · · 172
- 13-01. React Events · · · · · · 172
- 13-01-01. 이벤트 추가 · · · · · · 172
- 13-01-02. 인수 전달 (Passing Arguments) · · · · · · 175
- 13-01-03. React 이벤트 객체 (React Event Object) · · · · · · 177

CHAPTER 14 · 리액트 조건문

- 14. 리액트 조건문 · · · · · · 182
- 14-01. React 조건부 렌더링 · · · · · · 182
- 14-01-01. if 문 · · · · · · 182
- 14-01-01-01. if 문이 false일 때 · · · · · · 182
- 14-01-01-02. if 문이 true일 때 · · · · · · 185
- 14-01-02. React 논리 연산자 && · · · · · · 188
- 14-01-02-01. JSX 표현식이 true 일 때 · · · · · · 188
- 14-01-02-02. JSX 표현식이 false 일 때 · · · · · · 191
- 14-01-03. React 삼항 연산자 (Ternary Operator) · · · · · · 194

CHAPTER 15 · 리액트 목록

- 15. 리액트 목록 · · · · · · 200
- 15-01. React 목록 · · · · · · 200
- 15-02. React 목록 키 (React Lists keys) · · · · · · 203

CHAPTER 16 리액트 폼

- 16. 리액트 폼 ... 210
- 16-01. React Forms 핸들링 ... 210
- 16-02. React Forms 처리 ... 212
- 16-02-01. useState 훅(Hook)을 사용한 입력 관리 ... 212
- 16-02-02. 리액트 폼 제출 (Form submit) ... 215
- 16-02-03. 리액트 다중 입력 폼 필드 ... 218
- 16-02-04. 리액트 폼 textarea ... 222
- 16-02-05. 리액트 폼 select 태그에서 selected 속성 ... 224
- 16-02-05-01. HTML 방식 ... 225
- 16-02-05-02. React 방식 ... 225

CHAPTER 17 리액트 라우터

- 17. 리액트 라우터 (React Router) ... 230
- 17-01. 리액트 라우터란 ... 230
- 17-02. 리액트 라우터 추가하기 ... 230
- 17-03. 폴더와 파일 구조 ... 231
- 17-03-01. 폴더구조 및 생성 ... 231
- 17-03-02. pages 폴더 내에 3개의 js 파일 넣기 ... 231
- 17-03-03. pages 폴더 내에 layout.js 파일 넣기 ... 232
- 17-03-04. index.js 파일 작성하여 src 폴더에 넣기 ... 233
- 17-03-05. 디자인 스타일 설정하기 (메뉴 활성화 유지) ... 237

CHAPTER 18 리액트 메모

18. 리액트 메모 (React Memo) 246
18-01. React.memo를 이용한 카운트 246

CHAPTER 19 리액트 CSS 스타일

19. 리액트 CSS 스타일링 (React CSS Styling) 252
19-01. 리액트 스타일 252
19-01-01. 인라인 스타일 252
19-01-01-01. 인라인 스타일 카멜케이스 254
19-01-01-02. 인라인 스타일에서 자바스크립트 객체 참조 256
19-01-02. CSS 스타일시트 258
19-01-03. CSS 모듈 261

CHAPTER 20 리액트 Sass 스타일

20. 리액트 Sass 스타일링 266
20-01. Sass 란 266
20-02. Sass 파일 생성 266

리액트 훅

CHAPTER 21

21. 리액트 훅 (React Hooks)	270
21-01. 리액트 훅이란?	270
21-01-01. 버튼 클릭으로 코트 (텍스트) 색상 변경하기	270
21-01-02. 클릭한 버튼의 배경 색상도 변경하기	272
21-02. 리액트 useState 훅	275
21-02-01. useState 가져오기	275
21-02-02. useState 초기화	276
21-02-03. State 읽기 (Read State)	276
21-02-04. State 업데이트 (Update State)	278
21-02-04-01. 기초 예제	278
21-02-04-02. 응용 예제	280
21-02-05. State 유지 (State Hold)	283
21-02-05-01. 여러 state Hooks 만들기	283
21-02-05-02. 오브젝트가 포함 된 단일 Hook	285
21-03. 리액트 useEffect 훅	288
21-03-01. 1초씩 증가하는 타이머 만들기	288
21-03-02. 버튼을 클릭할 때마다 증가/감소하는 카운트	291
21-04. 리액트 useContext 훅	293
21-04-01. 3개의 컴포넌트에서 context 이용하기	294
21-05. 리액트 useRef 훅	297
21-05-01. 버튼을 클릭한 횟수를 경고창에 표시하기	298
21-05-02. 클릭한 횟수를 경고창과 웹문서에 표시하기	301
21-06. 리액트 useReducer 훅	303
21-06-01. 만보걷기 실천한 걸음 횟수 입력하기	304
21-06-02. 증가/감소 클릭하여 출석 일수 표시하기	306

- 계속 -

CHAPTER 21 리액트 훅

21-07. 리액트 useCallback 훅 ········· 310
21-07-01. 입력하는 숫자로 실시간 계산하기 ········· 310
21-07-02. 토글버튼으로 디자인 적용/삭제하기 ········· 314
21-08. 리액트 useMemo 훅 ········· 319
21-08-01. [+] 클릭 횟수만큼 카운트 수와 합계 증가하기 ········· 319
21-08-02. 어제 식사한 칼로리는 몇 칼로리 입니까? ········· 323
21-09. 리액트 사용자 훅 (React Custom Hooks) ········· 326
21-09-01. JSONPlaceholder로 photo URL 표시하기 ········· 326
21-09-02. JSONPlaceholder로 album Title 표시하기 ········· 330

CHAPTER 22 리액트 포트폴리오

22. 리액트 포트폴리오 (React Portfolio Page) ········· 336
22-01. sass와 목록 key와 useState를 사용한 웹페이지 ········· 336

CHAPTER

01

01.	리액트소개	....	18
01-01.	React	....	18
01-02.	리액트는	....	19
01-03.	React.js 역사	....	19

URL QR로 미리보고 학습하는 퍼펙트 리액트

리액트 소개

01 리액트 소개

01-01. React란

- React는 사용자 인터페이스를 구축하기 위한 Javascript 라이브러리입니다.
- React는 단일 페이지 애플리케이션을 구축하는 데 사용됩니다.
- React를 사용하면 재사용 가능한 UI 구성요소(컴포넌트)를 만들 수 있습니다.
- React는 Facebook에서 만든 Javascript 라이브러리입니다.

그림 .1.1 리액트란

01-02. 리액트는

- React는 UI 컴포넌트를 만드는 도구입니다.
- React는 메모리에 VIRTUAL DOM을 생성합니다.
- React는 브라우저의 DOM을 직접 조작하지 않습니다.
- React는 브라우저 DOM을 변경하기 전에 메모리에 (필요한 조작을 수행하는) 가상 DOM을 생성합니다.
- React는 상호작용이 많은 UI를 만들 때 생기는 어려움을 줄여줍니다.
- React는 (어떤 변경이 이루어졌는지 알아챈 후) 변경해야 할 부분만 변경합니다.

01-03. React.js 역사

- React는 Facebook 소프트웨어 엔지니어인 조던 워크(Jordan Walke)가 만들었습니다.
- React는 2011년 Facebook의 뉴스피드 기능에 처음 사용되었습니다.
- 대중에 대한 최초 릴리스(V0.3.0)는 2013년 7월에 이루어졌습니다.
- React(React.js)의 현재 버전은 v18.2.0(2022년 6월)입니다.
- create-react-appwebpack, Babel 및 ESLint와 같은 내장 도구가 포함되어 있습니다.

그림 .1.3 유튜브 ReasonConf 에서 공개하고 있는 『조던워크- 미래에 반응하다』

CHAPTER

02

02.	리액트 시작	 22
02-01.	무설치로 리액트 시작	 22
02-02.	Node.js를 설치하고 리액트 시작	 23

URL QR 코드 미리보고 학습하는 퍼펙트 리액트

리액트 시작

02 리액트 시작

02-01. 무설치로 리액트 시작

- 리액트를 사용하기 위한 특별한 환경 설정이나 Node.js 파일을 설치하지 않습니다.
- HTML 페이지에 3개의 자바스크립트 CDN 파일을 배치합니다.
- 리액트 스크립트를 작성합니다.
- 브라우저로 결과를 즉시 확인할 수 있습니다.
- 작업 파일을 그대로 웹에 배포할 수 있습니다.

◈ react-test-1.html

```html
<!DOCTYPE html>
<html lang="ko">
  <head>
    <meta charset="utf-8">
    <script src="https://unpkg.com/react@18/umd/react.development.js" crossorigin></script>
    <script src="https://unpkg.com/react-dom@18/umd/react-dom.development.js" crossorigin>
    </script>
    <script src="https://unpkg.com/@babel/standalone/babel.min.js"></script>
  </head>
  <body>

    <div id="mydiv"></div>

    <script type="text/babel">
      //컴포넌트명: 파스칼케이스방식 (첫단어와 이어진 단어의 첫글자는 대문자로 시작하며, 단어 사이는 공백이 없다)
      function MyReact() {
        return (
          <div>
            컴퓨터에 리액트 환경을 설정하지 않고<br />
            <span style= { { fontweight: 'bold', color: 'orange' } }>
```

```
        3개의 스크립트를 CDN으로 연결하여
      </span>
      <br />즉시 리액트를 테스트해 볼 수 있습니다.
    </div>
    );
  }
  const container = document.getElementById('mydiv');
  const root = ReactDOM.createRoot(container); //표시할 컴포넌트의 위치
  root.render( <MyReact /> ); //표시할 컴포넌트
</script>

</body>
</html>
```

◆ 렌더링 결과

https://narinpublisher.github.io/my-react/react-test-1.html

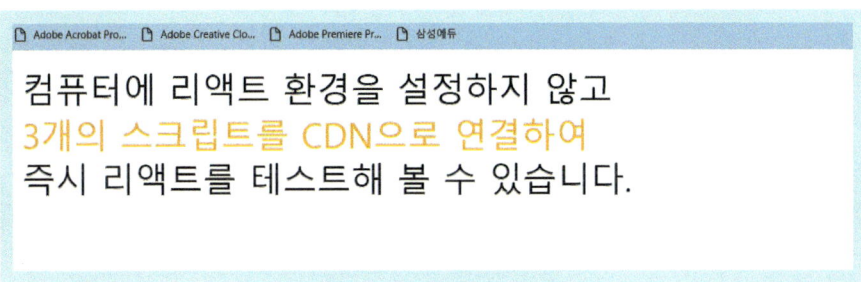

그림 2.1.1 브라우저 렌더링 결과

02-02. Node.js를 설치하고 리액트 시작

- https://nodejs.org/에서 Node.js 설치 파일을 다운 받은 후 exe를 실행합니다.
- 설치파일에는 create-react-appwebpack, Babel 및 ESLint와 같은 내장 도구가 포함되어 있습니다.

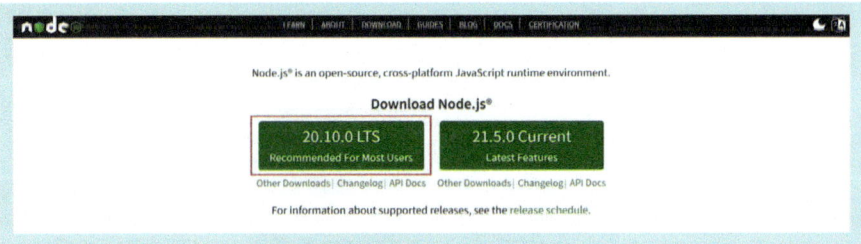

그림 2.2.1 Node.js 설치하기

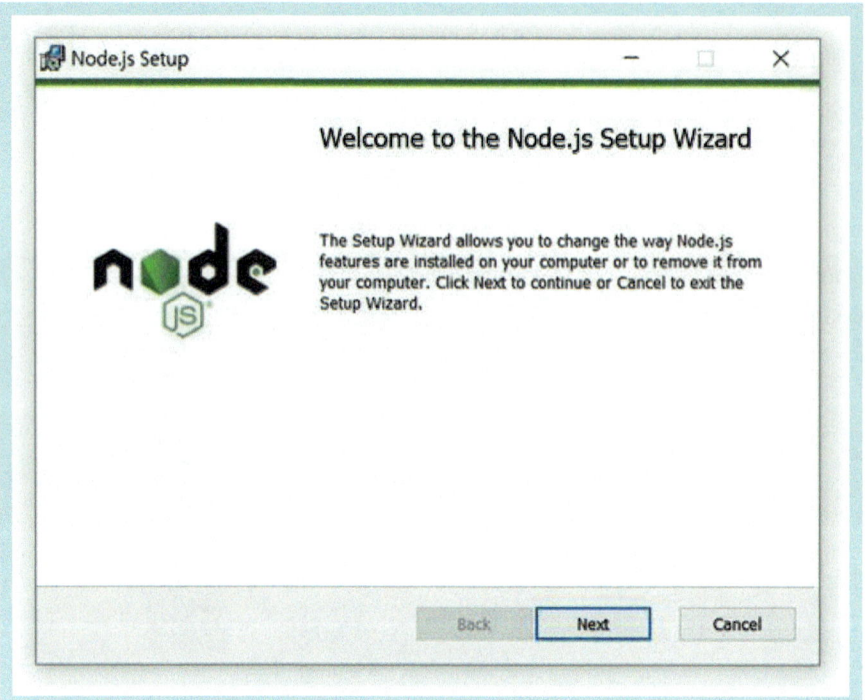

그림 3.1.2 node.js 설치시작

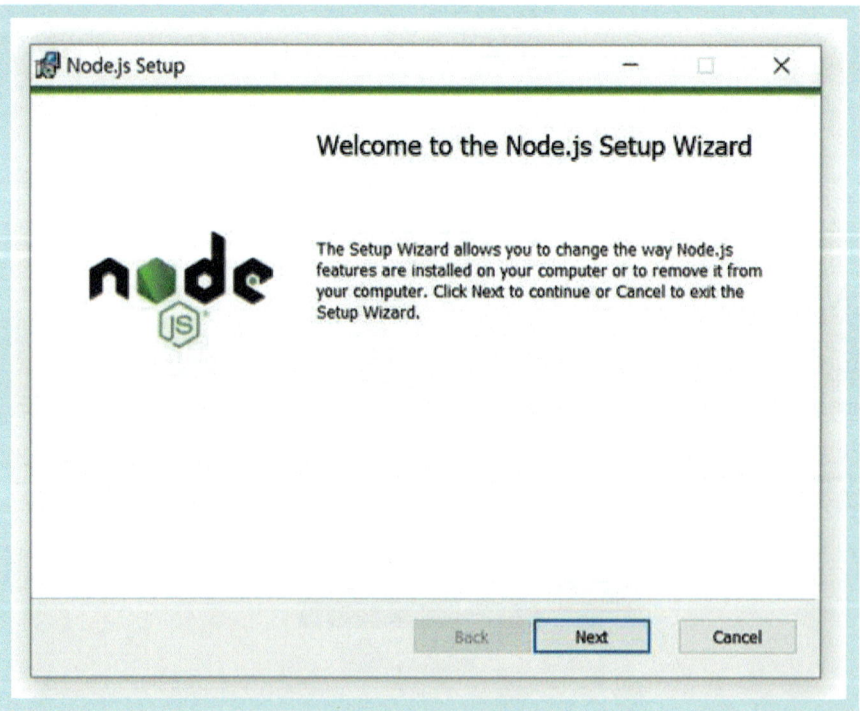

그림 3.1.2 node.js 설치중

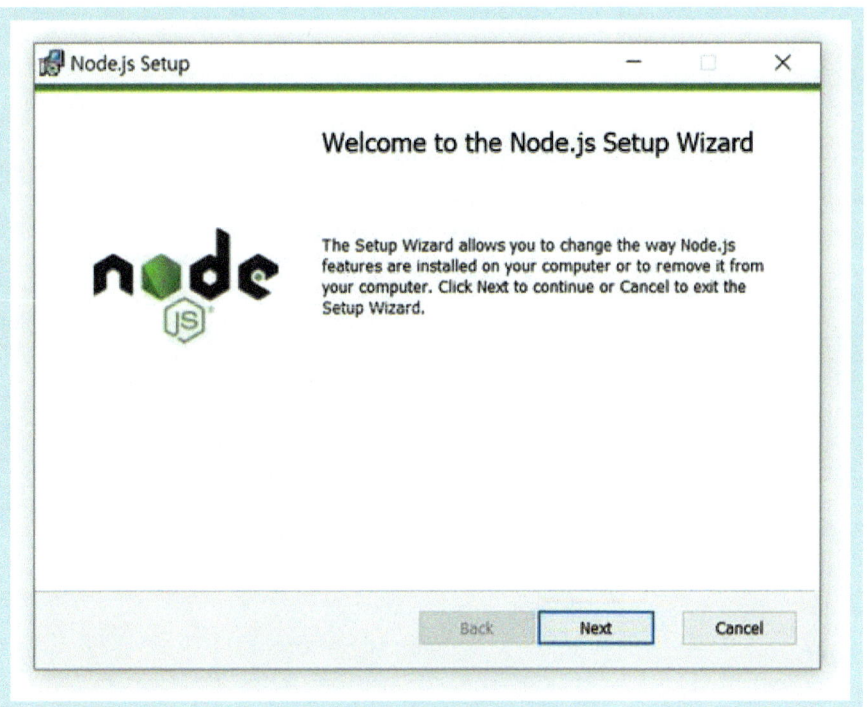

그림 3.1.3 node.js 설치 종료

CHAPTER

03

03.	리액트 환경설정	 28
03-01.	명령 프롬프트 열기	 28
03-02.	React 앱 생성	 28
03-03.	디렉토리 이동	 28
03-04.	React 앱 실행	 29
03-05.	npm 설치 완료	 29

URL QR을 미리보고 학습하는 퍼펙트 리액트

리액트
환경설정

03 리액트 환경설정

03-01. 명령 프롬프트 열기

모니터 화면 하단 왼쪽 검색창에 cmd를 입력한 후 엔터키를 눌러서 명령 프롬프트(Command Prompt) 창을 엽니다.

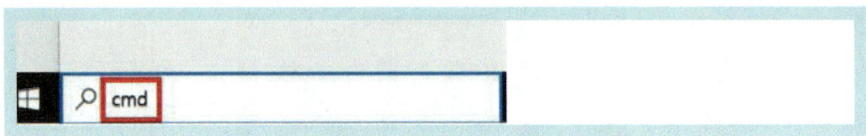

그림 2.1.1 브라우저 렌더링 결과

03-02. React 앱 생성

명령 프롬프트 창이 열리면 커서가 깜빡이는 곳에 npx create-react-app my-app 라고 입력한 후 엔터키를 눌러서 my-app 이라는 이름을 가진 리액트 앱을 만듭니다.

```
C:\Users\컴퓨터이름>npx create-react-app my-app
```

Ok to proceed? (y) 라는 질문 텍스트가 나오면서 프로세스가 잠시 중단됩니다. 그러면 키보드 자판에서 y를 클릭하여 잠시 중단 되었던 프로세스를 계속 진행시킵니다.

```
OK to proceed? ( y )  y
```

03-03. 디렉토리 이동

명령 프롬프트 창에서 my-app 디렉토리(폴더경로) 안으로 들어가려면 cd my-app 를 입력하고 엔터키를 누릅니다.

```
C:\Users\컴퓨터이름>
C:\Users\컴퓨터이름>cd my-app
C:\Users\컴퓨터이름\my-app>
```

Ok to proceed? (y) 라는 질문 텍스트가 나오면서 프로세스가 잠시 중단됩니다. 그러면 키보드 자판에서 y를 클릭하여 잠시 중단 되었던 프로세스를 계속 진행시킵니다.

```
C:\Users\컴퓨터이름\my-app>cd..
C:\Users\컴퓨터이름>
```

03-04. React 앱 실행

npm 프로그램을 시작하면 리액트 앱이 실행됩니다.

```
C:\Users\컴퓨터이름>
C:\Users\컴퓨터이름>cd my-app
C:\Users\컴퓨터이름\my-app>
```

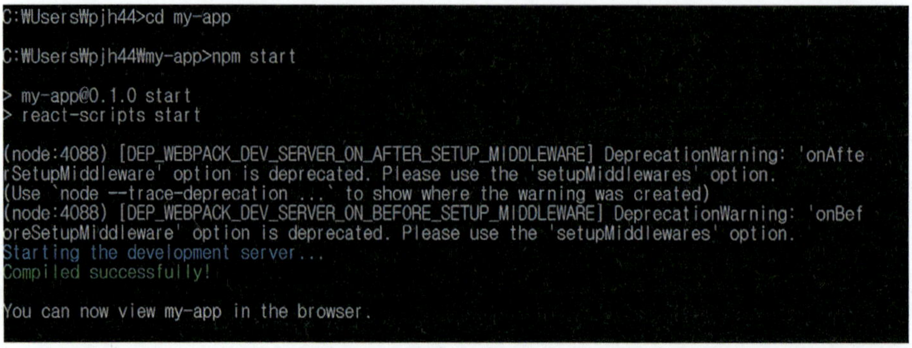

그림 3.4.1 React 앱을 실행시킨 상황

03-05. npm 설치 완료

- 설치가 완료되면 브라우저 URL에 로컬호스트가 설정됩니다.
- localhost:3000는 가상의 도메임이름(localhost)과 포트번호(3000)입니다.
- 이제부터는 네트워크처럼 응답을 보내고 받는 것이 가능합니다.

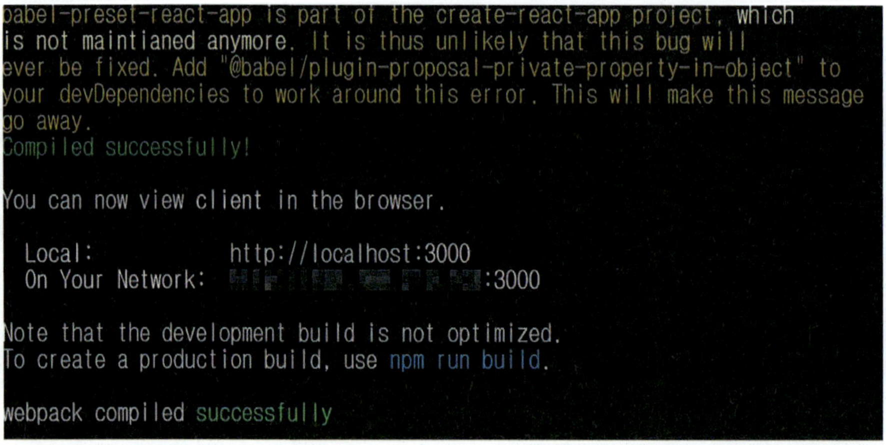

그림 3.5.1 React 앱 실행이 성공한 상황

설치가 완료되면 브라우저로 설정된 창이 열립니다.

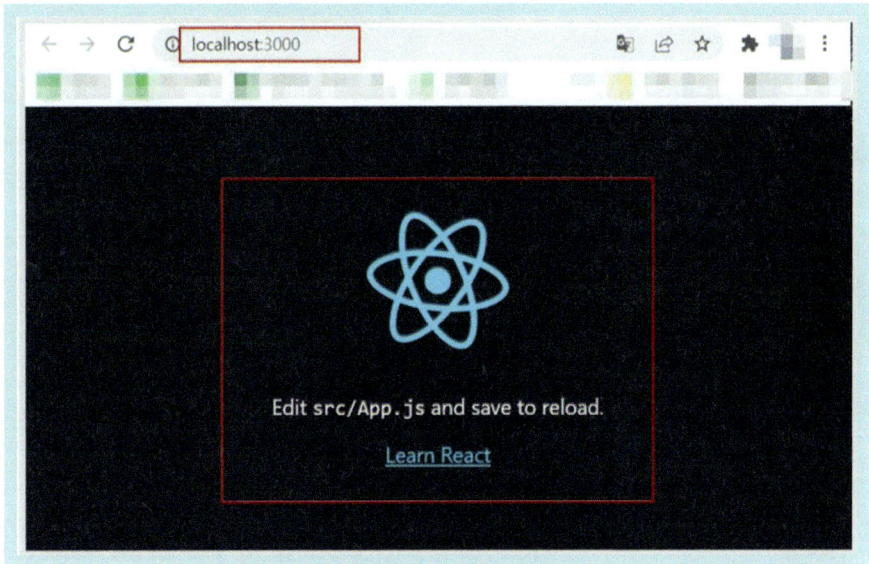

그림 2.1.1 브라우저 렌더링 결과

CHAPTER

04

04.	리액트 앱 수정	....	34
04-01.	App.js 수정	....	34
04-01-01.	App.js 열기	....	30
04-01-02.	앱 실행	....	35
04-01-03.	App.js 수정	....	35
04-02.	index.js 수정	....	35
04-02-01.	src 폴더 안에 있는 index 열기	....	36
04-02-02.	index.js 수정	....	37
04-03.	index.js 한번 더 수정	....	38

URL, QR로 미리보고 학습하는 퍼펙트 리액트

리액트
앱 수정

04 리액트 앱 수정

04-01. App.js 수정

04-01-01. App.js 열기

my-app 폴더 안에 src 폴더가 있으며 그 안에 App.js 파일이 있습니다.

C:₩Users₩컴퓨터이름₩my-app₩src₩App.js

```
import logo from './logo.svg';
import './App.css';

//컴포넌트명은 파스칼케이스방식 (첫단어와 이어진 단어의 첫글자는 대문자로 시작하며, 단어 사이는 공백이 없다)
function App() {
  return (
    <div className= "App">
      <header className= "App-header">
        <img src={logo} className= "App-logo" alt= "logo" />
        <p>
          Edit <code>src/App.js</code> and save to reload.
        </p>
        <a
          className= "App-link"
          href= "https://reactjs.org"
          target= "_blank"
          rel= "noopener noreferrer"
        >
          Learn React
        </a>
      </header>
    </div>
  );
}
export default App; //컴포넌트 내보내기
```

04-01-02. 앱 실행

my-app 폴더 안에 있는 리액트 앱을 실행하여 브라우저로 리액트 앱의 첫 페이지 (index.html)를 확인합니다. 중앙에 큰 리액트 로고가 시계 방향으로 회전하고 있습니다.

```
C:\Users\컴퓨터이름\my-app>npm start
```

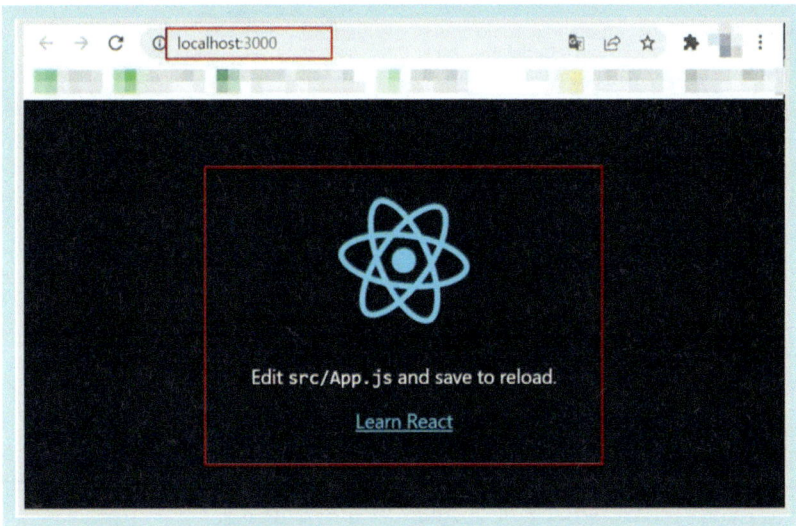

그림 4.1.2.1 브라우저가 열리면 로컬 호스트 주소와 로고를 확인

04-01-03. App.js 수정

로고를 제거하고 간단한 텍스트가 표시되도록 아래의 내용처럼 수정하겠습니다. logo.svg와 App.css 파일을 삭제합니다. 이하 HTML 콘텐츠를 변경하고 파일을 저장해 보세요. 변경 사항이 즉시 브라우저에 반영되므로 새로고침 (리로드) 할 필요가 없습니다.

◆ **App.js**
◆ C:\Users\컴퓨터이름\my-app\src\App.js

```
function App() {
  return (
    <main>
      <p>추운 겨울이 지나고 나면 따뜻한 봄이 찾아 올 것입니다.</p>
    </main>
```

```
    );
}

export default App;
```

◆ 렌더링 결과

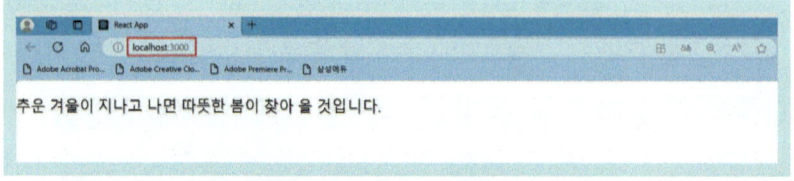

그림 4.1.3.1 App.js 수정 후 렌더링 결과

04-02. index.js 수정

04-02-01. src 폴더 안에 있는 index.js 열기

my-app 폴더 안에 src 폴더가 있으며 그 안에 index.js 파일이 있습니다.

◆ C:₩Users₩컴퓨터이름₩my-app₩src₩index.js

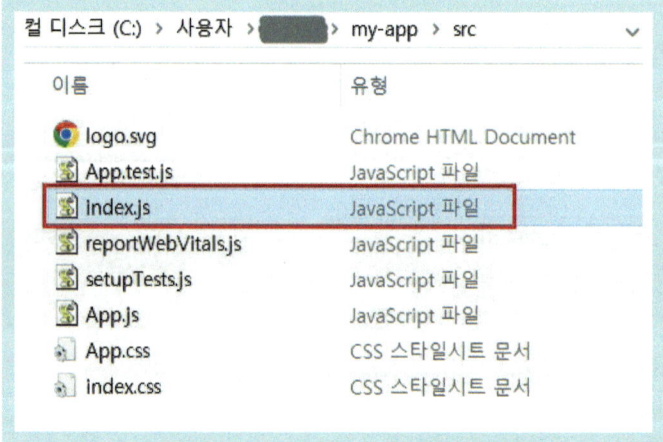

그림 4.2.1.1 index.js 파일 위치

04-02-02. index.js 수정

① indexjs 파일 코드를 아래의 내용과 같이 수정합니다.

function **Lists** .... 와 **<Lists** .../> 에서 'List'는 대소문자 포함하여 텍스트가 일치해야 합니다. 또한 function **Fruits()** .... 와 **<Fruits />** 에서 'Fruits'는 대소문자 포함하여 텍스트가 일치해야 합니다.

C:\Users\컴퓨터이름\my-app\src\index.js

```jsx
import React from 'react';
import ReactDOM from 'react-dom/client';

//컴포넌트명은 파스칼케이스방식 (첫단어와 이어진 단어의 첫글자는 대문자로 시작하며, 단어 사이는 공백이 없다)
function Lists( props ) {
  return <li> { props.name } </li>;
}

//컴포넌트명은 파스칼케이스방식 (첫단어와 이어진 단어의 첫글자는 대문자로 시작하며, 단어 사이는 공백이 없다)
function Fruits() {
  const list = [
    { id: 1, name: '토마트' },
    { id: 2, name: '사과' },
    { id: 3, name: '파인애플' }
  ];

  return (
    <section>
      <h3>구매할 과일 목록</h3>
        <ul>
            { list.map( ( i ) => <Lists key= { i.id } name= { i.name } /> ) }
        </ul>
    </section>
  );
}

const root = ReactDOM.createRoot( document.getElementById('root') ); //표시할 컴포넌트의 위치
root.render( <Fruits /> ); //표시할 컴포넌트
```

② id 명이 root인 태그 요소는 index.html 페이지에서 있습니다.

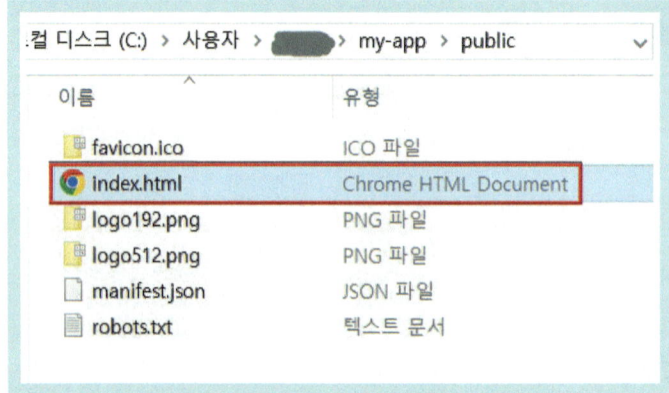

그림 4.2.2.1 index.html 파일 경로

③ index.html 31번째 줄을 보면 root라는 아이디 명을 사용하고 있는 태그요소는 div라는 것을 확인할 수 있습니다.

```
31    <div id="root"></div>
```

④ 로컬호스트 기본 설정 된 브라우저 창이 열리면, 렌더링 결과를 확인합니다.

◆ 렌더링 결과

https://narinpublisher.github.io/my-react/react-4.2.2.3.html

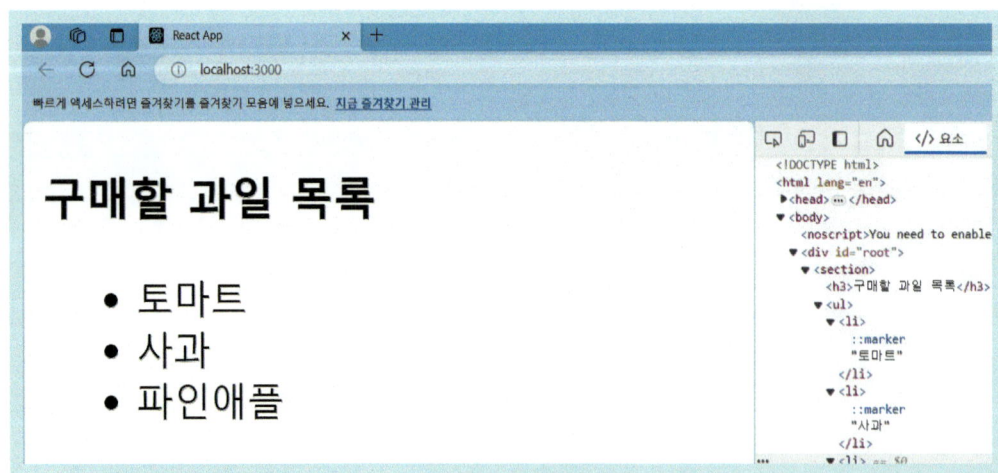

그림 4.2.2.3 렌더링 결과

04-03. index.js 한번 더 수정

수정 전에 src폴더에서 불필요한 파일들을 제거합니다. index.js를 제외한 모든 파일은 샘플용이므로 삭제해도 무방합니다.

◆ index.js 수정

index.js 파일을 열고, 아래의 코드처럼 내용을 수정합니다.

◆ C:\Users\컴퓨터이름\my-app>src>index.js

```
import React from 'react';
import ReactDOM from 'react-dom/client';

//변수명은 카멜케이스방식 (첫글자는 소문자로 시작, 이어진 단어의 첫글자는 대문자로 시작하며, 단어 사이는 공백이 없다)
const myApp = <h1>리액트 테스트</h1> ;

const root = ReactDOM.createRoot( document.getElementById( 'root' ) ); //표시할 컴포넌트의 위치
root.render( myApp ); //표시할 내용
```

◆ 렌더링 결과

https://narinpublisher.github.io/my-react/react-4.3.1.html

그림 4.3.1 렌더링 결과

CHAPTER 05

05.	리액트 HTML 렌더링	············	42
05-01.	Render() 함수	············	42
05-01-01.	두 개의 지역변수	············	42
05-01-02.	public 폴더	············	42
05-01-03.	렌더링 되는 곳	············	43
05-01-04.	'root'라는 아이디 명은 표준 규칙	············	43
05-02.	HTML Code	············	44
05-02-01.	JSX	············	44
05-03.	Root Node	············	45

리액트 HTML 렌더링

05 리액트 HTML 렌더링

URL QR로 미리보고 학습하는 퍼펙트 리액트

- React의 목표는 여러 가지 방법으로 웹 페이지에서 HTML을 렌더링하는 것입니다.
- React는 ReactDOM.render() 이라는 함수를 사용하여 HTML을 웹 페이지에 렌더링합니다.

05-01. Render() 함수

05-01-01. 두 개의 지역변수

- ReactDOM.render() 함수는 **HTML 코드**와 **HTML 요소부분**라는 두 개의 지역변수를 사용합니다.
- 함수의 목적은 지정된 **HTML 요소부분** 내부에 지정된 **HTML 코드**를 표시하는 것입니다.

C:\Users\컴퓨터이름\my-app\src\App.js

```
ReactDOM.render(    HTML 코드부분 ,    HTML 요소부분    );
```

05-01-02. public 폴더

React 프로젝트의 root 경로에는 "public" 이라는 폴더가 있습니다.

C:\Users\컴퓨터이름\my-app\public

그림 5.1.2.1 index.html 파일 경로

05-01-03. 렌더링 되는 곳

public 폴더에 있는 index.html에서 `<div>` 태그요소가 React 애플리케이션이 렌더링됩니다.

C:₩Users₩컴퓨터이름₩my-app₩public₩index.html

```
26        build.
27        -->
28      <title>React App</title>
29      </head>
    ■ <body>
30      <noscript>You need to enable JavaScript to run this app.</noscript>
31      <div id="root"></div>
32    ■ <!--
33        This HTML file is a template.
34        If you open it directly in the browser, you will see an empty page.
35
36        You can add webfonts, meta tags, or analytics to this file.
37        The build step will place the bundled scripts into the <body> tag.
38
39        To begin the development, run `npm start` or `yarn start`.
40        To create a production bundle, use `npm run build` or `yarn build`.
41        -->
42      </body>
43    </html>
44
```

그림 5.1.3.1 index.html에서 React 앱이 렌더링 되는 태그 요소

05-01-04. 'root'라는 아이디 명은 표준 규칙

`<div id="root">` 로 설정하지 않을 수도 있겠지만 id="root"로 설정하는 것은 표준 규칙입니다.

```
31      <div id='root'></div>
```

◆ index.js

index.js 파일을 열고 아래의 코드처럼 내용을 수정합니다.

C:₩Users₩컴퓨터이름₩my-app₩src₩index.js

```
import React from 'react';
import ReactDOM from 'react-dom/client';

//변수명은 카멜케이스방식 (첫글자는 소문자로 시작, 이어진 단어의 첫글자는 대문자로 시작하며, 단어 사이는 공백이 없다)
const myApp = <h1>리액트 테스트</h1>;

const root = ReactDOM.createRoot( document.getElementById( 'root' ) ); //표시할 컴포넌트의 위치
root.render(myApp); //표시할 컴포넌트의 위치
```

◆ index.html

index.html 파일을 열고 아래의 코드처럼 내용을 수정합니다.

C:₩Users₩컴퓨터이름₩my-app₩public₩index.html

```
<!DOCTYPE html>
<html lang="ko">
```

```
    <head>
      <meta charset="utf-8" />
      <link rel="icon" href="%PUBLIC_URL%/favicon.ico" />
      <meta name="viewport" content="width=device-width, initial-scale=1" />
      <title>React App</title>
    </head>
        <body>
            <div id="root"></div>
        </body>
</html>
```

◆ 렌더링 결과

https://narinpublisher.github.io/my-react/react.5.1.4.1.html

그림 5.1.4.1 렌더링 결과

05-02. HTML Code

05-02-01. JSX

JavaScript 코드 내부에서는 HTML 태그를 작성할 수 있는 JSX(Javascript Xml)를 사용합니다. 다음 예시는, HTML 코드가 포함된 변수를 만들고 "root" 노드에 표시합니다.

◆ index.js

index.js 파일을 열고 아래의 코드처럼 내용을 수정합니다.

C:₩Users₩컴퓨터이름₩my-app₩src₩index.js

```
import React from 'react';
import ReactDOM from 'react-dom/client';

//변수명은 카멜케이스방식 (첫글자는 소문자로 시작, 이어진 단어의 첫글자는 대문자로 시작하며, 단어 사이는 공백이 없다)
const myFruits = (
```

```
        <table>
                <tbody>
                        <tr>
                                <th>구매한 과일 목록</th>
                        </tr>
                        <tr>
                                <td>오렌지</td>
                        </tr>
                        <tr>
                                <td>파인애플</td>
                        </tr>
                        <tr>
                                <td>사과</td>
                        </tr>
                </tbody>
        </table>
);

const sample_1 = document.getElementById( 'root' );
const sample_2 = ReactDOM.createRoot( sample_1 ); //표시할 컴포넌트의 위치
sample_2.render( myFruits ); //표시할 컴포넌트
```

◆ 렌더링 결과

https://narinpublisher.github.io/my-react/react-5.2.1.1.html

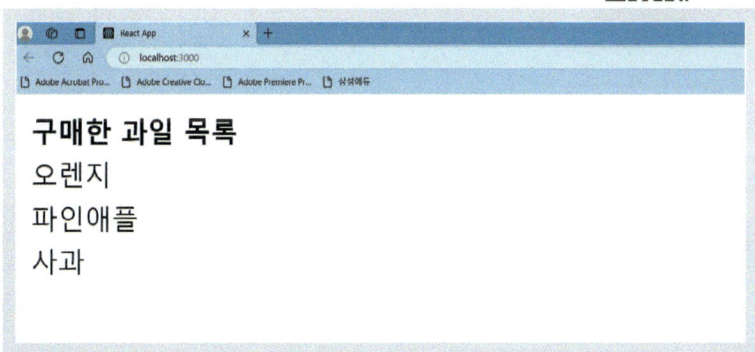

그림 5.2.1.1 렌더링 결과

05-03. Root Node

Root Node는 원하는 데로 호출 할 수 있습니다.

- 루트 노드는 결과를 표시하려는 HTML 요소입니다.

05-03. Root Node

Root Node는 원하는 데로 호출 할 수 있습니다.

- 루트 노드는 결과를 표시하려는 HTML 요소입니다
- React에서 관리하는 콘텐츠의 컨테이너와 같습니다.
- \<div> 요소일 필요도 없고 id='root'일 필요도 없습니다.

◆ index.html

3ex.html을 열고 \<div> 요소의 아이디명을 'root'에서 'freedom'으로 변경합니다.

C:₩Users₩컴퓨터이름₩my-app₩public₩index.html

```html
<!DOCTYPE html>
<html lang="ko">
  <head>
    <meta charset="utf-8" />
    <meta name="viewport" content="width=device-width, initial-scale=1" />
    <link rel="icon" href="%PUBLIC_URL%/favicon.ico" />
    <title>React App</title>
  </head>
      <body>
              <div id= "freedom"></div>
      </body>
</html>
```

◆ index.js

id명과 변수명 등을 수정합니다.

C:₩Users₩컴퓨터이름₩my-app₩src₩index.js

```jsx
import React from 'react';
import ReactDOM from 'react-dom/client';

//변수명은 카멜케이스방식 (첫글자는 소문자로 시작. 이어진 단어의 첫글자는 대문자로 시작하며, 단어 사이는 공백이 없다)
const myFruits = (
    <table>
        <tbody>
            <tr>
```

```
                              <th>구매한 과일 목록</th>
                      </tr>
                      <tr>
                              <td>오렌지</td>
                      </tr>
                      <tr>
                              <td>파인애플</td>
                      </tr>
                      <tr>
                              <td>사과</td>
                      </tr>
              </tbody>
      </table>
);

const element_1 = document.getElementById( 'freedom' );
const rootEle = ReactDOM.createRoot( element_1 ); //표시할 컴포넌트의 위치
rootEle.render( myFruits ); //표시할 컴포넌트
```

◐ 무설치 방식의 리액트 HTML + JS : react-5.3.1.html

```
<!DOCTYPE html>
<html lang="ko">
 <head>
  <meta charset="utf-8">
  <meta name='viewport' content='width=device-width'>
  <title>리액트 테스트</title>
  <script src="https://unpkg.com/react@18/umd/react.development.js" crossorigin></script>
  <script src="https://unpkg.com/react-dom@18/umd/react-dom.development.js" crossorigin></script>
  <script src="https://unpkg.com/@babel/standalone/babel.min.js"></script>
 </head>
 <body>
        <div id="freedom"></div>
        <script type="text/babel">
                const myFruits = (
                        <table>
```

```
                    <tbody>
                        <tr>
                            <th>구매한 과일 목록</th>
                        </tr>
                        <tr>
                            <td>오렌지</td>
                        </tr>
                        <tr>
                            <td>파인애플</td>
                        </tr>
                        <tr>
                            <td>사과</td>
                        </tr>
                    </tbody>
                </table>
            );

            const element_1 = document.getElementById( 'freedom' );
            const rootEle = ReactDOM.createRoot( element_1 );
            rootEle.render( myFruits );
        </script>
    </body>
</html>
```

◐ 렌더링 결과

https://narinpublisher.github.io/my-react/react-5.3.1.html

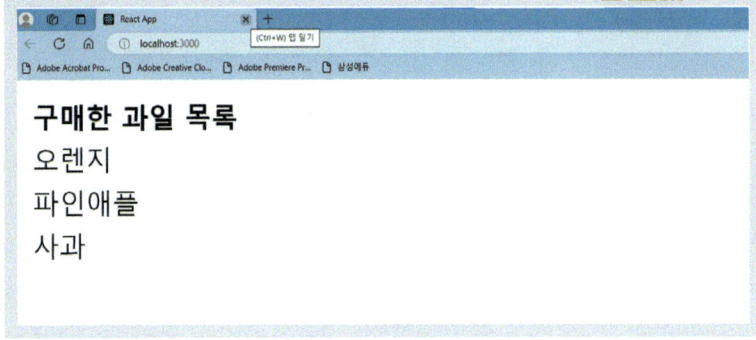

그림 5.3.1 렌더링 결과

CHAPTER

06

06.	리액트 JSX	············ 52
06-01.	리액트 JSX 란	············ 52
06-02.	JSX 코딩하기	············ 52

URL QR로 미리보고 학습하는 퍼펙트 리액트

리액트 JSX

06 리액트 JSX

06-01. React JSX 란
- JSX는 Javascript XML의 약자입니다.
- JSX를 사용하면 React에서 HTML을 더 쉽게 작성하고 추가할 수 있습니다.

06-02. JSX 코딩하기
- JSX (Javascript XML)를 사용하면 JavaScript로 HTML 요소를 작성할 수 있습니다.
- JSX (Javascript XML)는 HTML 태그를 react 요소로 변환합니다.
- JSX (Javascript XML)를 사용하면 createElement() 메서드나 appendChild() 메서드 없이 HTML 요소를 DOM에 배치할 수 있습니다.
- JSX (Javascript XML)를 필수적으로 사용할 필요는 없지만 JSX를 사용하면 React 애플리케이션을 더 쉽게 작성할 수 있습니다.

두 가지 방법를 통해 JSX 방식을 사용할 때와 사용하지 않을 때를 비교해 봅니다.
첫 번째 방법은 JSX를 사용하고 두 번째 방법은 JSX를 사용하지 않습니다.

06-02-01. JSX 방식을 사용한 예시

JSX를 사용하면 JavaScript 코드 내에서 직접 HTML을 작성할 수 있습니다. 각 JSX 엘리먼트는 React.createElement()를 호출하는 편리한 문법입니다. JSX는 ES6을 기반으로 하는 JavaScript 언어의 확장이며 런타임 시 일반 JavaScript로 변환됩니다.

◆ index.js

C:₩Users₩컴퓨터이름₩my-app₩src₩index.js

```
import React from 'react';
import ReactDOM from 'react-dom/client';

const $h1 = <h1>I Love JSX!</h1>;

const root = ReactDOM.createRoot( document.getElementById( 'root' ) );
root.render( $h1 );
```

◆ index.html

C:₩Users₩컴퓨터이름₩my-app₩public₩index.html

◆ 렌더링 결과

그림 6.2.1.1 JSX 방식을 사용한 코드의 렌더링 결과

06-02-02. JSX 방식이 아닌 예시

React.createElement()는 자바스크립트 객체입니다. React.createElement()는 화면에 보여줄 것에 대한 정보만 포함하고 있으며 경량입니다.

```
React.createElement(
    type,              // React요소 타입, HTML태그 타입, React.Fragment 타입
    [ props ],         // 리액트 컴포넌트에 넣어주는 데이터 객체
    [ ... children ]   // 자식으로 넣어주는 요소들
);
```

◆ index.js

C:\Users\컴퓨터이름\my-app\src\index.js

```
import React from 'react';
import ReactDOM from 'react-dom/client';

const $h1 = React.createElement( 'h1' , { } , '이것은 JSX 방식이 아닙니다.' );

const root = ReactDOM.createRoot( document.getElementById( 'root' ) );
root.render( $h1 );
```

◆ 렌더링 결과

그림 6.2.2.1. 렌더링 결과

CHAPTER 07

07.	리액트 JSX 표현식	·············	58
07-01.	React JSX 표현식이란	·············	58
07-02.	JSX 표현식 예시	·············	58
07-03.	최상위 요소는 "하나"	·············	60
07-03-01.	최상위 요소가 <main> 일때	·············	60
07-03-02.	최상위 요소가 <> 일 때	·············	62
07-03-03.	빈 요소 닫기	·············	64

URL QR로 미리보고 학습하는 퍼펙트 리액트

리액트
JSX 표현식

07 리액트 JSX 표현식

07-01. React JSX 표현식이란

- JSX를 사용하면 중괄호 { } 안에 표현식을 작성할 수 있습니다.
- 표현식은 React 변수, 속성 또는 기타 유효한 Javascript 표현식일 수 있습니다.
- JSX는 표현식을 실행하고 결과를 반환합니다.
- JSX는 ES6 기반 Javascript 언어의 확장이며 런타임 시 일반 Javascript로 변환됩니다.

07-02. JSX 표현식 예시

◆ index.js

표현식 { 1 + 1 } 를 사용한 예시입니다.

C:\Users\컴퓨터이름\my-app\src\index.js

```
import React from 'react';
import ReactDOM from 'react-dom/client';

//변수명은 카멜케이스방식 (첫글자는 소문자로 시작. 이어진 단어의 첫글자는 대문자로 시작하며, 단어 사이는 공백이 없다)
const myelement = <h1>React에서 JSX를 사용하면 성능이 {1 + 1}배 더 좋아집니다.</h1>;

const element_1 = document.getElementById( 'root' );
const rootEle = ReactDOM.createRoot( element_1 ); //표시할 컴포넌트의 위치
rootEle.render( myelement ); //표시할 컴포넌트
```

◆ index.html

C:\Users\컴퓨터이름\my-app\public\index.html

```
<!DOCTYPE html>
<html lang="ko">
 <head>
  <meta charset="utf-8" />
  <meta name="viewport" content="width=device-width, initial-scale=1" />
```

```
    <link rel="icon" href="%PUBLIC_URL%/favicon.ico" />
    <title>React App</title>
  </head>
      <body>
              <div id="root"></div>
          </body>
</html>
```

● 무설치 방식의 리액트 HTML + JS : react-7.2.1.html

```
<!DOCTYPE html>
<html lang="ko">
  <head>
    <meta charset="utf-8">
    <meta name='viewport' content='width=device-width'>
    <title>React App Test</title>
    <script src="https://unpkg.com/react@18/umd/react.development.js" crossorigin></script>
    <script src="https://unpkg.com/react-dom@18/umd/react-dom.development.js" crossorigin></script>
    <script src="https://unpkg.com/@babel/standalone/babel.min.js"></script>
  </head>
  <body>
        <div id="root"></div>
        <script type="text/babel">
              const myelement = <h1>React에서 JSX를 사용하면 성능이 {1 + 1}배 더 좋아집니다.</h1>;

              const element_1 = document.getElementById( 'root' );
              const rootEle = ReactDOM.createRoot( element_1 );
              rootEle.render( myelement );
        </script>
  </body>
</html>
```

● 렌더링 결과

https://narinpublisher.github.io/my-react/react-7.2.1.html

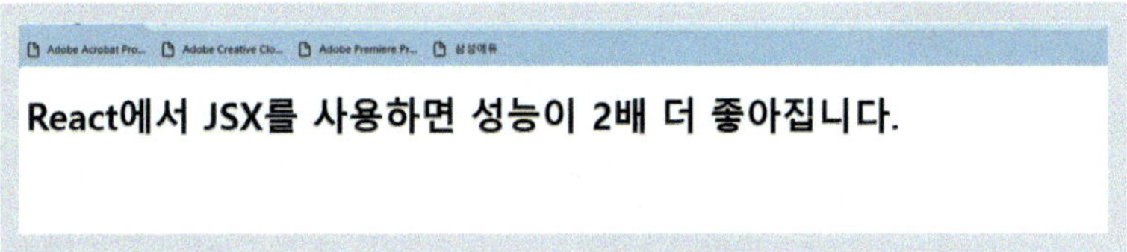

React에서 JSX를 사용하면 성능이 2배 더 좋아집니다.

그림 7.2.1 렌더링 결과

07-03. 최상위 요소는 "하나"

- HTML 코드는 하나의 최상위 요소로 래핑되어야 합니다.
- 따라서 두 개의 단락을 작성하려면 div 요소와 같은 하나의 상위 요소 안에 두 단락을 넣어야 합니다.

07-03-01. 최상위 요소가 <main> 일 때

<main>안에 <h2>와 <ul>태그를 배치하여 과일 목록을 표시합니다.

◆ **index.js**

C:\Users\컴퓨터이름\my-app\src\index.js

```
import React from 'react';
import ReactDOM from 'react-dom/client';

//변수명은 카멜케이스방식 (첫글자는 소문자로 시작. 이어진 단어의 첫글자는 대문자로 시작하며, 단어 사이는 공백이 없다)
const myFruits = (
        <main>
                <h2>구매한 과일 목록</h2>
                <ul>
                        <li>딸기</li>
                        <li>파인애플</li>
                        <li>포도</li>
                </ul>
        </main>
);

//변수명은 카멜케이스방식 (첫글자는 소문자로 시작. 이어진 단어의 첫글자는 대문자로 시작하며, 단어 사이는 공백이 없다)
const rootEle = ReactDOM.createRoot( document.getElementById('root') );
rootEle.render( myFruits );
```

◐ 무설치 방식의 리액트 HTML + JS : react-7.3.1.1.html

```
<!DOCTYPE html>
<html lang="ko">
  <head>
    <meta charset="utf-8">
    <title>React App Test</title>
    <script src="https://unpkg.com/react@18/umd/react.development.js" crossorigin></
```

```
script>
    <script src="https://unpkg.com/react-dom@18/umd/react-dom.development.js" crosso-
rigin></script>
    <script src="https://unpkg.com/@babel/standalone/babel.min.js"></script>
  </head>
  <body>
        <div id="root"></div>

        <script type="text/babel">
            //변수명은 카멜케이스방식
            const myFruits = (
                            <main>
                                <h2>구매한 과일 목록</h2>
                                <ul>
                                    <li>딸기</li>
                                    <li>파인애플</li>
                                    <li>포도</li>
                                </ul>
                            </main>
            );

            const rootEle = ReactDOM.createRoot( document.getElementById('root') );
            rootEle.render( myFruits );
        </script>
  </body>
</html>
```

◐ 렌더링 결과

https://narinpublisher.github.io/my-react/react-7.3.1.1.html

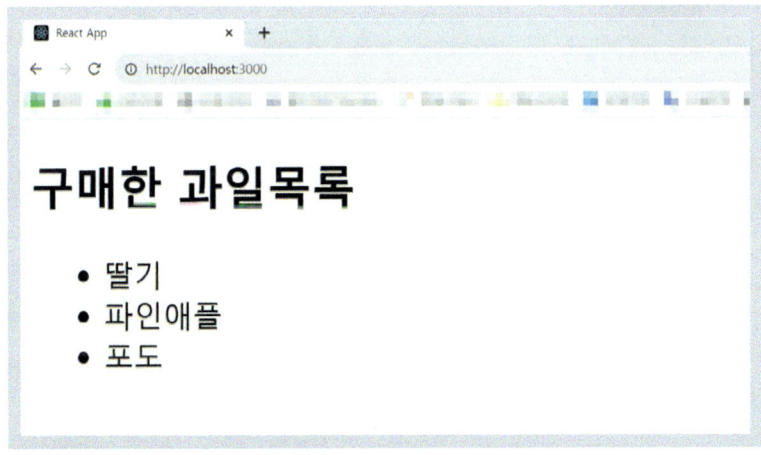

그림 7.3.1.1 렌더링 결과

07-03-02. 최상위 요소가 <> 일 때

- 한 쌍의 빈 태그 안에 <h2>와 <ul>태그를 배치합니다.
- 한 쌍의 빈 태그인 <> 와 </> 로 하위 태그를 감싸게 되면 불필요한 노드가 DOM에 추가되는 것을 방지할 수 있습니다.
- JSX는 XML 규칙을 따르므로 반드시 HTML 요소를 닫아야 합니다.
- HTML이 올바르지 않거나 HTML에 상위 요소가 없다면 JSX에서 오류가 발생합니다.

◆ index.js

C:\Users\컴퓨터이름\my-app\src\index.js

```js
import React from 'react';
import ReactDOM from 'react-dom/client';

//변수명은 카멜케이스방식 (첫글자는 소문자로시작, 이어진 단어의 첫글자는 대문자로 시작하며, 단어 사이는 공백이 없다)
const myFruits = (
        <>
                <h2>구매한 과일 목록</h2>
                <ul>
                        <li>딸기</li>
                        <li>파인애플</li>
                        <li>포도</li>
                </ul>
        </>
);

const rootEle = ReactDOM.createRoot( document.getElementById( 'root' ) );
rootEle.render( myFruits );
```

◐ 무설치 방식의 리액트 HTML + JS : react-7.3.2.1.html

```html
<!DOCTYPE html>
<html lang="ko">
 <head>
  <meta charset="utf-8">
  <title>React App Test</title>
  <script src="https://unpkg.com/react@18/umd/react.development.js" crossorigin></script>
  <script src="https://unpkg.com/react-dom@18/umd/react-dom.development.js" crossorigin></script>
  <script src="https://unpkg.com/@babel/standalone/babel.min.js"></script>
```

```
</head>
<body>
    <div id="root"></div>
    <script type="text/babel">
        //변수명은 카멜케이스방식
        const myFruits = (
          <>
              <h2>구매한 과일 목록</h2>
              <ul>
                  <li>딸기</li>
                  <li>파인애플</li>
                  <li>포도</li>
              </ul>
          </>
        );

        const rootEle = ReactDOM.createRoot( document.getElementById('root') );
        rootEle.render( myFruits );
    </script>
</body>
</html>
```

◐ 렌더링 결과

https://narinpublisher.github.io/my-react/react-7.3.2.1.html

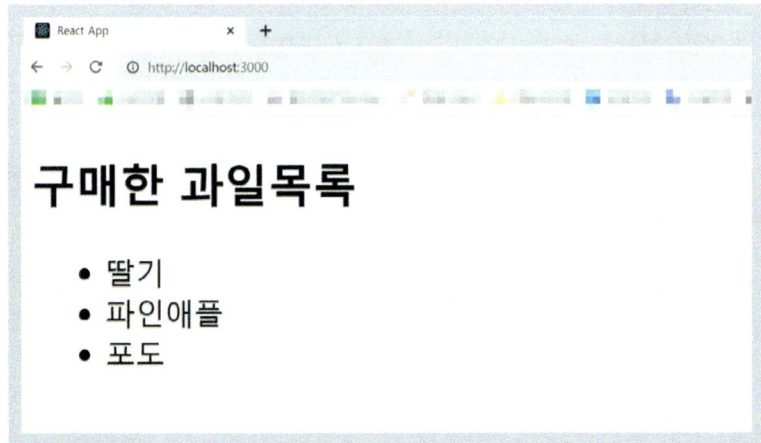

그림 7.3.2.1 렌더링 결과

07-03-03. 빈 요소 닫기

빈 요소를 닫지 않으면 JSX에서 오류가 발생합니다.

◆ **index.js**
C:\Users\컴퓨터이름\my-app\src\index.js

```jsx
import React from 'react';
import ReactDOM from 'react-dom/client';

//변수명은 카멜케이스방식 (첫글자는 소문자로시작, 이어진 단어의 첫글자는 대문자로 시작하며, 단어 사이는 공백이 없다)
const myFruits = (
        <>
                <h2>구매한 과일 목록</h2>
                <ul>
                        <li>딸기</li>
                        <li>파인애플</li>
                        <li>포도</li>
                </ul>
                <h3>메모</h3>
                <input type='text' />
        </>
);

const rootEle = ReactDOM.createRoot( document.getElementById('root') );
rootEle.render( myFruits );
```

◐ 무설치 방식의 리액트 HTML + JS : react-7.3.3.1.html

```html
<!DOCTYPE html>
<html lang="ko">
  <head>
    <meta charset="utf-8">
    <meta name='viewport' content='width=device-width'>
    <title>React App Test</title>
    <script src="https://unpkg.com/react@18/umd/react.development.js" crossorigin></script>
    <script src="https://unpkg.com/react-dom@18/umd/react-dom.development.js" crossorigin></script>
    <script src="https://unpkg.com/@babel/standalone/babel.min.js"></script>
  </head>
  <body>
```

```html
    <div id="root"></div>
    <script type="text/babel">
        //변수명은 카멜케이스방식
        const myFruits = (
            <>
                <h2>구매한 과일 목록</h2>
                <ul>
                    <li>딸기</li>
                    <li>파인애플</li>
                    <li>포도</li>
                </ul>
                <h3>메모</h3>
                <input type='text' />
            </>
        );

        const rootEle = ReactDOM.createRoot( document.getElementById( 'root' ) );
        rootEle.render( myFruits );
    </script>
  </body>
</html>
```

● 렌더링 결과

https://narinpublisher.github.io/my-react/react-7.3.3.1.html

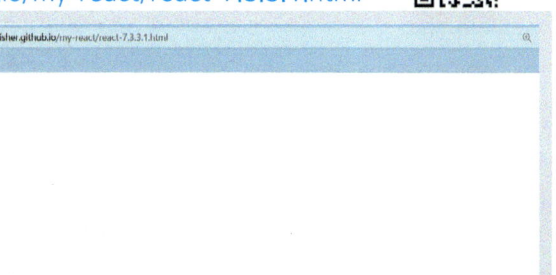

그림 7.3.3.1 렌더링 결과

CHAPTER

08

08.	JSX className 속성	·············	68
08-01.	JSX에서 className 속성	·············	68

URL QR로 미리보고 학습하는 퍼펙트 리액트

리액트 JSX className 속성

08 리액트 JSX className 속성

08-01. JSX에서 className 속성

class 키워드는 Javascript 예약어 이므로 class 키워드를 className으로 대체합니다.

```
<h1 class="heading">머릿글</h1>          --------- X
<h1 className="heading">머릿글</h1>      --------- O
```

JSX에서는 class 속성 대신에 className 속성을 사용합니다.

HTML에서 자주 사용하는 class 속성은 JavaScript에서 class 키워드 예약어이므로, JSX에서는 class 대신에 className을 사용합니다. JSX가 렌더링되면 className 속성은 HTML class 속성으로 변환됩니다.

◆ **index.js**

C:\Users\컴퓨터이름\my-app\src\index.js

```js
import React from 'react';
import ReactDOM from 'react-dom/client';
import './myStyle.css';

//변수명은 카멜케이스방식 (첫글자는 소문자로시작, 이어진 단어의 첫글자는 대문자로 시작하며, 단어 사이는 공백이 없다)
const myReact = <h1>리액트에서 클래스 속성 설정하기</h1>;

const rootEle = ReactDOM.createRoot( document.getElementById( 'root' ) );
rootEle.render( myReact );
```

◆ **myStyle.css**

myStyle.css 파일을 생성하고 아래의 코드를 입력합니다.
C:\Users\컴퓨터이름\my-app\src\index.js

```css
@charset 'utf-8';

.red {
        color:red; font-weight:bold; font-size:1.1rem;
}
```

◐ **무설치 방식의 리액트 HTML + JS : react-8.1.1.html**

```
<!DOCTYPE html>
<html lang="ko">
 <head>
  <meta charset="utf-8">
  <meta name='viewport' content='width=device-width'>
  <title>React App Test</title>
  <script src="https://unpkg.com/react@18/umd/react.development.js" crossorigin></script>
  <script src="https://unpkg.com/react-dom@18/umd/react-dom.development.js" crossorigin></script>
  <script src="https://unpkg.com/@babel/standalone/babel.min.js"></script>
  <link rel='stylesheet' href='./myStyle.css'>
 </head>
 <body>
        <div id="root"></div>

        <script type="text/babel">
                const myReact = <h1 className='red'>리액트에서 클래스 속성 설정하기</h1> ;
                const rootEle = ReactDOM.createRoot( document.getElementById( 'root' ) ) ;
                rootEle.render( myReact );
        </script>
 </body>
</html>
```

◆ **렌더링 결과**

https://narinpublisher.github.io/my-react/react-8.1.1.html

그림 8.1.1 렌더링 결과

CHAPTER 09

09.	리액트 JSX 조건문	....	72
09-01.	if 문과 삼항 표현식	....	72
09-01-01.	JSX 코드 외부에 if 문을 작성하는 방법	....	72
09-01-02.	if 문 대신에 삼항 표현식을 사용하는 방법	....	73

리액트 JSX 조건문

09 리액트 JSX 조건문

09-01. if 문과 삼항 표현식

React는 if 문을 지원하지만 JSX 내부에서는 지원하지 않습니다.
JSX에서 조건문을 사용하려면, if 문을 JSX 외부에 배치하거나 대신 삼항 표현식을 사용할 수 있습니다.

09-01-01. JSX 코드 외부에 if 문을 작성하는 방법

외부 if문을 사용하여, x가 38보다 작으면 "딸기"라고 표시되고, 그렇지 않으면 "바나나"를 표시합니다.

◆ index.js
C:\Users\컴퓨터이름\my-app\src\index.js

```js
import React from 'react';
import ReactDOM from 'react-dom/client';
import './myStyle.css';

const x = 5;
let text = '바나나';
if ( x < 38 ) {
   text = '딸기';
}

const fruit = <p className='red'>{ text }</p>;
const myApp = ReactDOM.createRoot( document.getElementById('root') );
myApp.render( fruit );
```

◐ 무설치 방식의 리액트 HTML + JS : react-9.1.1.1.html

```html
<!DOCTYPE html>
<html lang="ko">
  <head>
    <meta charset="utf-8">
    <meta name='viewport' content='width=device-width'>
    <title>React App Test</title>
    <script src="https://unpkg.com/react@18/umd/react.development.js" crossorigin></script>
```

```html
    <script src="https://unpkg.com/react-dom@18/umd/react-dom.development.js" crossorigin></script>
    <script src="https://unpkg.com/@babel/standalone/babel.min.js"></script>
    <link rel='stylesheet' href='./myStyle.css'>
  </head>
  <body>
    <div id="root"></div>

    <script type="text/babel">
        const x = 5;
        let text = '바나나';
        if ( x < 38 ) {
                text = '딸기';
        }
        const fruit = <p className='red'>{ text }</p>;
        const myApp = ReactDOM.createRoot( document.getElementById( 'root' ) );
        myApp.render( fruit );
    </script>
  </body>
</html>
```

◐ 렌더링 결과

https://narinpublisher.github.io/my-react/react-9.1.1.1.html

그림 9.1.1.1 렌더링 결과

09-01-02. if 문 대신에 삼항 표현식을 사용하는 방법

삼항 표현식을 사용하여 x가 38보다 작으면 "키위"라고 표시하고, 그렇지 않으면 "오렌지"라고 표시할 수 있습니다. JSX 내부에 JavaScript 표현식을 사용하려면 JavaScript에 중괄호를 사용하여 **{ 조건 ? 표현식 }** 으로 묶어야 합니다.

```
{ Condition ? True : False }
{ 조건문 ? 조건이 true일 때의 선택문 : 조건이 false일 때의 선택문 }
{ x < 38 ? '키위' : '오렌지' }
```

◆ index.js
C:\Users\컴퓨터이름\my-app\src\index.js

```js
import React from 'react';
import ReactDOM from 'react-dom/client';

const x = 5 ;
const fruit = <p> {  x < 38 ? '키위' : '오렌지' } </p> ;

const myApp = ReactDOM.createRoot( document.getElementById('root') );
myApp.render( fruit );
```

◐ 무설치 방식의 리액트 HTML + JS : react-9.1.2.1.html

```html
<!DOCTYPE html>
<html lang="ko">
  <head>
    <meta charset="utf-8">
    <title>React App Test</title>
    <meta name='viewport' content='width=device-width'>
    <script src="https://unpkg.com/react@18/umd/react.development.js" crossorigin></script>
    <script src="https://unpkg.com/react-dom@18/umd/react-dom.development.js" crossorigin></script>
    <script src="https://unpkg.com/@babel/standalone/babel.min.js"></script>
    <link rel='stylesheet' href='./myStyle.css'>
  </head>
  <body>
        <div id="root"></div>

        <script type="text/babel">
            const x = 5;
            const fruit = <p> { x < 38 ? '키위' : '오렌지' } </p>;

            const myApp = ReactDOM.createRoot( document.getElementById('root') );
            myApp.render( fruit );
        </script>
  </body>
</html>
```

◐ 렌더링 결과

https://narinpublisher.github.io/my-react/react-9.1.2.1.html

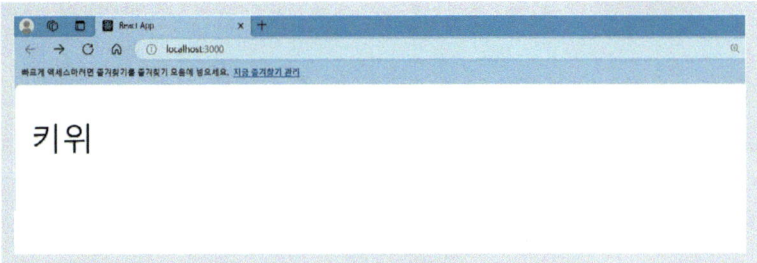

그림 9.1.2.1 렌더링 결과

CHAPTER 10

10.	리액트 컴포넌트	78
10-01.	컴포넌트 (Components)란	78
10-02.	컴포넌트 생성	78
10-02-01.	클래스 컴포넌트 생성	78
10-02-02.	함수 컴포넌트 생성	80
10-03.	컴포넌트 렌더링	80
10-04.	컴포넌트와 Props	82
10-04-01.	Props를 사용한 컴포넌트 문자열 전달	82
10-05.	컴포넌트 안의 컴포넌트	83
10-06.	컴포넌트 합성	85
10-06-01.	props.children	85
10-06-02.	특별한 컴포넌트 속의 일반적인 컴포넌트	87
10-07.	별도 파일에 있는 컴포넌트	90

ions URL QR로 미리보고 학습하는 퍼펙트 리액트

리액트
컴포넌트

10 리액트 컴포넌트

컴포넌트(구성요소)는 HTML 요소를 반환하는 함수 같은 역할을 합니다.

10-01. 컴포넌트 (Components)란

- 컴포넌트(구성요소)는 HTML 요소를 반환하는 함수와 같습니다.
- 컴포넌트(구성요소)는 독립적이고 재사용 가능한 코드의 비트입니다.
- 컴포넌트(구성요소)는 Javascript 함수와 목적은 같지만 작업 수행은 분리되어 작동되며 HTML을 반환합니다.
- 컴포넌트(구성요소) 유형에는 Class(클래스) 컴포넌트와 Function(함수) 컴포넌트가 있습니다.
- 새롭게 업그레이드 된 React 16.8에 추가된 훅(Hooks) 기능을 사용하려면 Function(함수) 컴포넌트를 사용하는 것이 좋습니다.

● 컴포넌트(구성요소)의 두가지 유형

1) 클래스 컴포넌트 : 이전 React 코드 베이스에서 주로 사용.
2) 함수 컴포넌트 : React 16.8에 추가된 Hooks를 풍부하게 사용 가능.

10-02. 컴포넌트 생성

React 컴포넌트를 생성할 때 컴포넌트의 이름은 반드시 **대문자로 시작**해야 합니다.

10-02-01. 클래스 컴포넌트 생성

클래스 컴포넌트는 extends React.Component 문을 포함해야 합니다. 이 문은 React.Component에 대한 상속을 생성하고 구성요소에 React.Component의 기능에 대한 액세스 권한을 부여합니다. 컴포넌트(구성요소)에는 render() 메서드도 필요하며 이 메서드는 HTML을 반환합니다.

● Fruits 라는 클래스 컴포넌트를 생성한 예시

◆ index.js

C:\Users\컴퓨터이름\my-app\src\index.js

```
import React from 'react';
import ReactDOM from 'react-dom/client';

//컴포넌트의 이름은 반드시 대문자로 시작합니다. (파스칼케이스방식)
```

```
class Fruits extends React.Component {
 render() {
   return <h2>제철 과일은 영양이 풍부합니다.</h2>;
 }
}

const myApp = ReactDOM.createRoot( document.getElementById('root') );
myApp.render( <Fruits /> );
```

◐ 무설치 방식의 리액트 HTML + JS : react-10.2.1.1.html

```
<!DOCTYPE html>
<html lang="ko">
 <head>
  <meta charset="utf-8">
  <meta name='viewport' content='width=device-width'>
  <title>React App Test</title>
  <script src="https://unpkg.com/react@18/umd/react.development.js" crossorigin></script>
  <script src="https://unpkg.com/react-dom@18/umd/react-dom.development.js" crossorigin></script>
  <script src="https://unpkg.com/@babel/standalone/babel.min.js"></script>
 </head>
 <body>
        <div id="root"></div>
        <script type="text/babel">
                class Fruits extends React.Component {
                        render() {
                                return <h2>제철 과일은 영양이 풍부합니다.</h2>;
                        }
                }
                const myApp = ReactDOM.createRoot( document.getElementById('root') );
                myApp.render( <Fruits /> );
        </script>
 </body>
</html>
```

◐ 렌더링 결과

https://narinpublisher.github.io/my-react/react-10.2.1.1.html

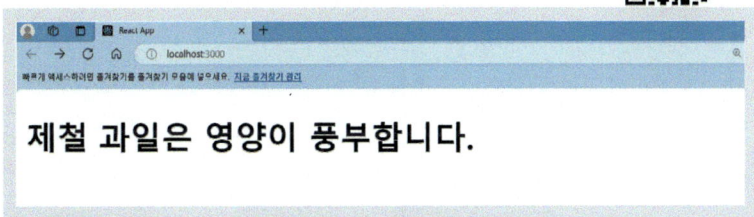

그림 10.2.1.1 렌더링 결과

CHAPTER 10 리액트 컴포넌트

10-02-02. 함수 컴포넌트 생성

함수 컴포넌트도 HTML을 반환하며 Class 구성요소와 거의 동일한 방식으로 작동되지만, **훨씬 적은 코드를 사용하며 이해하기가 쉽습니다.**

● Fruits 라는 함수 컴포넌트를 생성한 예시
◆ index.js
C:\Users\컴퓨터이름\my-app\src\index.js

```
import React from 'react';
import ReactDOM from 'react-dom/client';
import './myStyle.css';

//컴포넌트명은 파스칼케이스방식 (첫단어와 이어진 단어의 첫글자는 대문자로 시작하며, 단어 사이는 공백이 없다)
function Fruits() {
  return <h2>제철 과일은 영양이 풍부합니다.</h2>;
}

const myApp = ReactDOM.createRoot( document.getElementById( 'root' ) );
myApp.render( <Fruits /> );
```

10-03. 컴포넌트 렌더링

React 애플리케이션에서 <h2> 요소를 리턴하는 BlueSky() 라는 함수 컴포넌트가 있을 경우, 애플리케이션에서 이 컴포넌트를 사용하려면 일반 HTM 태그처럼 <BlueSky /> 이렇게 사용합니다.

◆ index.js

index.js 파일에서, BlueSky 함수 컴포넌트를 사용할 때 렌더링 요소는 <BlueSky /> 로 표현합니다.
C:\Users\컴퓨터이름\my-app\src\index.js

```
import React from 'react';
import ReactDOM from 'react-dom/client';

//컴포넌트명은 파스칼케이스방식 (첫단어와 이어진 단어의 첫글자는 대문자로 시작하며, 단어 사이는 공백이 없다)
function BlueSky() {
  return (
         <p>빗방울이 뚝뚝뚝뚝 떨어지는 날에는 잔뜩 찡그린 얼굴로<br />
         엄마 찾아 음매 아빠 찾아 음매 울상을 짓다가</p>
  );
}
```

```
const myApp = ReactDOM.createRoot( document.getElementByld( 'root' ) );
myApp.render( <BlueSky /> );
```

◐ 무설치 방식의 리액트 HTML + JS : react-10.3.1.html

```
<!DOCTYPE html>
<html lang="ko">
 <head>
  <meta charset="utf-8">
  <meta name='viewport' content='width=device-width'>
  <title>React App Test</title>
  <script src="https://unpkg.com/react@18/umd/react.development.js" crossorigin></script>
  <script src="https://unpkg.com/react-dom@18/umd/react-dom.development.js" crossorigin></script>
  <script src="https://unpkg.com/@babel/standalone/babel.min.js"></script>
 </head>
 <body>
        <div id="root"></div>
        <script type="text/babel">
                function BlueSky() {
                        return (
                                <p>빗방울이 뚝뚝뚝뚝 떨어지는 날에는 잔뜩 찡그린 얼굴로 <br />
                                엄마 찾아 음매 아빠 찾아 음매 울상을 짓다가</p>
                        );
                }
                const myApp = ReactDOM.createRoot( document.getElementByld('root') );
                myApp.render( <BlueSky /> );
        </script>
 </body>
</html>
```

◐ 렌더링 결과

https://narinpublisher.github.io/my-react/react-10.3.1.html

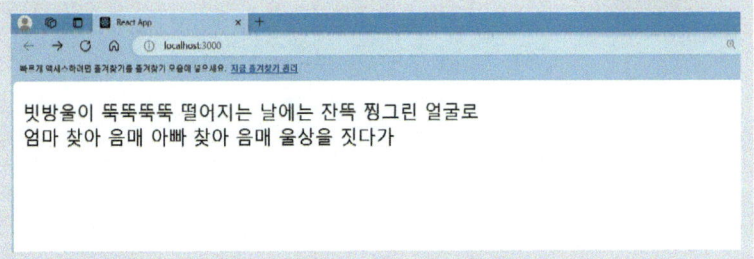

그림 10.3.1 렌더링 결과

10-04. 컴포넌트와 Props

Props는 properties의 줄인 말입니다. Props는 함수의 인수와 같으며 속성(attributes)로써 컴포넌트에 보내집니다. 컴포넌트는 Props 쪽으로 값을 전달을 하는 역할을 합니다.

10-04-01. Props를 사용한 컴포넌트 문자열 전달

index.js를 열고 아래 코드와 같이 내용을 수정합니다. shop 속성(attributes)을 사용하여 "스타필드 코엑스몰" 문자열을 Mall() 함수 컴포넌트에 전달해 주면 render() 함수는 그것을 가지고와서 브라우저에 표시합니다.

◆ index.js

C:\Users\컴퓨터이름\my-app\src\index.js

```
import React from 'react';
import ReactDOM from 'react-dom/client';

function Mall( props ){
  return (
    <h2>친구들과 함께 { props.shop }에서 쇼핑도하고 식사도 하며 즐거운 시간을 보냈습니다.</h2>
  )
}
const reactApp = ReactDOM.createRoot( document.getElementById( 'root' ) );
reactApp.render( <Mall shop="스타필드" /> );
```

◐ 무설치 방식의 리액트 HTML + JS : react-10.4.1.html

```
<!DOCTYPE html>
<html lang="ko">
 <head>
  <meta charset="utf-8">
  <meta name='viewport' content='width=device-width'>
  <title>React App Test</title>
  <script src="https://unpkg.com/react@18/umd/react.development.js" crossorigin></script>
  <script src="https://unpkg.com/react-dom@18/umd/react-dom.development.js" crossorigin></script>
  <script src="https://unpkg.com/@babel/standalone/babel.min.js"></script>
 </head>
 <body>
     <div id="root"></div>
     <script type="text/babel">
         function Mall( props ) {
           return (
```

```
                    <h2>친구들과 함께 { props.shop }에서 쇼핑도하고 식사도 하며 즐
거운 시간을 보냈습니다.</h2>
                )
            }
            const reactApp = ReactDOM.createRoot( document.getElementById( 'root' ) );
            reactApp.render( <Mall shop="스타필드" /> );
        </script>
    </body>
</html>
```

◐ 렌더링 결과

https://narinpublisher.github.io/my-react/react-10.4.1.html

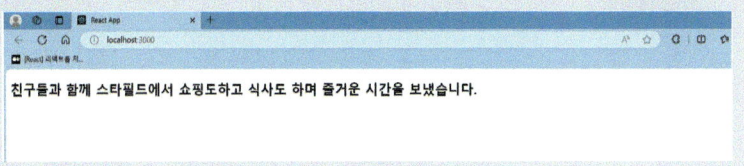

그림 10.4.1 렌더링 결과

10-05. 컴포넌트 안의 컴포넌트

다른 컴포넌트 안에 있는 컴포넌트를 참조할 수도 있습니다.
index.js를 열고 아래의 코드처럼 Saturday() 컴포넌트 안에 있는 Mall() 컴포넌트를 참조하도록 내용을 수정합니다.

◆ index.js
C:₩Users₩컴퓨터이름₩my-app₩src₩index.js

```
import React from 'react';
import ReactDOM from 'react-dom/client';

function Mall() {
  return <b>코엑스몰 점</b>;
}
function Saturday( coex ) {
  return (
    <h2> 저번주 토요일에는 친구들과 { coex.shop } <Mall />을 방문하여<br />
    쇼핑도 하고 식사도 하며 즐거운 시간을 보냈습니다.</h2>
  ) }
const myApp = ReactDOM.createRoot( document.getElementById('root') );
myApp.render( <Saturday shop= '스타필드' /> );
```

◐ 무설치 방식의 리액트 HTML + JS : react-10.5.1.html

```html
<!DOCTYPE html>
<html lang="ko">
 <head>
  <meta charset="utf-8">
  <meta name='viewport' content='width=device-width'>
  <title>React App Test</title>
  <script src="https://unpkg.com/react@18/umd/react.development.js" crossorigin></script>
  <script src="https://unpkg.com/react-dom@18/umd/react-dom.development.js" crossorigin></script>
  <script src="https://unpkg.com/@babel/standalone/babel.min.js"></script>
 </head>
 <body>
        <div id="root"></div>
        <script type="text/babel">
                function Mall() {
                        return <b>코엑스몰 점</b>;
                }
                function Saturday( coex ) {
                  return (
                        <h2> 저번주 토요일에는 친구들과 { coex.shop } <Mall />을 방문하여<br />
                        쇼핑도 하고 식사도 하며 즐거운 시간을 보냈습니다.</h2>
                  )
                }
                const myApp = ReactDOM.createRoot( document.getElementById('root') );
                myApp.render( <Saturday shop= '스타필드' /> );
        </script>
 </body>
</html>
```

◐ 렌더링 결과

https://narinpublisher.github.io/my-react/react-10.5.1.html

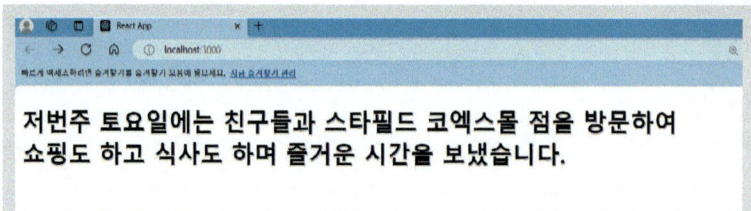

그림 10.5.1 렌더링 결과

10-06. 컴포넌트 합성

React는 강력한 합성(Composition) 모델을 가지고 있으므로 합성을 사용하여 컴포넌트 간에 코드를 재사용할 수 있습니다.

10-06-01. props.children

props.children은 주로 자식 컴포넌트(또는 엘리먼트)가 어떻게 구성되었는지 모를 때, props.children을 사용하여 자식 엘리먼트(또는 컴포넌트)를 출력에 그대로 전달할 수 있습니다.

◆ index.js

C:\Users\컴퓨터이름\my-app\src\index.js

```jsx
import ReactDOM from 'react-dom/client';

const Lists = props => {
  return <ul>{ props.children }</ul>
}

const Fruits = () => (
        <Lists>
                <li>딸기</li>
                <li>파인애플</li>
                <li>오렌지</li>
        </Lists>
);


const root = ReactDOM.createRoot(document.getElementById( 'root' ));
root.render( <Fruits /> );
```

◐ 무설치 방식의 리액트 HTML : react.10.6.1.html

```html
<!DOCTYPE html>
<html>
 <head>
  <meta charset='UTF-8'>
  <meta name='viewport' content='width=device-width'>
  <title>리액트 테스트</title>
  <script src="https://unpkg.com/react@18/umd/react.development.js" crossorigin></script>
  <script src="https://unpkg.com/react-dom@18/umd/react-dom.development.js" crossorigin></script>
  <script src="https://unpkg.com/@babel/standalone/babel.min.js"></script>
```

```
</head>
<body>

  <div id='root'></div>
  <script type='text/babel' src='10.6.1.js'></script>

</body>
</html>
```

◐ 무설치 방식의 리액트 JS : 10.6.1.js

```
const Lists = props => {
 return <ul>{ props.children }</ul>
}
const Fruits = () => (
        <Lists>
                <li>딸기</li>
                <li>파인애플</li>
                <li>오렌지</li>
        </Lists>
);

const root = ReactDOM.createRoot(document.getElementById( 'root' ));
root.render( <Fruits /> );
```

◐ 렌더링 결과

https://narinpublisher.github.io/my-react/react-10.6.1.html

그림 10.6.1 렌더링 결과

10-06-02. 특별한 컴포넌트 속의 일반적인 컴포넌트

때로는 어떤 컴포넌트의 "특수한 경우"인 컴포넌트를 고려해야 하는 경우가 있습니다. 예를 들어, Welcome은 Content_1의 특별한 경우라고 할 수 있습니다. 특별한 컴포넌트가 일반적인 컴포넌트를 렌더링하기 위해서 props를 통해 내용을 구성할 수 있습니다.

◆ index.js
C:\Users\컴퓨터이름\my-app\src\index.js

```jsx
import ReactDOM from 'react-dom/client';
import './myStyle-1.css';

// {props.children}을 통해 <SpecialBorder>가 해석 됨.
function SpecialBorder( props ) {
  return (
    <div className= { 'SpeBorder  Border_' + props.color }>
       { props.children }
    </div>
  );
}
//<SpecialBorder>는 <div> 안에 {props.children}을 통해 렌더링 됨.
function Content_1( props ) {
  return (
    <SpecialBorder  color="blue">
     <h1>
        { props.title }
     </h1>
     <p className="Para_1 ">
        { props.message }
     </p>
    </SpecialBorder>
  );
}
//<Content_1>은 Welcome 컴포넌트를 통해 렌더링 됨.
function Welcome() {
  return (
   <Content_1
    title=  "반갑습니다!"
    message=  "방문객 전원에게 웰컴 음료를 서비스하겠습니다." />
  );
}

const root = ReactDOM.createRoot(document.getElementById( 'root' ) );
root.render( <Welcome /> );
```

◆ **myStyle-1.css**

C:\Users\컴퓨터이름\my-app\src\myStyle-1.css

```css
@charset 'utf-8';

h1 {
  margin: 0;
}

.SpeBorder {
  padding: 10px 10px;
  border: 10px solid;
}

.Border_blue {
  border-color: blue;
}

.Para_1 {
  font-size: larger;
}
```

◐ 무설치 방식의 리액트 HTML : react.10.6.2.html

```html
<!DOCTYPE html>
<html>
 <head>
  <meta charset='UTF- 8'>
  <meta name='viewport' content='width=device-width'>
  <title>리액트 테스트</title>
  <script src="https://unpkg.com/react@18/umd/react.development.js" crossorigin></script>
  <script src="https://unpkg.com/react-dom@18/umd/react-dom.development.js" crossorigin></script>
  <script src="https://unpkg.com/@babel/standalone/babel.min.js"></script>
  <link href='10.6.2.css' rel=' stylesheet'>
 </head>
 <body>

    <div id='root'></div>
    <script type='text/babel' src='react.10.6.2.js'></script>

 </body>
</html>
```

◐ 무설치 방식의 리액트 JS : react.10.6.2.js

```jsx
// {props.children}을 통해 <SpecialBorder>가 해석 됨.
function SpecialBorder( props ) {
 return (
   <div className= { 'SpeBorder  Border_' + props.color }>
       { props.children }
   </div>
 );
}
//<SpecialBorder>는 <div> 안에 {props.children}을 통해 렌더링 됨.
function Content_1( props ) {
 return (
   <SpecialBorder color="blue">
    <h1>
        { props.title }
    </h1>
    <p className="Para_1 ">
        { props.message }
    </p>
   </SpecialBorder>
 );
}
//<Content_1>은 Welcome 컴포넌트를 통해 렌더링 됨.
function Welcome() {
 return (
   <Content_1
    title= "반갑습니다!"
    message= "방문객 전원에게 웰컴 음료를 서비스하겠습니다." />
 );
}

const root = ReactDOM.createRoot(document.getElementById( 'root' ) );
root.render( <Welcome /> );
```

◐ 무설치 방식의 리액트 CSS : 10.6.2.css

```css
@charset 'utf-8';

h1 {
 margin: 0;
}
```

```css
.SpeBorder {
  padding: 10px 10px;
  border: 10px solid;
}

.Border_blue {
  border-color: blue;
}

.Para_1 {
  font-size: larger;
}
```

◐ 렌더링 결과

https://narinpublisher.github.io/my-react/react.10.6.2.html

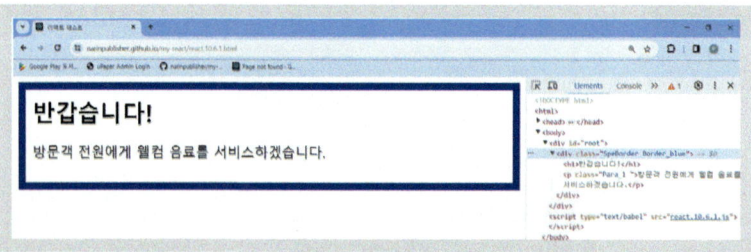

그림 10.6.2 렌더링 결과

10-07. 별도 파일에 있는 컴포넌트

- React는 코드 재사용을 위해 개발되었습니다.
- 컴포넌트를 별도의 파일로 분할하면 편리하게 재사용 할 수 있습니다.
- 파일 확장자가 .js인 새 파일을 만들고 그 안에 코드를 넣습니다.
- 파일명은 대문자로 시작해야 합니다.

아래의 내용처럼 Mall.js를 만듭니다. Mall.js에는 Mall() 컴포넌트가 들어있습니다. Mall 컴포넌트를 export하여 index.js에서 사용할 수 있도록 합니다.

◆ Mall.js

C:\Users\컴퓨터이름\my-app\src\Mall.js

```jsx
function Mall(){
  return <b className = 'aqua'>코엑스몰 점</b>;
}
```

```
export default Mall ;
```

◆ index.js

Mall.js 파일을 가져와서 이 문서에서 만든 것처럼 Mall 컴포넌트를 사용합니다.

C:\Users\컴퓨터이름\my-app\src\index.js

```
import React from 'react';
import ReactDOM from 'react-dom/client';
import Mall from './Mall.js';
import './myStyle.css';

function Saturday( coex ) {
  return (
        <h2> 저번주 토요일에는 친구들과 {coex.shop} <Mall />을 방문하여<br />
        쇼핑도 하고 식사도 하며 즐거운 시간을 보냈습니다.</h2>
  );
}

const myApp = ReactDOM.createRoot( document.getElementById( 'root' ) );
myApp.render( <Saturday shop = '스타필드' /> );
```

◆ myStyle.css

C:\Users\컴퓨터이름\my-app\src\myStyle.css

```
@charset 'utf-8';

.aqua {
        color:aqua; font-weight:bold; text-shadow:1px 1px 5px blue;
}
```

◆ index.html

C:\Users\컴퓨터이름\my-app\public\index.html

```
<!DOCTYPE html>
<html lang="ko">
        <head>
```

```html
        <meta charset="utf-8" />
        <meta name="viewport" content="width=device-width, initial-scale=1" />
        <link rel="icon" href="%PUBLIC_URL%/favicon.ico" />
        <title>React App</title>
    </head>
    <body>
        <div id="root"></div>
    </body>
</html>
```

● 무설치 방식의 리액트 HTML: react-10.7.1.html

```html
<!DOCTYPE html>
<html lang="ko">
 <head>
  <meta charset="utf-8">
  <meta name='viewport' content='width=device-width'>
  <title>React App Test</title>
  <script src="https://unpkg.com/react@18/umd/react.development.js" crossorigin></script>
  <script src="https://unpkg.com/react-dom@18/umd/react-dom.development.js" crossorigin></script>
  <script src="https://unpkg.com/@babel/standalone/babel.min.js"></script>
  <link rel='stylesheet' href='myStyle.10.6.1.css'>
 </head>
 <body>
        <div id="root"></div>
        <script type="text/babel" src="mall.js"></script>
        <script type="text/babel">
            function Saturday( coex ) {
              return (
                    <h2> 저번주 토요일에는 친구들과 {coex.shop} <Mall />을 방문하여<br />
                    쇼핑도 하고 식사도 하며 즐거운 시간을 보냈습니다.</h2>
              );
            }
            const myApp = ReactDOM.createRoot( document.getElementById('root') );
            myApp.render( <Saturday shop = '스타필드' /> );
        </script>
 </body>
</html>
```

◐ 무설치 방식의 리액트 JS : mall.js

```
function Mall() {
  return <b className = 'aqua'>코엑스몰 점</b>;
}

export default Mall ;
```

◐ 무설치 방식의 리액트 CSS: myStyle.10.7.1.css

```
@charset 'utf-8';

.aqua {
        color:aqua; font-weight:bold; text-shadow:1px 1px 5px blue;
}
```

◐ 렌더링 결과

https://narinpublisher.github.io/my-react/react-10.7.1.html

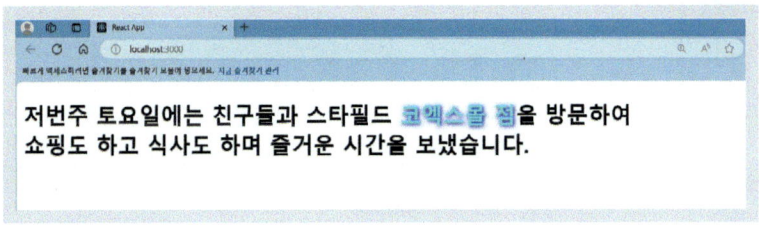

그림 10.7.1 별도파일에 있는 컴포넌트를 사용한 렌더링 결과

CHAPTER 11

11.	리액트 클래스 컴포넌트	096
11-01.	Class 컴포넌트 만들기	096
11-01-01.	클래스 컴포넌트 생성	096
11-02.	Class 컴포넌트에 있는 Constructor	098
11-03.	class 컴포넌트에 있는 Props	099
11-04.	class 컴포넌트에 있는 생성자 함수	101
11-05.	class 컴포넌트 속의 class 컴포넌트	102
11-06.	별도 파일에 있는 class 컴포넌트를 참조	105
11-07.	Class 컴포넌트에서 State 객체	107
11-07-01.	State 객체 생성	107
11-07-02.	State 객체 사용	110
11-07-03.	State 객체 변경	113
11-08.	콤포넌트의 3단계 라이프싸이클	117
11-08-01.	마운트 (연결 Mounting)	117
11-08-01-01.	constructor (생성자)	117
11-08-01-02.	getDerivedStateFromProps	121
11-08-01-03.	render	124
11-08-01-04.	componentDidMount	126

URL QR 로 미리보고 학습하는 퍼펙트 리액트

리액트 클래스 컴포넌트

11-08-02.	업데이트 (갱신 Updating)	………	129
11-08-02-01.	getDerivedStateFromProps()	………	129
11-08-02-02.	shouldComponentUpdate()	………	132
11-08-02-02-01.	shouldComponentUpdate() false	………	132
11-08-02-02-02.	shouldComponentUpdate() true	………	135
11-08-02-03.	render()	………	139
11-08-02-04.	getSnapshotBeforeUpdate()	………	143
11-08-02-05.	componentDidUpdate()	………	147
11-08-03.	언마운트 (마운트해제, Unmounting)	………	151

11 리액트 클래스 컴포넌트

- React 16.8 이전에는 Class 컴포넌트가 React 컴포넌트의 상태와 수명 주기를 추적하는 유일한 방법이었습니다.
- 이전의 함수 컴포넌트는 '상태 비저장'으로 간주되었습니다. 그러나 현재는 Hooks가 추가되어 Function 컴포넌트는 이제 Class 컴포넌트와 거의 동일합니다. 차이점은 너무 미미하여 React에서 Class 컴포넌트를 굳이 사용할 필요가 없어졌습니다.
- 그러므로 Class 컴포넌트는 대략적인 개요 정도만 이해해도 괜찮습니다.
- 그러므로 Class 컴포넌트는 대략적인 개요 정도만 이해해도 괜찮습니다.
- 그러나 class 컴포넌트를 React에서 제거할 계획은 (현재까지는) 없다고 합니다.

11-01. Class 컴포넌트 만들기

- React 컴포넌트(구성요소)를 생성할 때 컴포넌트의 이름은 대문자로 시작해야 합니다.
- 컴포넌트는 extends React.Component 문을 포함해야 하며, 이 문은 React.Component에 대한 상속을 생성하고 컴포넌트에 React.Component 함수에 대한 액세스 권한을 부여합니다.
- 컴포넌트에는 render() 메서드가 필요하며 이 메서드는 HTML을 반환합니다.

11-01-01. 클래스 컴포넌트 생성

① Freedom 이라는 클래스 컴포넌트를 만들고 <h2> 요소를 반환하는 JSX 구문을 넣습니다.
② 애플리케이션에서 이 컴포넌트(구성요소)를 사용하려면 <Freedom /> 이런 식으로 일반 HTML과 유사한 구문을 사용합니다.
③ Freedom 컴포넌트를 root 요소에 렌더링 시킵니다.

◆ index.js
C:\Users\컴퓨터이름\my-app\src\index.js

```
import React from 'react';
import ReactDOM from 'react-dom/client';

class Freedom extends React.Component {
  render() {
        return <h2>다문화 가정의 천국 『 KOREA 』</h2> ;
  }
}
const myApp = ReactDOM.createRoot( document.getElementById( 'root' ) );
myApp.render( <Freedom /> );
```

◐ 무설치 방식의 리액트 HTML + JS : react-11.1.1.1.html

```html
<!DOCTYPE html>
<html lang="ko">
 <head>
  <meta charset="utf-8">
  <meta name='viewport' content='width=device-width'>
  <title>React App Test</title>
  <script src="https://unpkg.com/react@18/umd/react.development.js" crossorigin></script>
  <script src="https://unpkg.com/react-dom@18/umd/react-dom.development.js" crossorigin></script>
  <script src="https://unpkg.com/@babel/standalone/babel.min.js"></script>
 </head>
 <body>
    <div id="root"></div>
    <script type="text/babel">
      class Freedom extends React.Component {
          render() {
              return <h2>다문화 가정의 천국『 KOREA 』</h2> ;
          }
      }

      const myApp = ReactDOM.createRoot( document.getElementById( 'root' ) );
      myApp.render( <Freedom /> );
    </script>
 </body>
</html>
```

◐ 렌더링 결과

https://narinpublisher.github.io/my-react/react-11.1.1.1.html

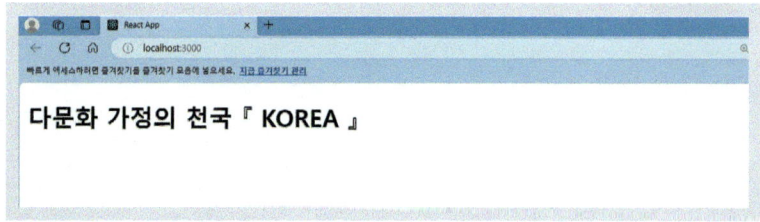

그림 11.1.1.1 class 컴포넌트를 사용한 렌더링 결과

11-02. Class 컴포넌트에 있는 Constructor

- 에 생성자 함수인 constructor() 가 있는 경우, 컴포넌트가 시작될 때 이 함수도 호출됩니다.
- constructor()는 컴포넌트의 속성을 시작하는 곳입니다.
- React에서 컴포넌트 속성(props)은 state라는 객체에 보관됩니다.
- constructor()는 상위(부모) 컴포넌트의 생성자 함수를 실행하는 super() 문을 포함하여 상위 컴포넌트의 상속을 계승하는 곳이며 컴포넌트는 상위(부모) 컴포넌트의 모든 기능에 액세스할 수 있습니다.

◆ index.js

Water 컴포넌트에서 생성자 함수를 만들고 render() 함수에 who 속성을 사용합니다.
C:\Users\컴퓨터이름\my-app\src\index.js

```jsx
import React from 'react';
import ReactDOM from 'react-dom/client';

class Water extends React.Component {
    constructor() {
        super();
        this.state = { who : " 누가와서 " } ;
    }
  render() {
        return <h2>깊은 산 속 옹달샘 { this.state.who } 먹나요</h2>;
  }
}
const myApp = ReactDOM.createRoot( document.getElementById('root') );
myApp.render( <Water /> );
```

● 무설치 방식의 리액트 HTML + JS : react-11.2.1.html

```html
<!DOCTYPE html>
<html lang="ko">
 <head>
  <meta charset="utf-8">
  <meta name='viewport' content='width=device-width'>
  <title>React App Test</title>
  <script src="https://unpkg.com/react@18/umd/react.development.js" crossorigin></script>
  <script src="https://unpkg.com/react-dom@18/umd/react-dom.development.js" crossorigin></script>
  <script src="https://unpkg.com/@babel/standalone/babel.min.js"></script>
 </head>
 <body>
```

```
    <div id="root"></div>
    <script type="text/babel">
      class Water extends React.Component {
            constructor() {
                    super();
                    this.state = { who : " 누가와서 " };
            }
            render() {
                    return <h2>깊은 산 속 옹달샘 { this.state.who } 먹나요</h2>;
            }
      }

      const myApp = ReactDOM.createRoot( document.getElementById('root') );
      myApp.render( <Water /> );
    </script>
  </body>
</html>
```

◐ 렌더링 결과

https://narinpublisher.github.io/my-react/react-11.2.1.html

그림 11.2.1 클래스 컴포넌트를 사용한 렌더링 결과

11-03. class 컴포넌트에 있는 Props
- Props는 properties의 약자입니다.
- Props는 컴포넌트 속성을 처리하는 또 다른 방법입니다.
- Props는 함수의 인수와 같으며 속성(properties) 상태로 컴포넌트에 전달됩니다.

◆ index.js

props는 속성(properties)을 사용하여 child을 Sleigh 컴포넌트에 전달하면, render() 함수는 그것을 렌더링을 하게 됩니다.
C:\Users\컴퓨터이름\my-app\src\index.js

```
import React from 'react';
import ReactDOM from 'react-dom/client';

class Sleigh extends React.Component {
  render(){
    return <h2>썰매를 타는{ this.props.child } 해 가는 줄도 모르고</h2>;
  }
}
const myApp = ReactDOM.createRoot( document.getElementByID('root') );
myApp.render( <Sleigh child= ' 어린애들은 ' /> );
```

◐ 무설치 방식의 리액트 HTML + JS : react-11.3.1.html

```
<!DOCTYPE html>
<html lang="ko">
 <head>
  <meta charset="utf-8">
  <meta name='viewport' content='width=device-width'>
  <script src="https://unpkg.com/react@18/umd/react.development.js" crossorigin></script>
  <script src="https://unpkg.com/react-dom@18/umd/react-dom.development.js" crossorigin></script>
  <script src="https://unpkg.com/@babel/standalone/babel.min.js"></script>
 </head>
 <body>
        <div id="root"></div>
        <script type="text/babel">
          class Sleigh extends React. Component {
                render(){
                        return <h2>썰매를 타는{ this.props.child } 해 가는 줄도 모르고</h2>;
                }
          }
          const myApp = ReactDOM.createRoot( document.getElementByID('root') );
          myApp.render( <Sleigh child= ' 어린애들은 ' /> );
        </script>
 </body>
</html>
```

● 렌더링 결과

https://narinpublisher.github.io/my-react/react-11.3.1.html

그림 11.3.1 렌더링 결과

11-04. class 컴포넌트에 있는 생성자 함수

컴포넌트에 생성자 함수인 constructor(props)가 있는 경우 props는 항상 constructor에 전달되며 super() 메서드를 통해 React.Component에도 전달합니다.

◆ index.js

C:\Users\컴퓨터이름\my-app\src\index.js

```
import React from 'react';
import ReactDOM from 'react-dom/client';

class We extends React.Component {
  constructor(props) {
    super( props );
  }
  render(){
    return <h2>우리우리 { this.props.newYear } 오늘이래요</h2>;
  }
}

const myApp = ReactDOM.createRoot( document.getElementById('root') );
myApp.render( <We newYear=' 설날은' /> );
```

● 무설치 방식의 리액트 HTML : react-11.4.1.html

```
<!DOCTYPE html>
<html lang="ko">
 <head>
  <meta charset="utf-8">
  <meta name='viewport' content='width=device-width'>
```

```html
    <script src="https://unpkg.com/react@18/umd/react.development.js" crossorigin></script>
    <script src="https://unpkg.com/react-dom@18/umd/react-dom.development.js" crossorigin></script>
    <script src="https://unpkg.com/@babel/standalone/babel.min.js"></script>
  </head>
  <body>
        <div id="root"></div>
        <script type="text/babel">
            class We extends React.Component {
                constructor(props) {
                    super( props );
                }
                render(){
                    return <h2>우리우리 { this.props.newYear } 오늘이래요</h2>;
                }
            }

            const myApp = ReactDOM.createRoot( document.getElementById('root') );
            myApp.render( <We newYear=' 설날은' /> );
        </script>
  </body>
</html>
```

◐ 렌더링 결과

https://narinpublisher.github.io/my-react/react-11.4.1.html

그림 11.4.1 렌더링 결과

11-05. class 컴포넌트 속의 class 컴포넌트

하나의 클래스 컴포넌트가 다른 클래스 컴포넌트를 참조할 수 있습니다.

◆ index.js

Sunset 이라는 컴포넌트에서 Colorful 이라는 컴포넌트를 참조하도록 코드를 작성합니다.

C:\Users\컴퓨터이름\my-app\src\index.js

```jsx
import React from 'react';
import ReactDOM from 'react-dom/client';

class Colorful extends React.Component {
  render(){
    return <p>색동옷 갈아 입은 가을 언덕에</p>;
  }
}
class Sunset extends React.Component {
  render(){
    return (
      <section>
        <h1>(동요) 노을</h1>
        <p>바람이 머물다간 들판에</p>
        <p>모락모락 피어나는 저녁연기</p>
        <Colorful />
        <p>빨갛게 노을이 타고 있어요</p>
      </section>
    )
  }
}

const myApp = ReactDOM.createRoot( document.getElementById( 'root' ) );
myApp.render( <Sunset /> );
```

◐ 무설치 방식의 리액트 HTML + JS : react-11.5.1.html

```html
<!DOCTYPE html>
<html lang="ko">
 <head>
  <meta charset="utf-8">
  <meta name='viewport' content='width=device-width'>
  <script src="https://unpkg.com/react@18/umd/react.development.js" crossorigin></script>
  <script src="https://unpkg.com/react-dom@18/umd/react-dom.development.js" crossorigin></script>
  <script src="https://unpkg.com/@babel/standalone/babel.min.js"></script>
 </head>
 <body>
```

```html
    <div id="root"></div>
    <script type="text/babel">
      class Colorful extends React.Component {
           render(){
                     return <p>색동옷 갈아 입은 가을 언덕에</p>;
           }
      }
      class Sunset extends React.Component {
           render(){
                     return (
                          <section>
                            <h1>(동요) 노을</h1>
                            <p>바람이 머물다간 들판에</p>
                            <p>모락모락 피어나는 저녁연기</p>
                            <Colorful />
                            <p>빨갛게 노을이 타고 있어요</p>
                          </section>
                     )
           }
      }
      const myApp = ReactDOM.createRoot( document.getElementById( 'root' ) );
      myApp.render(  <Sunset />  );
    </script>
  </body>
</html>
```

● 렌더링 결과

https://narinpublisher.github.io/my-react/react-11.5.1.html

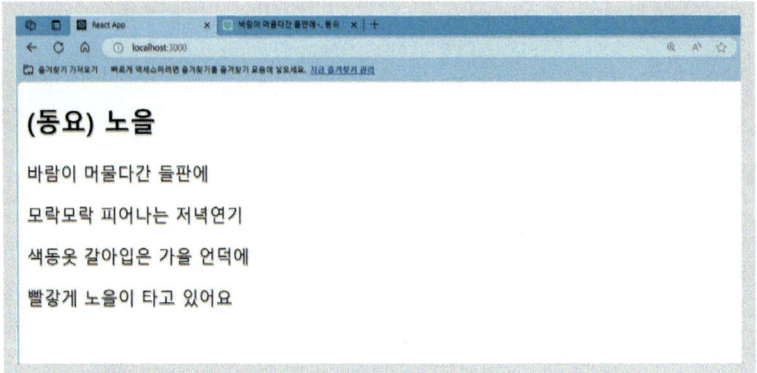

그림 11.5.1 클래스 컴포넌트 속의 클래스 컴포넌트를 사용한 렌더링 결과

11-06. 별도 파일에 있는 class 컴포넌트를 참조

코드 재사용이 목적이라면 일부 컴포넌트를 별도의 파일에 삽입하는 것이 더 나을 수도 있습니다. 그렇게 하려면 파일 확장자가 .js인 새 파일을 만들고 그 안에 코드를 넣으세요.

◈ Sunset.js

별도의 js 파일을 만든 후, 작업한 컴포넌트를 옮깁니다. 새 파일은 React를 import 하는 것으로 시작해야 하며 (원래 하듯이) export default Abc; 문으로 끝나야 합니다.

C:\Users\컴퓨터이름\my-app\src\Sunset.js

```jsx
import React from 'react';

class Fruits extends React.Component {
  render(){
    return <p>고개숙인 논밭의 열매</p>;
  }
}
class Yellow extends React.Component {
  render(){
    return (
      <section>
        <p>허수아비 팔 벌려 웃음짓고</p>
        <p>초가지붕 둥근 박 꿈 꿀때</p>
        <Fruits />
        <p>노랗게 익어만 가는</p>
      </section>
    )
  }
}

export default Yellow;
```

◈ index.js

Yellow 컴포넌트를 사용하려면, 앱에서 파일을 가져와야 합니다. Sunset.js 파일을 가져와서 Yellow 컴포넌트를 사용합니다.

C:\Users\컴퓨터이름\my-app\src\index.js

```jsx
import React from 'react';
import ReactDOM from 'react-dom/client';
import Yellow from './Sunset.js';
```

```
const myApp = ReactDOM.createRoot( document.getElementById( 'root' ) );
myApp.render( <Yellow /> );
```

◐ 무설치 방식의 리액트 HTML : react-11.6.1.html

```
<!DOCTYPE html>
<html lang="ko">
 <head>
  <meta charset="utf-8">
  <meta name='viewport' content='width=device-width'>
  <title>리액트 테스트</title>
  <script src="https://unpkg.com/react@18/umd/react.development.js" crossorigin></script>
  <script src="https://unpkg.com/react-dom@18/umd/react-dom.development.js" crossorigin></script>
  <script src="https://unpkg.com/@babel/standalone/babel.min.js"></script>
 </head>
 <body>
        <div id="root"></div>
        <script type="text/babel" src='index.11.6.1.js'></script>

 </body>
</html>
```

◐ 무설치 방식의 리액트 JS : index.11.6.1.js

```
class Fruits extends React.Component {
  render(){
    return <p>고개숙인 논밭의 열매</p>;
  }
}
class Yellow extends React.Component {
  render(){
    return (
      <section>
        <p>허수아비 팔 벌려 웃음짓고</p>
        <p>초가지붕 둥근 박 꿈 꿀때</p>
        <Fruits />
        <p>노랗게 익어만 가는</p>
      </section>
    )
  }
```

```
}

export default Yellow;
```

◐ 렌더링 결과

https://narinpublisher.github.io/my-react/react-11.6.1.html

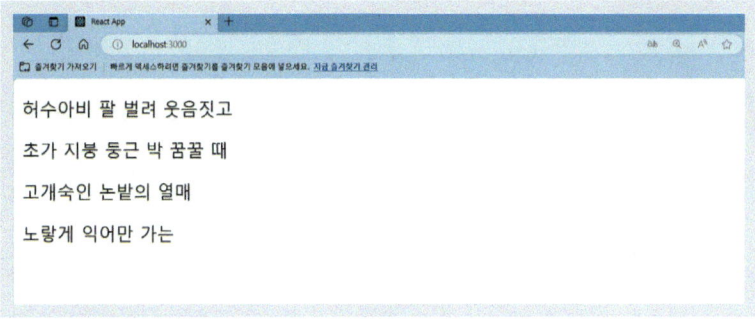

그림 11.6.1 별도 파일에 있는 클래스 컴포넌트를 참조한 렌더링 결과

11-07. Class 컴포넌트에서 State 객체

- React Class 컴포넌트에는 내장 state(상태) 객체가 있습니다.
- 컴포넌트 생성자 섹션에서는 예전 state(상태)를 사용합니다.
- state 객체는 컴포넌트에 속한 속성 값을 저장합니다.
- state 객체가 변경되면 컴포넌트가 다시 렌더링 됩니다.

11-07-02. 클래스 컴포넌트 생성

```
this.상태 = { 속성 : "콘텐츠" }
```

state(상태) 객체는 생성자(constructor)에서 초기화됩니다.

◆ index.js

state 객체를 사용한 코드를 작성합니다.
C:\Users\컴퓨터이름\my-app\src\index.js.js

```
import React from 'react';
import ReactDOM from 'react-dom/client';
```

```
class Autumn extends React.Component {
  constructor(props) {
    super(props);
    this.state = { sunset : '모락모락 피어나는 저녁 연기' };
  }
  render(){
    return (
      <section>
        <p>가을바람 머물다 간 들판에</p>
        <p>{ this.state.sunset }</p>
        <p>색동옷 갈아입은 가을 언덕에</p>
        <p>붉게 물들어 타는 저녁놀</p>
      </section>
    );
  }
}

const myApp = ReactDOM.createRoot( document.getElementById( 'root' ) );
myApp.render( <Autumn /> );
```

◐ 무설치 방식의 리액트 HTML : react-11.7.1.1.html

```
<!DOCTYPE html>
<html lang="ko">
 <head>
  <meta charset="utf-8">
  <meta name='viewport' content='width=device-width'>
  <title>리액트 테스트</title>
  <script src="https://unpkg.com/react@18/umd/react.development.js" crossorigin></script>
  <script src="https://unpkg.com/react-dom@18/umd/react-dom.development.js" crossorigin></script>
  <script src="https://unpkg.com/@babel/standalone/babel.min.js"></script>
 </head>
 <body>
        <div id="root"></div>
        <script type="text/babel" src='index.11.7.1.1.js'></script>

 </body>
</html>
```

◐ 무설치 방식의 리액트 JS : index.11.7.1.1.js

```
class Autumn extends React.Component {
  constructor(props) {
    super(props);
    this.state = { sunset : '모락모락 피어나는 저녁 연기' };
  }
  render(){
    return (
      <section>
        <p>가을바람 머물다 간 들판에</p>
        <p>{ this.state.sunset }</p>
        <p>색동옷 갈아입은 가을 언덕에</p>
        <p>붉게 물들어 타는 저녁놀</p>
      </section>
    );
  }
}
const myApp = ReactDOM.createRoot( document.getElementById( 'root' ) );
myApp.render( <Autumn /> );
```

◐ 렌더링 결과

https://narinpublisher.github.io/my-react/react-11.7.1.1.html

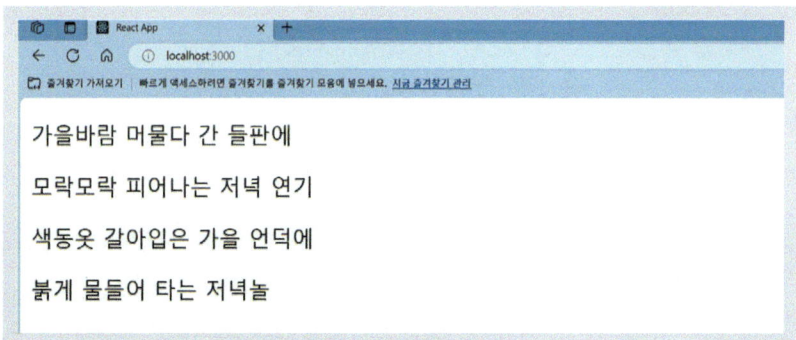

그림 11.7.1.1 렌더링 결과

11-07-02. 클래스 컴포넌트 생성

```
this.state.propertyname
this.korea.free
this.aba.def
```

this.state.propertyname 구문을 사용하면 컴포넌트의 아무 곳에서나 state 객체를 참조할 수 있습니다.

◈ index.html
C:\Users\컴퓨터이름\my-app\public\index.html

```html
<!DOCTYPE html>
<html lang="ko">
    <head>
        <meta charset="utf-8" />
        <meta name="viewport" content="width=device-width, initial-scale=1" />
        <link rel="icon" href="%PUBLIC_URL%/favicon.ico" />
        <title>React App</title>
    </head>
    <body>
        <div id="root"></div>
    </body>
</html>
```

◈ index.js

render() 메서드에서는 state 객체인 this.korea를 참조합니다.
C:\Users\컴퓨터이름\my-app\src\index.js

```jsx
import React from 'react';
import ReactDOM from 'react-dom/client';
import './myStyle.css';

class Gate extends React.Component {
  constructor(){
    super();
    this.korea = {
            attention: '성문 앞 ',
            communism: '우물 곁에 ',
            eradicate: '서 있는 보리수'
```

```
      };
    }
    render(){
      return (
        <section>
          <h1 className='aqua'>빌헬름 뮐러_ 보리수</h1>
          <p>
            { this.korea.attention }
            { this.korea.communism }
            { this.korea.eradicate }<br />
            나는 그 그늘 아래 단 꿈을 보았네<br />
            가지에 희망의 말 새기어 놓고서<br />
            기쁘나 슬플 때나 찾아온 나무 밑
          </p>
        </section>
      );
    }
}

const myApp = ReactDOM.createRoot( document.getElementById( 'root' ) );
myApp.render( <Gate /> );
```

◆ myStyle.css

C:₩Users₩컴퓨터이름₩my-app₩src₩myStyle.css

```
@charset 'utf-8';

section {
        display: inline-block; border: 2px dashed #ddd; padding: 10px;
}
.aqua {
        color:aqua; font-weight:bold; text-shadow:1px 1px 5px blue;
}
```

◐ 무설치 방식의 리액트 HTML : react-11.7.2.1.html

```
<!DOCTYPE html>
<html lang="ko">
 <head>
```

```html
<meta charset="utf-8">
<meta name='viewport' content='width=device-width'>
<title>리액트 테스트</title>
<script src="https://unpkg.com/react@18/umd/react.development.js" crossorigin></script>
<script src="https://unpkg.com/react-dom@18/umd/react-dom.development.js" crossorigin></script>
<script src="https://unpkg.com/@babel/standalone/babel.min.js"></script>
<link rel='stylesheet' href='myStyle.11.7.2.1.css'>
</head>
<body>

    <div id="root"></div>
    <script type="text/babel" src='index.11.7.2.1.js'></script>

</body>
</html>
```

◐ 무설치 방식의 리액트 HTML : index.11.7.2.1.js

```jsx
class Gate extends React.Component {
  constructor(){
    super();
    this.korea = {
              attention: '성문 앞 ',
              communism: '우물 곁에 ',
              eradicate: '서 있는 보리수'
    };
  }
  render(){
    return (
      <section>
        <h1 className='aqua'>빌헬름 뮐러_ 보리수</h1>
        <p>
          { this.korea.attention }
          { this.korea.communism }
          { this.korea.eradicate }<br />
          나는 그 그늘 아래 단 꿈을 보았네<br />
          가지에 희망의 말 새기어 놓고서<br />
          기쁘나 슬플 때나 찾아온 나무 밑
        </p>
      </section>
    );
  }
}

const myApp = ReactDOM.createRoot( document.getElementById( 'root' ) );
myApp.render( <Gate /> );
```

렌더링 결과

https://narinpublisher.github.io/my-react/react-11.7.2.1.html

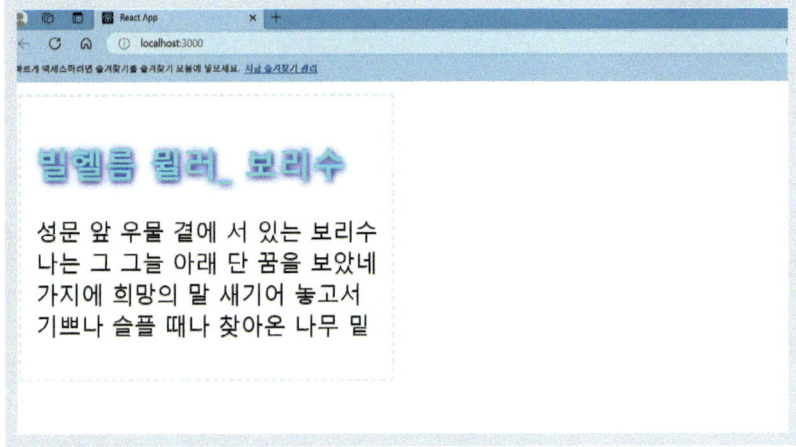

그림 11.7.2.1 렌더링 결과

11-07-03. State 객체 변경하기

this.setState()

- State(상태) 객체의 값을 변경하려면 this.setState() 메서드를 사용합니다.
- State 객체의 값이 변경되면 컴포넌트가 다시 렌더링 됩니다.
- 새로운 값에 따라 출력(output)이 변경됩니다.

◆ BarleyTree.js

mun 속성을 변경하는 onClick 이벤트가 있는 버튼 태그를 추가합니다. (파일 확장자를 jsx로 설정해도 결과는 같습니다.)

C:\Users\컴퓨터이름\my-app\src\BarleyTree.js

```
import React from 'react';
import './myStyle.css';

class ReactDOM extends React.Component {
    constructor(){
        super();
        this.state = {
            mun: '후문 뒤 ',
            communism: '우물 곁에 ',
```

CHAPTER 11 리액트 클래스 컴포넌트 | 113

```
                    eradicate: '서 있는 보리수'
            };
        }
        change =()=> {
         this.setState({mun: '성문 앞  '});
        }
        render(){
          return (
            <section>
                <h1 className='orange'>빌헬름 뮐러_ 보리수</h1>
                <p>
                    <b className='aqua'>{ this.state.mun }</b>
                    { this.state.communism }
                    { this.state.eradicate }<br />
                    나는 그 그늘 아래 단 꿈을 보았네<br />
                    가지에 희망의 말 새기어 놓고서<br />
                    기쁘나 슬플 때나 찾아온 나무 밑
                </p>
                <button type='button'  onClick={ this.change }>텍스트 변경하기</button>
            </section>
          );
        }
    }
export default ReactDOM ;
```

◆ index.js
C:₩Users₩컴퓨터이름₩my-app₩src₩index.js

```
import React from 'react';
import ReactDOM from 'react-dom/client';
import Barley from './BarleyTree';

const myApp = ReactDOM.createRoot(  document.getElementById( 'root' )  ); //표시할 컴포넌트의 위치
myApp.render(  <Barley />  ); //표시할 컴포넌트
```

◆ myStyle.css
C:₩Users₩컴퓨터이름₩my-app₩src₩myStyle.css

```
@charset 'utf-8';
```

```css
section {
        display: inline-block; border: 2px dashed #ddd; padding: 10px;
}
.aqua {
        color:aqua; font-weight:bold; text-shadow:1px 1px 5px blue;
}
.orange {
        color:orange; text-shadow:1px 1px 7px yellow;
}
```

◐ 무설치 방식의 리액트 HTML : react-11.7.3.1.html

```html
<!DOCTYPE html>
<html lang="ko">
 <head>
  <meta charset="utf-8">
  <meta name='viewport' content='width=device-width'>
  <title>리액트 테스트</title>
  <script src="https://unpkg.com/react@18/umd/react.development.js" crossorigin></script>
  <script src="https://unpkg.com/react-dom@18/umd/react-dom.development.js" crossorigin></script>
  <script src="https://unpkg.com/@babel/standalone/babel.min.js"></script>
  <link rel='stylesheet' href='myStyle.11.7.3.1.css'>
 </head>
 <body>

        <div id="root"></div>
        <script type="text/babel" src='BarleyTree.js'></script>

 </body>
</html>
```

◐ 무설치 방식의 리액트 JS : BarleyTree.js

```jsx
class Barley extends React.Component {
        constructor(){
                super();
                this.state = {
                        mun: '후문 뒤 ',
                        communism: '우물 곁에 ',
                        eradicate: '서 있는 보리수'
```

```
            };
        }
        change =()=> {
          this.setState({mun: '성문 앞 '});
        }
        render(){
            return (
                <section>
                    <h1 className='orange'>빌헬름 뮐러_ 보리수</h1>
                    <p>
                        <b className='aqua'>{ this.state.mun }</b>
                        { this.state.communism }
                        { this.state.eradicate }<br />
                        나는 그 그늘 아래 단 꿈을 보았네<br />
                        가지에 희망의 말 새기어 놓고서<br />
                        기쁘나 슬플 때나 찾아온 나무 밑
                    </p>
                    <button type='button'  onClick={ this.change }>텍스트 변경하기</button>
                </section>
            );
        }
}
const myApp = ReactDOM.createRoot(  document.getElementById( 'root' )  ); //표시할 컴포넌트의 위치
myApp.render( <Barley /> ); //표시할 컴포넌트
```

◐ 무설치 방식의 리액트 CSS : myStyle.11.7.3.1.css

```
@charset 'utf-8';

section {
        display: inline-block; border: 2px dashed #ddd; padding: 10px;
}
.aqua {
        color:aqua; font-weight:bold; text-shadow:1px 1px 5px blue;
}
.orange {
        color:orange; text-shadow:1px 1px 7px yellow;
}
```

◐ 렌더링 초기 화면

https://narinpublisher.github.io/my-react/react-11.7.3.1.html

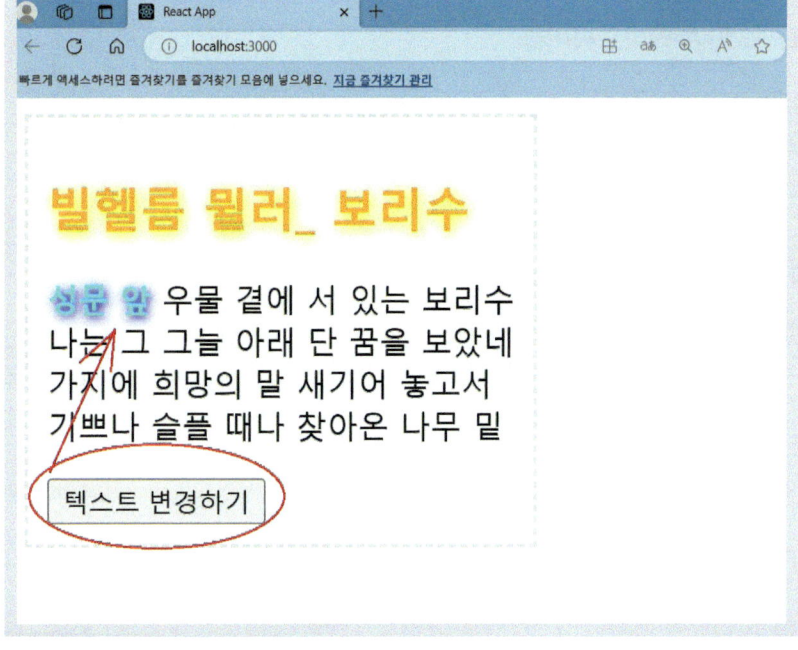

그림 11.7.3.1 렌더링 초기 모습

◐ [텍스트 변경하기] 버튼을 클릭 한 후 화면

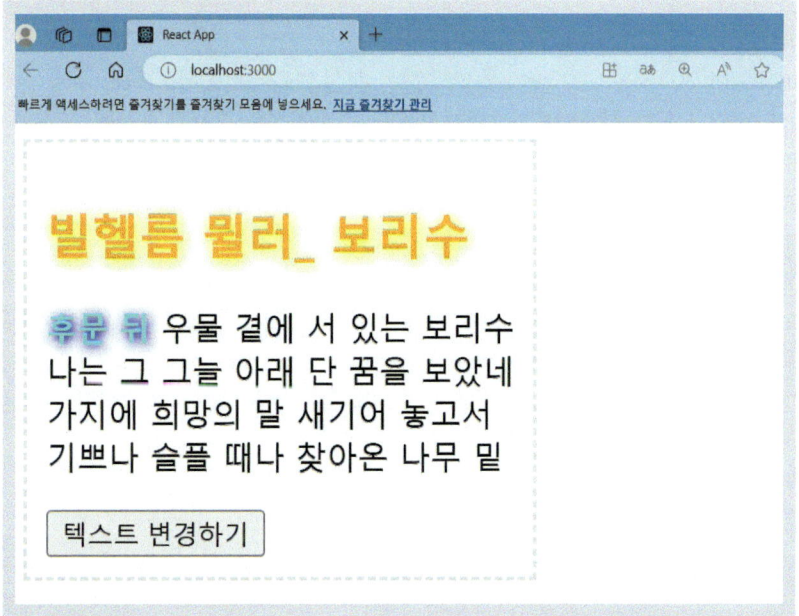

그림 11.7.3.2 [텍스트 변경하기] 버튼을 클릭한 후 모습

CHAPTER 11 리액트 클래스 컴포넌트 | 117

11-08. 콤포넌트의 3단계 라이프싸이클 (구성 요소의 수명 주기)

React의 각 콤포넌트에는 세 가지 주요 단계에서 모니터링하고 조작할 수 있는 라이프 싸이클이 있습니다.

● 콤포넌트의 3 단계 라이프싸이클

Mounting 마운트(연결)	→ **Updating** → 업데이트(갱신)	→ **Unmounting** → 언마운트(연결해제)

11-08-01. 마운트 (연결 Mounting)

- 마운트(마운팅, 연결)은 요소를 DOM에 넣는 것을 의미합니다.
- React에는 콤포넌트(구성요소)를 마운트할 때, 순서대로 호출되는 4가지 기본제공 메서드가 있습니다.

● 콤포넌트 마운팅(연결) 시, 순서대로 호출 되는 4가지 메서드

```
1) constructor()                    -------- 선택 호출
2) getDerivedStateFromProps()       -------- 선택 호출
3) render()                         -------- 필수 호출
4) componentDidMount()              -------- 선택 호출
```

11-08-01-01. constructor (생성자)

- constructor()는 ECMAScript 6(ES6) 기능입니다.
- ES6(JavaScript 2015)은 2017년 6월부터 모든 최신 브라우저에서 지원됩니다.
- constructor() 메서드는 컴포넌트가 시작될 때 다른 어떤 것보다 먼저 호출됩니다.
- constructor() 메서드는 class 내에서 생성된 object를 생성하고 초기화하기 위한 특수 메서드입니다.
- constructor() 메서드가 누락되었다면 Javascript는 보이지 않는 비어있는 constructor 메서드를 추가됩니다.
- 하나의 class는 하나의 constructor() 메서드 만 가질 수 있습니다.
- constructor() 메서드는 super() 메서드를 사용하여 부모 class의 constructor를 호출할 수 있습니다.
- class 상속을 생성하려면 extends 키워드를 사용합니다.
- class 상속으로 생성된 하나의 class는 다른 clsss의 모든 메서드를 상속합니다.

◆ index.js
C:\Users\컴퓨터이름\my-app\src\index.js

```
import React from 'react';
import ReactDOM from 'react-dom/client';
```

```
import './myStyle.css';

class Wind extends React.Component {
        constructor() {
                super();
                this.state = { sunset: '노을' }
        }
        render(){
                return (
                        <p>
                                바람이 머물다간 들판에<br />
                                모락모락 피어나는 저녁연기<br />
                                색동옷 갈아입은 가을 언덕에<br />
                                빨갛게
                                <b className= 'red'>{ this.state.sunset }</b>
                                이 타고 있어요.
                        </p>
                );
        }
}
const child = ReactDOM.createRoot( document.getElementById('root') ); //표시할 컴포넌트의 위치
child.render(  <Wind />  ); //표시할 컴포넌트
```

◈ myStyle.css

C:\Users\컴퓨터이름\my-app\src\myStyle.css

```
@charset 'utf-8';

.red {
        color: red; font-size: 1.1rem;
}
```

◐ 무설치 방식의 리액트 HTML : react-11.8.1.1.1.html

```
<!DOCTYPE html>
<html lang="ko">
 <head>
  <meta charset="utf-8">
  <meta name='viewport' content='width=device-width'>
  <script src="https://unpkg.com/react@18/umd/react.development.js" crossorigin></script>
  <script src="https://unpkg.com/react-dom@18/umd/react-dom.development.js" crossorigin></script>
  <script src="https://unpkg.com/@babel/standalone/babel.min.js"></script>
```

```html
    <link rel='stylesheet' href='myStyle.11.8.1.1.1.css'>
  </head>
  <body>
        <div id="root"></div>
        <script type="text/babel" src='index-11.8.1.1.1.js'></script>
  </body>
</html>
```

◐ 무설치 방식의 리액트 JS : index-11.8.1.1.1.js

```jsx
class Wind extends React.Component {
      constructor() {
            super();
            this.state = { sunset: '노을' }
      }
      render(){
            return (
                  <p>
                        바람이 머물다간 들판에<br />
                        모락모락 피어나는 저녁연기<br />
                        색동옷 갈아입은 가을 언덕에<br />
                        빨갛게
                        <b className= 'red'>{ this.state.sunset }</b>
                        이 타고 있어요.
                  </p>
            );
      }
}
const child = ReactDOM.createRoot( document.getElementById('root') ); //표시할 컴포넌트의 위치
child.render(  <Wind />  ); //표시할 컴포넌트
```

◐ 무설치 방식의 리액트 CSS : myStyle.11.8.1.1.1.css

```css
@charset 'utf-8';

.red {
      color: red; font-size: 1.1rem;
}
```

◐ 렌더링 초기 화면

https://narinpublisher.github.io/my-react/react-11.8.1.1.1.html

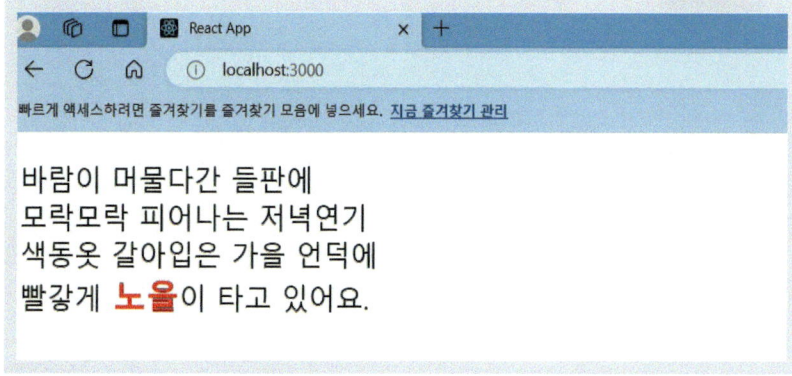

그림 11.8.1.1.1 렌더링 결과

11-08-01-02. getDerivedStateFromProps

getDerivedStateFromProps() 메서드는 DOM에서 요소를 렌더링하기 직전에 호출됩니다. 이것은 초기 props를 기반으로 state 객체를 설정하는 자연스러운 장소입니다. state는 인수로서 변경된 객체를 반환합니다.

◈ scarecrow.js

getDerivedStateFromProps() 메서드는 basket 속성을 기반으로 fruit를 업데이트하여 " 가을의 들판 " 텍스트가 " 논밭의 열매 " 텍스트로 변경됩니다.

C:\Users\컴퓨터이름\my-app\src\scarecrow.js

```
import React from 'react';

class Sunset extends React.Component {
    constructor( props ){
        super( props );
        this.state = { fruit: ' 가을의 달빛 ' }
    }
    static getDerivedStateFromProps( props, state ) {
        return { fruit: props.basket }
    }
    render(){
        return (
            <p>
                허수아비 팔 벌려 웃음짓고<br />
                초가지붕 둥근 박 꿈 꿀때<br />
                고개숙인
```

```
                        <b className='orange'>{ this.state.fruit }</b>
                                노랗게 익어만 가는
                    </p>
            );
        }
}
export default Sunset;
```

◆ index.js
C:\Users\컴퓨터이름\my-app\src\index.js

```
import React from 'react';
import ReactDOM from 'react-dom/client';
import Scar from './scarecrow';
import './myStyle.css';

const yellow = ReactDOM.createRoot( document.getElementById('root') );
yellow.render( <Scar basket=' 논밭의 열매 ' /> );
```

● 무설치 방식의 리액트 HTML : react-11.8.1.2.1.html

```
<!DOCTYPE html>
<html lang="ko">
  <head>
    <meta charset="utf-8">
    <meta name='viewport' content='width=device-width'>
    <script src="https://unpkg.com/react@18/umd/react.development.js" crossorigin></script>
    <script src="https://unpkg.com/react-dom@18/umd/react-dom.development.js" crossorigin></script>
    <script src="https://unpkg.com/@babel/standalone/babel.min.js"></script>
    <link rel='stylesheet' href='myStyle.11.8.1.2.1.css'>
  </head>
  <body>
        <div id="root"></div>
        <script type="text/babel" src='scarecrow.js'></script>
  </body>
</html>
```

◐ 무설치 방식의 리액트 JS : scarecrow.js

```jsx
class Sunset extends React.Component {
    constructor( props ){
        super( props );
        this.state = { fruit: ' 가을의 달빛 ' }
    }
    static getDerivedStateFromProps( props, state ) {
        return { fruit: props.basket }
    }
    render(){
        return (
            <p>
                허수아비 팔 벌려 웃음짓고<br />
                초가지붕 둥근 박 꿈 꿀때<br />
                고개숙인
                <b className='orange'>{ this.state.fruit }</b>
                노랗게 익어만 가는
            </p>
        );
    }
}

const yellow = ReactDOM.createRoot( document.getElementById( 'root' ) );
yellow.render( <Sunset basket= ' 논밭의 열매 ' /> );
```

◐ 무설치 방식의 리액트 CSS : myStyle.11.8.1.2.1.css

```css
@charset 'utf-8';

.orange {
    color:orange; text-shadow:1px 1px 7px yellow;
}
```

◐ 렌더링 결과

https://narinpublisher.github.io/my-react/react-11.8.1.2.1.html

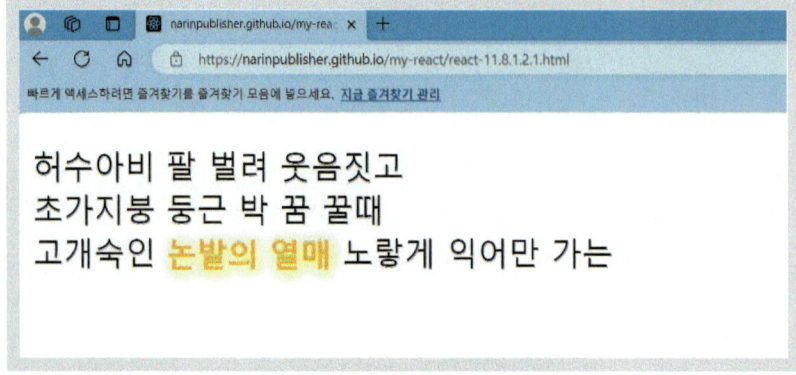

그림 11.8.1.2.1 렌더링 결과

11-08-01-03. render

render() 메서드는 HTML을 DOM에 출력하는 역할을 합니다.

◈ index.js

C:₩Users₩컴퓨터이름₩my-app₩src₩index.js

```
import React from 'react';
import ReactDOM from 'react-dom/client';

class Autumn extends React.Component {
        render() {
                return (
                        <p>
                                가을바람 머물다간 들판에<br />
                                모락모락 피어나는 저녁연기
                        </p>
                );
        }
}

const yellow = ReactDOM.createRoot( document.getElementById('root') );
yellow.render( <Autumn /> );
```

◐ 무설치 방식의 리액트 HTML : react-11.8.1.3.2.html

```html
<!DOCTYPE html>
<html lang="ko">
 <head>
  <meta charset="utf-8">
  <meta name='viewport' content='width=device-width'>
  <script src="https://unpkg.com/react@18/umd/react.development.js" crossorigin></script>
  <script src="https://unpkg.com/react-dom@18/umd/react-dom.development.js" crossorigin></script>
  <script src="https://unpkg.com/@babel/standalone/babel.min.js"></script>
 </head>
 <body>
    <div id="root"></div>
    <script type="text/babel" src='index.11.8.1.3.2.js'></script>
 </body>
</html>
```

◐ 무설치 방식의 리액트 JS : index.11.8.1.3.2.js

```jsx
class Autumn extends React.Component {
    render() {
        return (
            <p>
                가을바람 머물다간 들판에<br />
                모락모락 피어나는 저녁연기
            </p>
        );
    }
}

const yellow = ReactDOM.createRoot( document.getElementById('root') );
yellow.render( <Autumn /> ) ;
```

◐ 렌더링 결과

https://narinpublisher.github.io/my-react/react-11.8.1.3.2.html

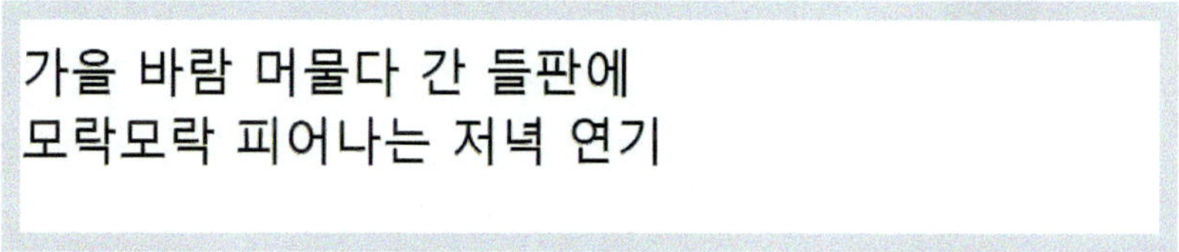

> 가을 바람 머물다 간 들판에
> 모락모락 피어나는 저녁 연기

그림 11.8.1.3.2 렌더링 결과

11-08-01-04. componentDidMount

componentDidMount() 메서드는 컴포넌트가 렌더링된 후 호출됩니다. 이미 DOM에 배치되어 있는 컴포넌트가 명령문을 실행하는 장소입니다.

◆ korean-election.js

" 밀실에 며칠 방치 후 개표" 텍스트는 2초 후에 " 투표한 곳에서 즉시 개표 텍스트로 변경됩니다.
C:₩Users₩컴퓨터이름₩my-app₩src₩korean-election.js

```
import React from 'react';

class Election extends React.Component {
    constructor(props){
        super(props);
        this.state= { votes: '넉넉한 사전투표 기간?'}
    }
    componentDidMount() {
        setTimeout( () => {
            this.setState({ votes: ' 사전투표 즉시 폐기!'});
        } , 2000 );
    }
    render() {
        return (
            <p>
                소중한 투표 권리행사만큼 중요한 것은<br />
                <b className= 'red'>{ this.state.votes }</b>
            </p>
        );
    }
}

export default Election;
```

대소문자포함하여 두개의 텍스트는 일치해야 합니다.

◆ index.js

C:₩Users₩컴퓨터이름₩my-app₩src₩index.js

```
import React from 'react';
import ReactDOM from 'react-dom/client';
import Korean from './korean-election';
import './myStyle.css';

const yellow = ReactDOM.createRoot( document.getElementById('root') );
yellow.render( <Korean /> );
```

대소문자 포함하여 두개의 텍스트는 일치해야 합니다.

◈ myStyle.css

C:\Users\컴퓨터이름\my-app\myStyle.css

```css
@charset 'utf-8';

.red {
    color:red; font-weight:bold; text-shadow:1px 1px 7px yellow;
}
```

◐ 무설치 방식의 리액트 HTML : react-react-11.8.1.4.1.html

```html
<!DOCTYPE html>
<html lang="ko">
 <head>
  <meta charset="utf-8">
  <meta name='viewport' content='width=device-width'>
  <script src="https://unpkg.com/react@18/umd/react.development.js" crossorigin></script>
  <script src="https://unpkg.com/react-dom@18/umd/react-dom.development.js" crossorigin></script>
  <script src="https://unpkg.com/@babel/standalone/babel.min.js"></script>
  <link rel='stylesheet' href='myStyle.11.8.1.4.2.css'>
 </head>
 <body>
    <div id="root"></div>
    <script type="text/babel" src='korean-election.js'></script>
 </body>
</html>
```

◐ 무설치 방식의 리액트 JS : korean-election.js

```jsx
import React from 'react';

class Election extends React.Component {
    constructor(props){
        super(props);
        this.state= { votes: '넉넉한 사전투표 기간?'}
    }
    componentDidMount() {
        setTimeout( () => {
            this.setState({ votes: ' 사전투표 즉시 폐기!'});
        }, 2000 );
    }
    render() {
```

```
                return (
                        <p>
                                소중한 투표 권리행사만큼 중요한 것은<br />
                                <b className= 'red'>{ this.state.votes }</b>
                        </p>
                );
        }
}
export default **Election**;
```

◐ 무설치 방식의 리액트 CSS : myStyle.11.8.1.4.2.css

```
@charset 'utf-8';
.red {
        color:red; font-weight:bold; text-shadow:1px 1px 7px yellow;
}
```

◐ 렌더링 결과

https://narinpublisher.github.io/my-react/react-11.8.1.4.1.html

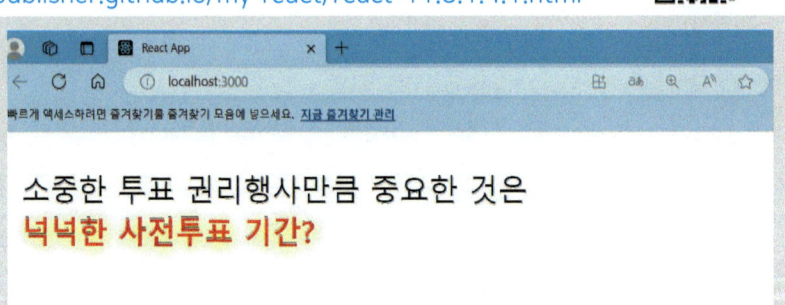

그림 11.8.1.4.1 초기 렌더링 결과

◐ 2초 후 빨간색 텍스트가 변경된 결과

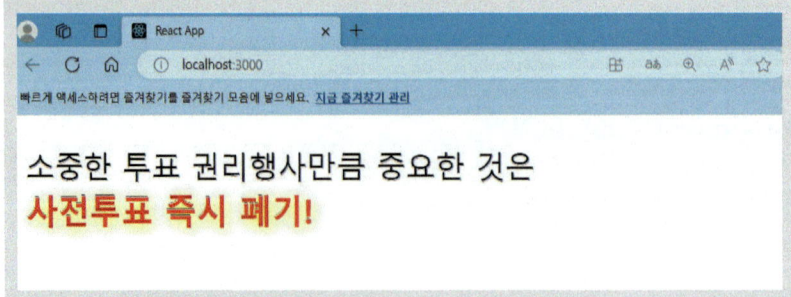

그림 11.8.1.4.2 초기 렌더링 결과

11-08-02. 업데이트 (갱신 Updating)

컴포넌트의 라이프 싸이클에서, 한 단계에서 다음 단계로 넘어가는 시기는 컴포넌트가 업데이트 될 때입니다. 컴포넌트의 state 또는 props가 변경될 때마다 컴포넌트가 업데이트됩니다. React에는 구성 요소가 업데이트 될 때, 순서대로 호출되는 5가지 기본 제공 메서드가 있습니다.

● 컴포넌트가 업데이트 될 때, 순서대로 호출되는 5가지 기본 제공 메서드

```
1) getDerivedStateFromProps()      ------- 선택호출
2) shouldComponentUpdate()         ------- 선택호출
3) render()                        ------- 필수호출
4) getSnapshotBeforeUpdate()       ------- 선택호출
5) componentDidUpdate()            ------- 선택호출
```

11-08-02-01. getDerivedStateFromProps()

콤포넌트가 업데이트되면서 getDerivedStateFromProps() 메서드가 호출됩니다.

◆ index.js
이 예시는 getDerivedStateFromProps() 메서드로 인해 txt 속성은 **Sunset 속성**으로 변경됩니다. 따라서 [텍스트 변경하기] 버튼을 클릭하면 box 속성의 값은 **변경될 수 없습니다.**
C:\Users\컴퓨터이름\my-app\src\index.js

```jsx
import React from 'react';
import ReactDOM from 'react-dom/client';
import './myStyle.css';

class Autumn extends React.Component {
    constructor( props ){
        super( props );
        this.state= { txt: '가을이라 가을바람'};
    }
    static getDerivedStateFromProps( props, state ) {
        return { txt: props.sunset }
    }
    changeTxt = () => {
        this.setState({ txt: '색동옷 갈아입은 '});
    }
    render() {
        return (
            <p>
```

```
                         가을바람 머물다간 들판에<br />
                         모락모락 피어나는 저녁연기< br />
                         <b className= 'red'>{this.state.txt}</b>
                         가을 언덕에<br />
                         붉게 물들어 타는 저녁놀<br />
                         <button type='button' onClick= { this.changeTxt }>
                                     텍스트 변경하기
                         </button>
                    </p>
              );
       }
}

const leaves = ReactDOM.createRoot( document.getElementById('root') );
leaves.render(  <Autumn sunset= '낙엽이 흩날리는 ' />  );
```

● 무설치 방식의 리액트 HTML : react-11.8.2.1.html

```
<!DOCTYPE html>
<html lang="ko">
  <head>
    <meta charset="utf-8">
    <meta name='viewport' content='width=device-width'>
    <script src="https://unpkg.com/react@18/umd/react.development.js" crossorigin></script>
    <script src="https://unpkg.com/react-dom@18/umd/react-dom.development.js" crossorigin></script>
    <script src="https://unpkg.com/@babel/standalone/babel.min.js"></script>
    <link rel='stylesheet' href='myStyle.11.8.2.1.css'>
  </head>
  <body>
        <div id="root"></div>
        <script type="text/babel" src='index.11.8.2.1.js'></script>
  </body>
</html>
```

● 무설치 방식의 리액트 JS : index.11.8.2.1.js

```jsx
class Autumn extends React.Component {
    constructor( props ){
        super( props );
        this.state= { txt: '가을이라 가을바람'};
    }
    static getDerivedStateFromProps( props, state ) {
        return {  txt: props.sunset  }
    }
    changeTxt = () => {
        this.setState({ txt: '색동옷 갈아입은 '});
    }
    render() {
        return (
            <p>
                가을바람 머물다간 들판에<br />
                모락모락 피어나는 저녁연기< br />
                <b className= 'red'>{this.state.txt}</b>
                가을 언덕에<br />
                붉게 물들어 타는 저녁놀<br />
                <button type='button' onClick= { this.changeTxt }>
                    텍스트 변경하기
                </button>
            </p>
        );
    }
}
const leaves = ReactDOM.createRoot( document.getElementById('root') );
leaves.render( <Autumn sunset= '낙엽이 흩날리는 ' />  );
```

● 무설치 방식의 리액트 CSS : myStyle.11.8.2.1.css

```css
@charset 'utf-8';

.red {
    color:red; font-weight:bold; text-shadow:1px 1px 7px yellow;
}
```

CHAPTER 11 리액트 클래스 컴포넌트 | 131

◐ 렌더링 결과

getDerivedStateFromProps()로 인해, **버튼을 클릭해도 속성 값은 변경되지 않습니다.**
https://narinpublisher.github.io/my-react/react-11.8.2.1.html

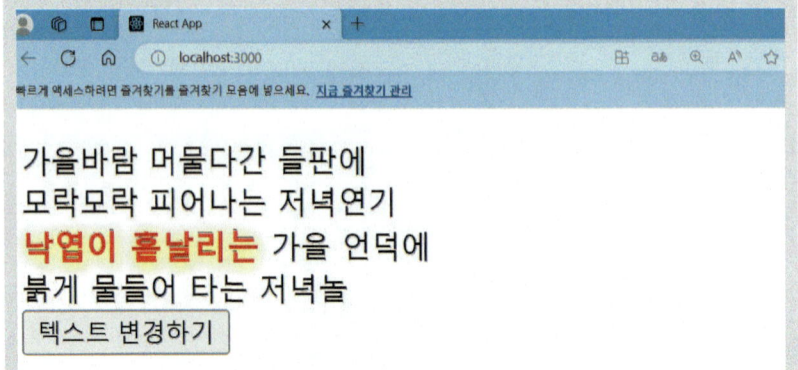

그림 11.8.2.1.1 [텍스트 변경하기] 버튼을 클릭해도 변화 없음

11-08-02-02. shouldComponentUpdate()

컴포넌트가 업데이트되면서 getDerivedStateFromProps() 메서드가 호출됩니다. shouldComponentUpdate() 메서드에서 React가 렌더링을 계속할지 여부를 지정하는 부울 값(Boolean value)을 반환할 수 있습니다. 기본값은 true입니다.
false를 반환하게 되면 업데이트(갱신) 시 콤포먼트 렌더링이 중지됩니다.

● 11-08-02-02-01. shouldComponentUpdate()가 false를 반환할 때

◆ index.js

shouldComponentUpdate() 메서드가 **false를 반환하면**, [텍스트 변경하기] 버튼을 눌러도 **텍스트는 변경되지 않습니다.**

C:₩Users₩컴퓨터이름₩my-app₩src₩index.js

```
import React from 'react';
import ReactDOM from 'react-dom/client';
import './myStyle.css';

class Autumn extends React.Component {
    constructor( props ){
        super( props );
        this.state= { txt: '에머럴드빛 하늘'};
    }
    shouldComponentUpdate(){
```

```
            return false;
        }
        changeTxt = () => {
            this.setState({ txt: '색동옷 갈아입은 '});
        }
        render() {
            return (
                <p>
                    가을바람 머물다간 들판에<br />
                    모락모락 피어나는 저녁연기< br />
                    <b className= 'orange'>{this.state.txt}</b>
                    가을 언덕에<br />
                    붉게 물들어 타는 저녁놀<br /><br />
                    <button type='button' onClick= { this.changeTxt }>
                        텍스트 변경하기
                    </button>
                </p>
            );
        }
    }
    const leaves = ReactDOM.createRoot( document.getElementById('root') );
    leaves.render(  <Autumn />  );
```

◆ myStyle.css

C:\Users\컴퓨터이름\my-app\src\myStyle.css

```
@charset 'utf-8';
.orange {
        color:orange; text-shadow:1px 1px 7px yellow;
}
```

◐ 무설치 방식의 리액트 HTML : react-11.8.2.2.1.1.html

```
<!DOCTYPE html>
<html lang="ko">
 <head>
  <meta charset="utf-8">
  <meta name='viewport' content='width=device-width'>
  <script src="https://unpkg.com/react@18/umd/react.development.js" crossorigin></script>
  <script src="https://unpkg.com/react-dom@18/umd/react-dom.development.js" crossorigin></script>
```

```html
        <script src="https://unpkg.com/@babel/standalone/babel.min.js"></script>
        <link rel='stylesheet' href='myStyle.11.8.2.1.1.css'>
    </head>
    <body>
        <div id="root"></div>
        <script type="text/babel" src='autumn-1.js'></script>
    </body>
</html>
```

◐ 무설치 방식의 리액트 JS : autumn-1.js

```jsx
class Autumn extends React.Component {
    constructor( props ){
        super( props );
        this.state= { txt: '에머럴드빛 하늘'};
    }
    shouldComponentUpdate(){
        return false;
    }
    changeTxt = () => {
        this.setState({ txt: '색동옷 갈아입은 '});
    }
    render() {
        return (
            <p>
                가을바람 머물다간 들판에<br />
                모락모락 피어나는 저녁연기< br />
                <b className= 'orange'>{this.state.txt}</b>
                가을 언덕에<br />
                붉게 물들어 타는 저녁놀<br /><br />
                <button type='button' onClick= { this.changeTxt }>
                    텍스트 변경하기
                </button>
            </p>
        );
    }
}

const leaves = ReactDOM.createRoot( document.getElementById('root') );
leaves.render( <Autumn /> );
```

◐ 무설치 방식의 리액트 CSS : myStyle.11.8.2.1.1.css

```
@charset 'utf-8';
.orange {
        color:orange; text-shadow:1px 1px 7px yellow;
}
```

◐ 렌더링 결과

shouldComponentUpdate()가 false를 반환하므로, **버튼을 클릭해도 속성 값은 변경되지 않습니다.**
https://narinpublisher.github.io/my-react/react-11.8.2.2.1.1.html

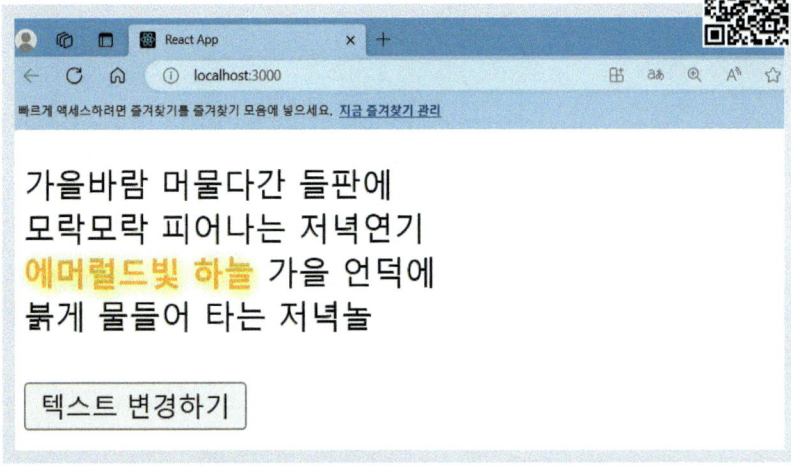

그림 11.8.2.2.1.1 버튼을 클릭해도 렌더링에 변화가 없음

● 11-08-02-02-02. shouldComponentUpdate()가 true를 반환할 때

◆ index.js

shouldComponentUpdate() 메서드가 **true를 반환한 후**, [텍스트 변경하기] 버튼을 누르면 텍스트가 "에머 럴드빛 하늘 "에서 **"색동옷 갈아입은 "으로 변경됩니다.**

C:\Users\컴퓨터이름\my-app\src\index.js

```
import React from 'react';
import ReactDOM from 'react-dom/client';
import './myStyle.css';

class Autumn extends React.Component {
```

```
            constructor( props ){
                    super( props );
                    this.state= { txt: '에머럴드빛 하늘 '};
            }
            shouldComponentUpdate(){
                    return true;
            }
            changeTxt = () => {
                    this.setState({ txt: '색동옷 갈아입은 '});
            }
            render() {
                    return (
                            <p>
                                    가을바람 머물다간 들판에<br />
                                    모락모락 피어나는 저녁연기< br />
                                    <b className= 'orange'>{ this.state.txt }</b>
                                    가을 언덕에<br />
                                    붉게 물들어 타는 저녁놀<br /><br />
                                    <button type='button' onClick= { this.changeTxt }>
                                            텍스트 변경하기
                                    </button>
                            </p>
                    );
            }
}
const leaves = ReactDOM.createRoot( document.getElementById('root') );
leaves.render( <Autumn /> );
```

◆ myStyle.css
C:\Users\컴퓨터이름\my-app\src\myStyle.css

```
@charset 'utf-8';

.orange {
        color:orange; text-shadow:1px 1px 7px yellow;
}
```

◐ 무설치 방식의 리액트 HTML : react-11.8.2.2.2.1.html

```html
<!DOCTYPE html>
<html lang="ko">
 <head>
  <meta charset="utf-8">
  <meta name='viewport' content='width=device-width'>
  <script src="https://unpkg.com/react@18/umd/react.development.js" crossorigin></script>
  <script src="https://unpkg.com/react-dom@18/umd/react-dom.development.js" crossorigin></script>
  <script src="https://unpkg.com/@babel/standalone/babel.min.js"></script>
  <link rel='stylesheet' href='myStyle.11.8.2.1.1.css'>
 </head>
 <body>
    <div id="root"></div>
    <script type="text/babel" src='autumn-2.js'></script>
 </body>
</html>
```

◐ 무설치 방식의 리액트 JS : autumn-2.js

```jsx
class Autumn extends React.Component {
    constructor( props ){
        super( props );
        this.state= { txt: '에머럴드빛 하늘 '};
    }
    shouldComponentUpdate(){
        return true;
    }
    changeTxt = () => {
        this.setState({ txt: '색동옷 갈아입은 '});
    }
    render() {
        return (
            <p>
                가을바람 머물다간 들판에<br />
                모락모락 피어나는 저녁연기< br />
                <b className= 'orange'>{ this.state.txt }</b>
                가을 언덕에<br />
                붉게 물들어 타는 저녁놀<br /><br />
                <button type='button' onClick= { this.changeTxt }>
                    텍스트 변경하기
                </button>
```

```
                    </p>
            );
        }
}

const leaves = ReactDOM.createRoot( document.getElementById('root') );
leaves.render( <Autumn /> );
```

◐ 무설치 방식의 리액트 CSS : myStyle.11.8.2.1.1.css

```
@charset 'utf-8';

.orange {
        color:orange; text-shadow:1px 1px 7px yellow;
}
```

◐ 렌더링 초기 상태

https://narinpublisher.github.io/my-react/react-11.8.2.2.2.2.html

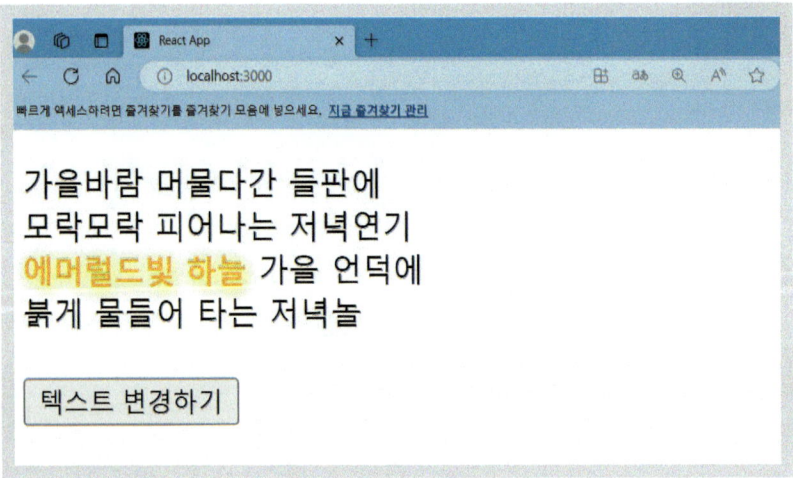

그림 11.8.2.2.1.1 렌더링 초기상태

◐ **[텍스트 변경하기] 버튼을 클릭하면**
(shouldComponentUpdate()가 true를 반환하므로) **텍스트가 변경됩니다.**

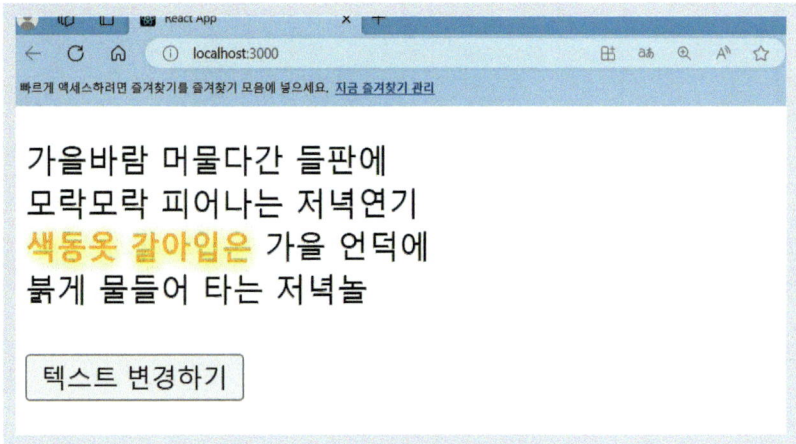

그림 11.8.2.2.2.2 버튼을 클릭하여, 텍스트가 변경된 상태

11-08-02-03. render()

- render() 메소드는 필수이며 HTML을 DOM에 실제로 출력하는 메소드입니다.
- render() 메서드는 컴포넌트가 업데이트될 때 호출되며 새로운 변경 사항과 함께 HTML을 DOM에 다시 렌더링합니다.

◆ autumn.js

[텍스트 변경하기] 버튼을 클릭하면, 컴포넌트의 state를 변경하여 "에머럴드빛 하늘 " 텍스트가 "색동옷 갈아입은 "으로 변경됩니다.

C:\Users\컴퓨터이름\my-app\src\autumn.js

```
import React from 'react';

class Autumn extends React.Component {
    constructor( props ){
        super( props );
        this.state= { txt: '에머럴드빛 하늘'};
    }
    shouldComponentUpdate(){
        return true;
    }
    changeTxt = () => {
        this.setState({ txt: '색동옷 갈아입은 '});
```

```
            }
            render() {
                return (
                    <p>
                        가을바람 머물다간 들판에<br />
                        모락모락 피어나는 저녁연기< br />
                        <b className= 'orange'>{ this.state.txt }</b>
                        가을 언덕에<br />
                        붉게 물들어 타는 저녁놀<br /><br />
                        <button type='button' onClick= { this.changeTxt }>
                            텍스트 변경하기
                        </button>
                    </p>
                );
            }
}

export default Autumn;
```

◆ index.js

C:\Users\컴퓨터이름\my-app\src\index.js

```
import React from 'react';
import ReactDOM from 'react-dom/client';
import Sky from './autumn';
import './myStyle.css';

const leaves = ReactDOM.createRoot( document.getElementById('root') );
leaves.render( <Sky /> );
```

◑ 무설치 방식의 리액트 HTML : react-11.8.2.3.2.html

```
<!DOCTYPE html>
<html lang="ko">
  <head>
    <meta charset="utf-8">
    <meta name='viewport' content='width=device-width'>
    <script src="https://unpkg.com/react@18/umd/react.development.js" crossorigin></script>
    <script src="https://unpkg.com/react-dom@18/umd/react-dom.development.js" crossorigin></script>
    <script src="https://unpkg.com/@babel/standalone/babel.min.js"></script>
```

```html
    <link rel='stylesheet' href='myStyle.11.8.2.1.1.css'>
  </head>
  <body>
        <div id="root"></div>
        <script type="text/babel" src='autumn-3.js'></script>
  </body>
</html>
```

◐ 무설치 방식의 리액트 JS : autumn-3.js

```jsx
class Autumn extends React.Component {
      constructor( props ){
            super( props );
            this.state= { txt: '에머럴드빛 하늘'};
      }
      shouldComponentUpdate(){
            return true;
      }
      changeTxt = () => {
            this.setState({ txt: '색동옷 갈아입은 '});
      }
      render() {
            return (
                  <p>
                        가을바람 머물다간 들판에<br />
                        모락모락 피어나는 저녁연기< br />
                        <b className= 'orange'>{ this.state.txt }</b>
                        가을 언덕에<br />
                        붉게 물들어 타는 저녁놀<br /><br />
                        <button type='button' onClick= { this.changeTxt }>
                              텍스트 변경하기
                        </button>
                  </p>
            );
      }
}

const leaves = ReactDOM.createRoot( document.getElementById('root') );
leaves.render( <Autumn /> ) ;
```

● 무설치 방식의 리액트 CSS : myStyle.11.8.2.1.1.css

```
@charset 'utf-8';

.orange {
        color:orange; text-shadow:1px 1px 7px yellow;
}
```

● 렌더링 초기 상태

https://narinpublisher.github.io/my-react/react-11.8......tml

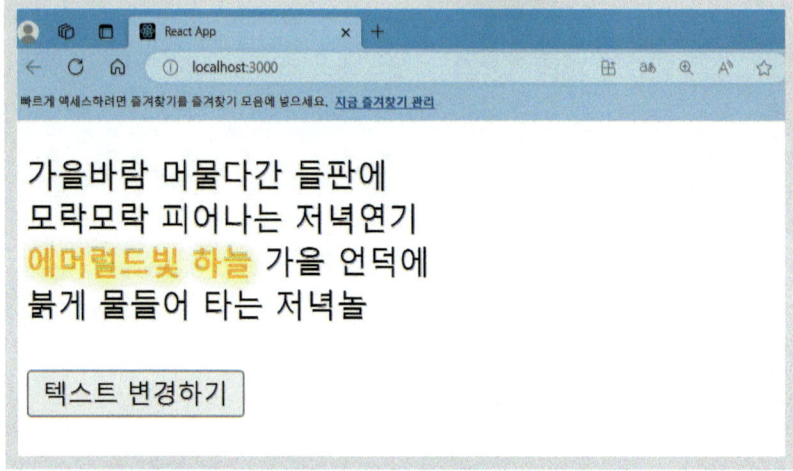

그림 11.8.2.2.1.1 렌더링 초기상태

● [텍스트 변경하기] 버튼을 클릭하면 텍스트가 변경됩니다.

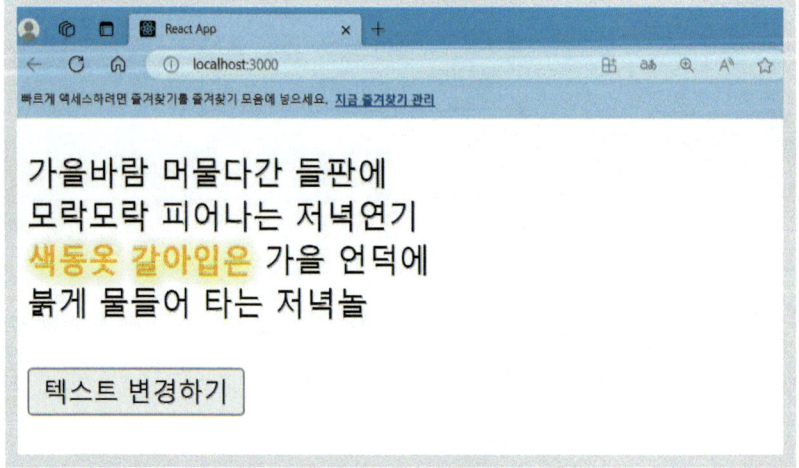

그림 11.8.2.2.2.2 버튼을 클릭했을 때

11-08-02-04. getSnapshotBeforeUpdate()

- getSnapshotBeforeUpdate() 메서드는 업데이트 이전의 props 및 state에 액세스하고 싶을 경우에 사용할수 있는기능합니다. 즉, 업데이트 후에도 업데이트 이전의 값을 확인하고 싶을때 사용할 수 있는 메소드입니다.
- getSnapshotBeforeUpdate() 메서드가 있는 경우 componentDidUpdate() 메서드도 포함해야 합니다. 그렇지 않으면 오류가 발생합니다.
- getSnapshotBeforeUpdate() 메서드를 사용하면 업데이트 이전의 state(상태) 객체를 알 수 있습니다.

◆ index.js

① 컴포넌트가 마운트 될 때는 "길가에 떨어진 나뭇잎 " 텍스트로 렌더링 됩니다.
② 3초 후에는 "가지에 희망의 말 "로 업데이트(변경)됩니다.
③ 업데이트 단계가 트리거 되면서 컴포넌트의 getSnapshotBeforeUpdate() 메서드가 실행되면, 비어있던 id= "#para1" 요소에 prevState.txt 값인 "길가에 떨어진 나뭇잎 " 텍스트와 " 글자는 3초 후에" 가 렌더링 됩니다.
④ componentDidUpdate() 메서드가 실행되면, 비어있던 id= "para2" 요소에 this.state.txt 값인 "가지의 희망의 말 " 텍스트와 " 글자로 변경 되었습니다."가 렌더링 됩니다.

C:\Users\컴퓨터이름\my-app\src\index.js

```
import React from 'react';
import ReactDOM from 'react-dom/client';
import './myStyle.css';

class BarleyTree extends React.Component {
    constructor( props ){
        super( props );
        this.state= {txt: '길가에 떨어진 나뭇잎 '};
    }
    componentDidMount(){
        setTimeout( () => {
            this.setState({ txt: "가지에 희망의 말 "});
        }, 3000 );
    }
    getSnapshotBeforeUpdate( prevProps, prevState ) {
        document.getElementById( 'para1' ).innerHTML =
        prevState.txt + ' 글자는 3초 후에 ';
        return true;
    }
    componentDidUpdate(){
        document.getElementById( 'para2' ).innerHTML=
        this.state.txt+ ' 글자로 변경 되었습니다.';
    }
    render(){
```

```
            return (
                <p>
                        성문앞 우물곁에 서있는 보리수<br />
                        나는 그 그늘아래 단꿈을 보았네<br />
                        <b className='aqua'>{ this.state.txt }</b><br />
                        새기어 놓고서<br />
                        기쁘나 슬플때나 찾아온 나무밑<br />
                        찾아온 나무밑<br /><br />
                        <span id='para1' className='yellowgreen'></span>
                        <span id='para2' className='yellowgreen'></span>
                </p>
            );
        }
}
const democracy = ReactDOM.createRoot( document.getElementById('root') );
democracy.render( <BarleyTree /> );
```

◆ myStyle.css

C:\Users\컴퓨터이름\my-app\src\myStyle.css

```
@charset 'utf-8';

.aqua {
        color:aqua; text-shadow:1px 1px 5px blue;
}
.yellowgreen {
        color:yellowgreen; font-size:0.8rem;
}
```

◐ 무설치 방식의 리액트 HTML : react-11.8.2.4.2.html

```
<!DOCTYPE html>
<html lang="ko">
  <head>
    <meta charset="utf-8">
    <meta name='viewport' content='width=device-width'>
    <script src="https://unpkg.com/react@18/umd/react.development.js" crossorigin></script>
    <script src="https://unpkg.com/react-dom@18/umd/react-dom.development.js" crossorigin></script>
    <script src="https://unpkg.com/@babel/standalone/babel.min.js"></script>
    <link rel='stylesheet' href='myStyle.11.8.2.4.2.css'>
```

```html
    </head>
    <body>
        <div id="root"></div>
        <script type="text/babel" src='index.11.8.2.4.2.js'></script>
    </body>
</html>
```

◐ 무설치 방식의 리액트 JS : index.11.8.2.4.2.js

```jsx
class BarleyTree extends React.Component {
    constructor( props ){
        super( props );
        this.state= {txt: '길가에 떨어진 나뭇잎 '};
    }
    componentDidMount(){
        setTimeout( () => {
            this.setState({ txt: "가지에 희망의 말 "});
        } , 3000 );
    }
    getSnapshotBeforeUpdate( prevProps, prevState ) {
        document.getElementById( 'para1' ).innerHTML =
        prevState.txt + ' 글자는 3초 후에 ';
        return true;
    }
    componentDidUpdate(){
        document.getElementById( 'para2' ).innerHTML=
        this.state.txt+ ' 글자로 변경 되었습니다.';
    }
    render(){
        return (
            <p>
                성문앞 우물곁에 서있는 보리수<br />
                나는 그 그늘아래 단꿈을 보았네<br />
                <b className='aqua'>{ this.state.txt }</b><br />
                새기어 놓고서<br />
                기쁘나 슬플때나 찾아온 나무밑<br />
                찾아온 나무밑<br /><br />
                <span id='para1' className='yellowgreen'></span>
                <span id='para2' className='orange'></span>
            </p>
        );
    }
}
```

```
}

const democracy = ReactDOM.createRoot( document.getElementById('root') );
democracy.render( <BarleyTree /> );
```

◐ 무설치 방식의 리액트 CSS : myStyle.11.8.2.4.2.css

```
@charset 'utf-8';

.aqua {
        color:aqua; text-shadow:1px 1px 5px blue;
}
.yellowgreen {
        color:yellowgreen; font-size:0.8rem;
}
.orange {
        color:orange; font-size:0.8rem;
}
```

◐ 렌더링 초기 상태

https://narinpublisher.github.io/my-react/react-11.8.2.4.2.html

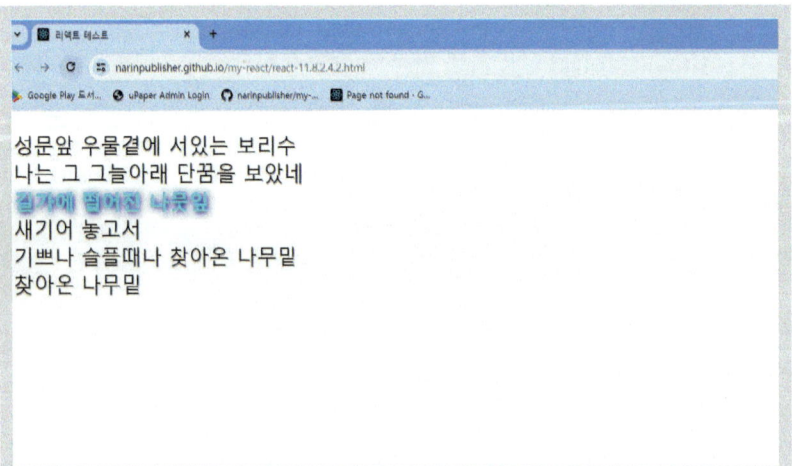

그림 11.8.2.4.1 처음 렌더링 결과

◐ 3초 후 업데이트 된 상태

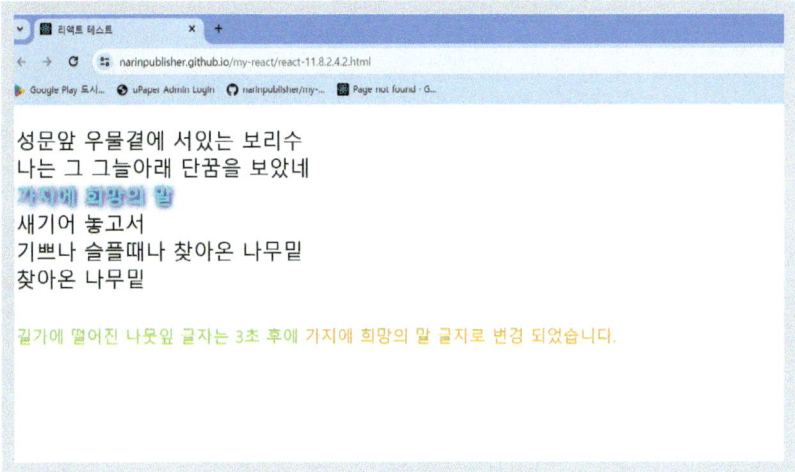

그림 11.8.2.4.2 3초 후 업데이트 된 상태

11-08-02-05. componentDidUpdate()

componentDidUpdate() 메소드는 DOM에서 컴포넌트가 업데이트된 후에 호출됩니다.

◆ freedom.js

① 컴포넌트가 마운트 되면, "자유민주주의와 인민민주주의는 애매하다." 텍스트로 렌더링 됩니다.
② 3초 후에는 "자유민주주의와 인민민주주의는 다르다."로 업데이트됩니다.
③ 업데이트 단계가 트리거 되면서 컴포넌트의 getSnapshotBeforeUpdate() 메소드가 실행되면, 비어있던 id= "#para1" 요소 내부에 "애매하다. 글자는 3초 후에 "가 표시됩니다.
④ componentDidUpdate() 메서드가 실행되면서 비어있던 id= "para2" 요소 내부에 "다르다. 글자로 변경 되었습니다."가 표시됩니다.

C:₩Users₩컴퓨터이름₩my-app₩src₩freedom.js

```
import React from 'react';

class Freedom extends React.Component {
    constructor(){
        super();
        this.state= {compare: '애매하다. '};
    }
    componentDidMount(){
        setTimeout( () => {
```

```
                    this.setState({ compare: "다르다! "});
            } , 3000 );
    }
    getSnapshotBeforeUpdate( p1, p2 ) {
            document.getElementById( 'para1' ).innerHTML =
            p2.compare + ' 글자는 3초 후에 ';
            return true;
    }
    componentDidUpdate(){
            document.getElementById( 'para2' ).innerHTML=
            this.state.compare+ ' 글자로 변경 되었습니다.';
    }
    render(){
            return (
                    <p>
                            자유민주의와<br />
                            인민민주주의는<br />
                            <b className='red'>{ this.state.compare }</b><br />

                            <span id='para1' className='yellowgreen'></span>
                            <span id='para2' className='yellowgreen'></span>
                    </p>
            );
    }
}

export default Freedom;
```

◆ myStyle.css

C:\Users\컴퓨터이름\my-app\src\myStyle.css

```
@charset 'utf-8';

.yellowgreen {
        color:yellowgreen; font-size:0.8rem;
}
.red {
        color:red; font-size:1.1rem; text-shadow:1px 1px 7px yellow;
}
```

◆ **index.js**

C:₩Users₩컴퓨터이름₩my-app₩src₩index.js

```
import React from 'react';
import ReactDOM from 'react-dom/client';
import Democracy from './freedom';
import './myStyle.css';

const democracy = ReactDOM.createRoot( document.getElementById('root') );
democracy.render( <Democracy /> );
```

◐ 무설치 방식의 리액트 HTML : react-11.8.2.5.2.html

```
<!DOCTYPE html>
<html lang="ko">
 <head>
  <meta charset="utf-8">
  <meta name='viewport' content='width=device-width'>
  <script src="https://unpkg.com/react@18/umd/react.development.js" crossorigin></script>
  <script src="https://unpkg.com/react-dom@18/umd/react-dom.development.js" crossorigin></script>
  <script src="https://unpkg.com/@babel/standalone/babel.min.js"></script>
  <link rel='stylesheet' href='myStyle.11.8.2.5.2.css'>
 </head>
 <body>
        <div id="root"></div>
        <script type="text/babel" src='freedom.js'></script>
 </body>
</html>
```

◐ 무설치 방식의 리액트 JS : freedom.js

```
class Freedom extends React.Component {
        constructor(){
                super();
                this.state= {compare: '애매하다. '};
        }
        componentDidMount(){
                setTimeout( () => {
                        this.setState({ compare: "다르다! "});
                }, 3000 );
```

```
        }
        getSnapshotBeforeUpdate( p1, p2 ) {
                document.getElementById( 'para1' ).innerHTML =
                p2.compare + ' 글자는 3초 후에 ';
                return true;
        }
        componentDidUpdate(){
                document.getElementById( 'para2' ).innerHTML=
                this.state.compare+ ' 글자로 변경 되었습니다.';
        }
        render(){
                return (
                        <p>
                                자유민주주의와<br />
                                인민민주주의는<br />
                                <b className='red'>{ this.state.compare }</b><br />
                                <span id='para1' className='yellowgreen'></span>
                                <span id='para2' className='yellowgreen'></span>
                        </p>
                );
        }
}
const democracy = ReactDOM.createRoot( document.getElementById('root') );
democracy.render( <Freedom /> );
```

◐ 무설치 방식의 리액트 CSS : myStyle.11.8.2.5.2.css

```
@charset 'utf-8';

.yellowgreen {
        color:yellowgreen; font-size:0.8rem;
}
.red {
        color:red; font-size:1.1rem; text-shadow:1px 1px 7px yellow;
}
```

◐ 렌더링 초기 상태

https://narinpublisher.github.io/my-react/react-11.8.2.5.2.html

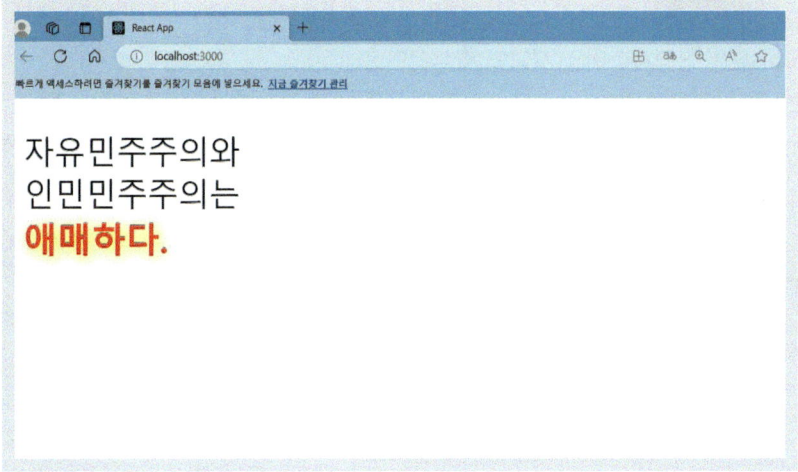

그림 11.8.2.5.1 렌더링 초기 상태

◐ 3초 후 업데이트 된 상태

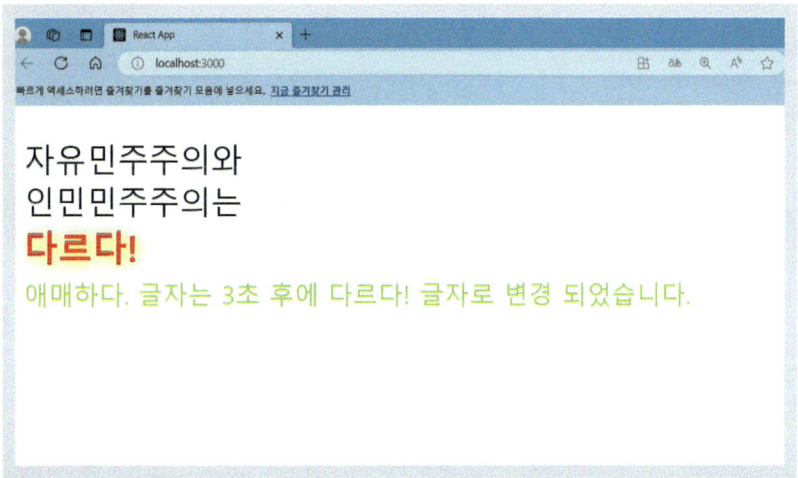

그림 11.8.2.5.2 3초 후 변경 된 상태

11-08-03. 업데이트 (마운트해제, 연결해제, Unmounting)

- 라이프 싸이클의 마지막 단계는 컴포넌트가 DOM에서 제거되거나 React가 호출하는 것처럼 마운트가 해제 되는 것입니다.
- 마운트가 해제될 때 호출 되는 내장 메소드는 componentWillUnmount()입니다.
- componentWillUnmount() 는 컴포넌트가 마운트 해제되어 제거되기 직전에 호출됩니다.

◆ tree.js

① [마운트 해제하기] 버튼을 클릭하면
② delText 함수가 트리거되면서 show 속성값이 false로 변경됩니다.
③ render() 메소드는 변경사항이 감지되면 재실행되고
④ if 문이 false가 되었으므로 Child 컴포넌트가 마운트 해제 신호를 받게 됩니다.
⑤ 그러면 componentWillUnmount () 메소드가 호출되면서 경고창이 발생하고 마운트는 해제됩니다.

C:\Users\컴퓨터이름\my-app\src\myStyle.css

```
import React from 'react';

class BarleyTree extends React.Component {
    constructor () {
        super ();
        this.state= { show: true };
    }
    delText = () => {
        this.setState({ show: false });
    }
    render (){
        let tree;
        if ( this.state.show ) {
            tree= <Child /> ;
        }
        return (
            <main>
                가지에 희망의 말 새기어 넣고서<br />
                { tree }<br />
                <button type='button' onClick= { this.delText }>
                 마운트 해제하기
                </button>
            </main>
        )
    }
}

class Child extends React.Component {
    componentWillUnmount () {
        alert( 'BarleyTree 컴포넌트는 마운트 해제됩니다.' );
    }
    render () {
        return (
```

```
                <p>
                        기쁘나 슬플 때나 찾아온 나무 밑
                </p>
            )
    }
}

export default BarleyTree;
```

◆ index.js
C:\Users\컴퓨터이름\my-app\src\index.js

```
import React from 'react';
import ReactDOM from 'react-dom/client';
import Hope from './tree';

const democracy = ReactDOM.createRoot ( document.getElementById('root') );
democracy.render ( <Hope /> );
```

◐ 무설치 방식의 리액트 HTML : react-11.8.3.2.html

```
<!DOCTYPE html>
<html lang="ko">
 <head>
  <meta charset="utf-8">
  <meta name='viewport' content='width=device-width'>
  <script src="https://unpkg.com/react@18/umd/react.development.js" crossorigin></script>
  <script src="https://unpkg.com/react-dom@18/umd/react-dom.development.js" crossorigin></script>
  <script src="https://unpkg.com/@babel/standalone/babel.min.js"></script>
 </head>
 <body>
        <div id="root"></div>
        <script type="text/babel" src='tree.js'></script>
 </body>
</html>
```

● 무설치 방식의 리액트 JS : tree.js

```jsx
class BarleyTree extends React.Component {
    constructor () {
        super ();
        this.state= { show: true };
    }
    delText = () => {
        this.setState({ show: false });
    }
    render (){
        let tree;
        if ( this.state.show ) {
            tree= <Child /> ;
        }
        return (
            <main>
                가지에 희망의 말 새기어 넣고서<br />
                { tree }<br />
                <button type='button' onClick= { this.delText }>
                    마운트 해제하기
                </button>
            </main>
        )
    }
}

class Child extends React.Component {
    componentWillUnmount () {
        alert( 'BarleyTree 컴포넌트는 마운트 해제됩니다.' );
    }
    render () {
        return (
            <p>
                기쁘나 슬플 때나 찾아온 나무 밑
            </p>
        )
    }
}

const democracy = ReactDOM.createRoot( document.getElementById('root') );
democracy.render( <BarleyTree /> );
```

◐ 렌더링 초기 상태

https://narinpublisher.github.io/my-react/react-11.8.3.2

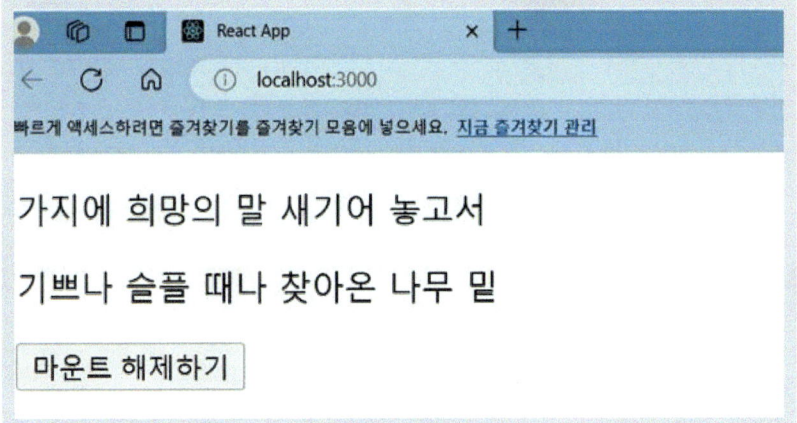

그림 11.8.3.1 렌더링 초기 화면

◐ [마운트 해제하기] 버튼을 클릭했을 때의 화면

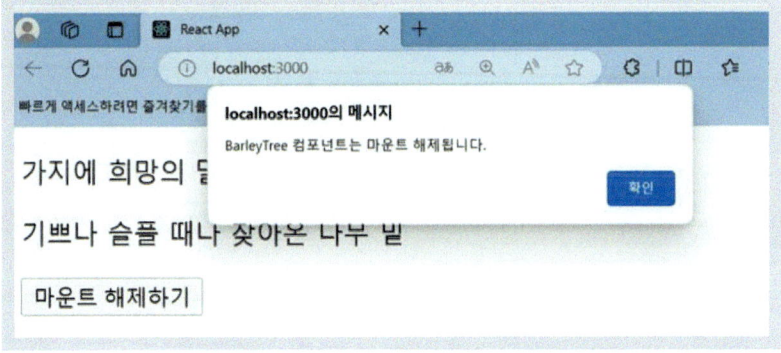

그림 11.8.3.2 [마운트 해제하기] 버튼을 클릭했을 때의 화면 모습

CHAPTER

12

12.	리액트 Props	………… 158
12-01.	리액트 Props	………… 158
12-01-01.	리액트에서 데이터 전달	………… 161
12-01-01-01.	매개변수로 데이터 전달	………… 161
12-01-01-02.	변수를 생성하여 값 전달	………… 163
12-01-01-03.	오브젝트를 생성하여 값 전달	………… 167

URL QR로 미리보고 학습하는 퍼펙트 리액트

리액트 Props

12 리액트 Props

12-01. 리액트 Props 란

- Props는 React 컴포넌트에 전달되는 인수입니다.
- Props는 인수로써 HTML 속성(attributes)을 통해 컴포넌트에 전달됩니다.
- props는 properties(속성)를 의미합니다.

React Props는 Javascript의 함수 인수 또는 HTML의 속성(attributes)과 같습니다. props를 컴포넌트로 보내려면 HTML 속성(attributes)과 동일한 구문을 사용해야 합니다.

◆ **mtree.js**

① index.js에 있는 Monument 요소에 vallery 속성이 추가되면
② MonumentTree 컴포넌트의 props를 통해 인수('깊은 계곡')가 전달됩니다.
③ 그러면 컴포넌트 내에서 그 vallery 속성을 사용하게 됩니다.

C:\Users\컴퓨터이름\my-app\src\mtree.js

```jsx
import React from 'react';

function MonumentTree ( props ) {
    return (
        <h3>
            초연히 쓸고 간
            <i className='red'>{ props.valley }</i><br />
            <i className='red'>{ props.valley }</i>
            양지녘에
        </h3>
    )
}
export default MonumentTree;
```

◆ **myStyle.css**

C:\Users\컴퓨터이름\my-app\src\myStyle.css

```css
@charset 'utf-8';
```

```css
.red {
    color:red; font-weight:bold; font-size:1.1rem; text-shadow:1px 1px 7px yellow;
}
```

◈ index.js
C:\Users\컴퓨터이름\my-app\src\index.js

```js
import React from 'react';
import ReactDOM from 'react-dom/client';
import Monument from './mtree';
import './myStyle.css';

const democracy = ReactDOM.createRoot( document.getElementById('root') );
democracy.render( <Monument valley='깊은 계곡 ' /> );
```

◐ 무설치 방식의 리액트 HTML : react-12.1.1.html

```html
<!DOCTYPE html>
<html lang="ko">
 <head>
  <meta charset="utf-8">
  <meta name='viewport' content='width=device-width'>
  <script src="https://unpkg.com/react@18/umd/react.development.js" crossorigin></script>
  <script src="https://unpkg.com/react-dom@18/umd/react-dom.development.js" crossorigin></script>
  <script src="https://unpkg.com/@babel/standalone/babel.min.js"></script>
  <link rel='stylesheet' href='myStyle.12.1.1.css'>
 </head>
 <body>
    <div id="root"></div>
    <script type="text/babel" src='mtree.js'></script>
 </body>
</html>
```

◐ 무설치 방식의 리액트 JS : mtree.js

```js
function MonumentTree ( props ) {
    return (
        <h3>
```

```
                    초연히 쓸고 간
                    <i className='red'>{ props.valley }</i><br />
                    <i className='red'>{ props.valley }</i>
                    양지녘에
            </h3>
        )
}

const democracy = ReactDOM.createRoot ( document.getElementById('root') );
democracy.render ( <MonumentTree valley='깊은 계곡 ' /> );
```

◐ 무설치 방식의 리액트 CSS : myStyle.12.1.1.css

```
@charset 'utf-8';

.red {
        color:red; font-size:1.1rem; text-shadow:1px 1px 7px yellow;
}
```

◐ 렌더링 결과

https://narinpublisher.github.io/my-react/react-12.1.1.html

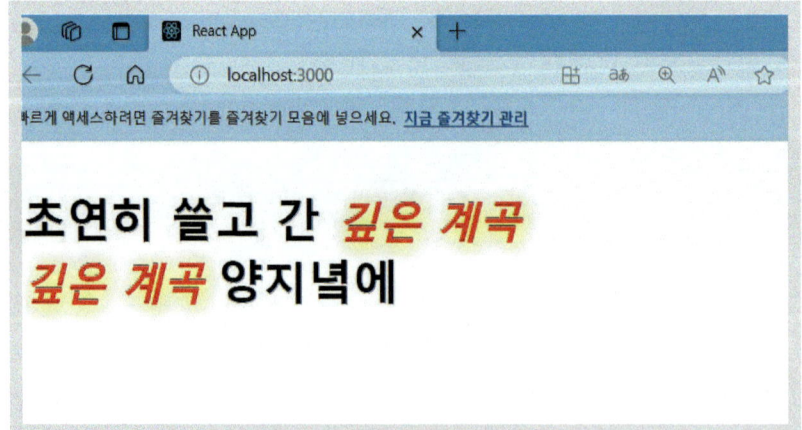

그림 12.1.1 렌더링 결과

12-01-01. 리액트에서 데이터 전달

- React Props는 Javascript의 함수 인수 및 HTML의 속성과 같습니다.
- Props는 한 컴포넌트에서 다른 컴포넌트로 데이터를 매개변수로 전달하는 하나의 방법이 될 수도 있습니다.
- React Props는 읽기 전용입니다! 해당 값을 변경하려고 하면 오류가 발생합니다.

12-01-01-01. 매개변수로 데이터 전달

◆ index.js

① `<MonumentTree sky='먼 고향 초동친구 두고온 하늘가' />`
Rainstorm 컴포넌트에 있는 sky 속성을 MonumentTree 컴포넌트로 보냅니다.
② MonumentTree 컴포넌트의 pr 매개변수를 통해 sky 속성의 값인 문자열('먼 고향 초동친구 두고온 하늘가')는 <i> 태그와 함께 Rainstorm 컴포넌트로 전달된 후, <MonumentTree> 요소 그리고 속성과 만나서 태그로 해석 된 후 브라우저에 렌더링 됩니다.
③ 리액트에서는 태그에 요소 명 없이 <> ...... </> 이렇게 쌍을 이룬 각진 괄호를 사용할 수도 있습니다. 그렇게 되면 빈 요소는 <div>요소로 변환되어 렌더링 됩니다.

C:\Users\컴퓨터이름\my-app\src\index.js

```
import React from 'react';
import ReactDOM from 'react-dom/client';
import './myStyle.css';

function MonumentTree ( pr ) {
    return (
        <>
            <i className='orange'> { pr.sky }</i><br />
            그리워 마디마디 이끼되어 맺혔네
        </>
    )
}
function Rainstorm () {
    return (
        <>
            비바람 긴세월로 이름모를<br />
            이름모를 비목이어<br />
            <MonumentTree  sky="먼 고향 초동친구 두고온 하늘가" />
        </>
    )
}

const democracy = ReactDOM.createRoot ( document.getElementById('root') );
democracy.render (  <Rainstorm />  );
```

◆ **myStyle.css**
C:₩Users₩컴퓨터이름₩my-app₩src₩myStyle.css

```css
@charset 'utf-8';

.orange {
    color:orange; font-weight:bold; text-shadow:1px 1px 7px yellow;
}
```

◐ 무설치 방식의 리액트 HTML : react-12.1.1.1.1.html

```html
<!DOCTYPE html>
<html lang="ko">
 <head>
  <meta charset="utf-8">
  <meta name='viewport' content='width=device-width'>
  <script src="https://unpkg.com/react@18/umd/react.development.js" crossorigin></script>
  <script src="https://unpkg.com/react-dom@18/umd/react-dom.development.js" crossorigin></script>
  <script src="https://unpkg.com/@babel/standalone/babel.min.js"></script>
  <link rel='stylesheet' href='myStyle.12.1.1.1.1.css'>
 </head>
 <body>
    <div id="root"></div>
    <script type="text/babel" src='index.12.1.1.1.1.js'></script>
 </body>
</html>
```

◐ 무설치 방식의 리액트 JS : index.12.1.1.1.1.js

```jsx
function MonumentTree ( pr ) {
    return (
        <>
            <i className='orange'> { pr.sky }</i><br />
            그리워 마디마디 이끼되어 맺혔네
        </>
    )
}
function Rainstorm () {
    return (
        <>
```

```
                    비바람 긴세월로 이름모를<br />
                    이름모를 비목이어<br />
                    <MonumentTree  sky="먼 고향 초동친구 두고온 하늘가" />
            </>
        )
}

const democracy = ReactDOM.createRoot ( document.getElementById('root') );
democracy.render ( <Rainstorm /> );
```

◐ 무설치 방식의 리액트 CSS : myStyle.12.1.1.1.1.css

```
@charset 'utf-8';

.orange {
        color:orange; font-weight:bold; text-shadow:1px 1px 7px yellow;
}
```

◐ 렌더링 결과

https://narinpublisher.github.io/my-react/react-12.1.1.1.1.html

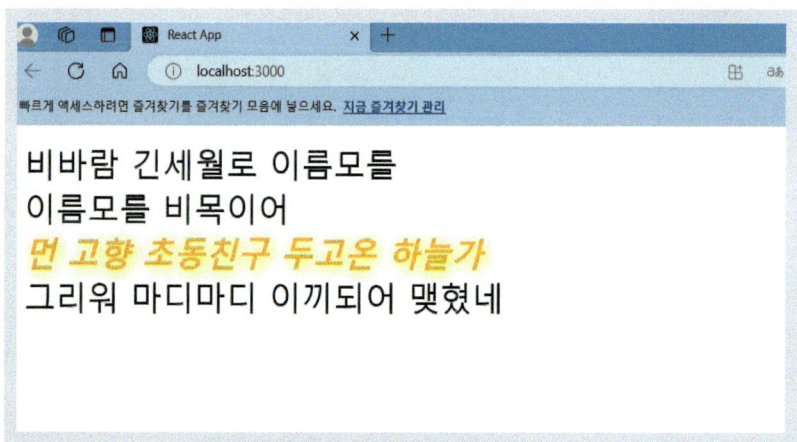

그림 12.1.1.1.1 렌더링 결과

12-01-01-02. 변수를 생성하여 값 전달

- 변수를 생성하여 컴포넌트로 값을 보낼 수 있습니다.
- 보낼 변수가 있다면 중괄호 안에 변수 명을 입력합니다.

◆ monu.js

① friend 라는 string형 변수를 생성합니다.
　const friend= '그리워 마디마디 이끼되어 맺혔네';
② Mo 컴포넌트의 props로 속성 값을 전달합니다.
　{ props.sky }
③ props 객체와 sky 속성은 Ra 컴포넌트의 요소에 대입되어 해석된 후 브라우저에 렌더링 됩니다.
　<Mo sky= { friend } />

C:\Users\컴퓨터이름\my-app\src\monu.js

```jsx
import React from 'react';

function Mo ( props ) {
    return (
        <>
            먼 고향 초동친구 두고온 하늘가<br />
            <i className='orange'>{ props.sky }</i>
        </>
    )
}

function Ra () {
    const friend= '그리워 마디마디 이끼되어 맺혔네';
    return (
        <>
            비바람 긴세월로 이름모를 비목이어<br />
            <Mo sky= { friend } />
        </>
    )
}
export default Ra;
```

◆ myStyle.css

C:\Users\컴퓨터이름\my-app\src\myStyle.css

```css
@charset 'utf-8';

.orange {
    color:orange; font-weight:bold; text-shadow:1px 1px 7px yellow;
}
```

◆ index.js

C:\Users\컴퓨터이름\my-app\src\index.js

```
import React from 'react';
import ReactDOM from 'react-dom/client';
import Tree from './monu';
import './myStyle.css';

const song = ReactDOM.createRoot ( document.getElementById('root') );
song.render ( <Tree /> );
```

◐ 무설치 방식의 리액트 HTML : react-12.1.1.2.1.html

```
<!DOCTYPE html>
<html lang="ko">
 <head>
  <meta charset="utf-8">
  <meta name='viewport' content='width=device-width'>
  <script src="https://unpkg.com/react@18/umd/react.development.js" crossorigin></script>
  <script src="https://unpkg.com/react-dom@18/umd/react-dom.development.js" crossorigin></script>
  <script src="https://unpkg.com/@babel/standalone/babel.min.js"></script>
  <link rel='stylesheet' href='myStyle.12.1.1.1.1.css'>
 </head>
 <body>
    <div id="root"></div>
    <script type="text/babel" src='index.12.1.1.2.1.js'></script>
 </body>
</html>
```

◐ 무설치 방식의 리액트 JS : index.12.1.1.2.1.js

```
function Mo ( props ) {
    return (
        <>
            먼 고향 초등친구 두고온 하늘가<br />
            <i className='orange'>{ props.sky }</i>

        </>
    )
}
```

```
function Ra () {
        const friend= '그리워 마디마디 이끼되어 맺혔네';
        return (
                <>
                        비바람 긴세월로 이름모를 비목이어<br />
                        <Mo  sky= { friend } />
                </>
        )
}
const song = ReactDOM.createRoot ( document.getElementById('root') );
song.render ( <Ra /> );
```

◐ 무설치 방식의 리액트 CSS : myStyle.12.1.1.1.1.css

```
@charset 'utf-8';

.orange {
        color:orange; font-weight:bold; text-shadow:1px 1px 7px yellow;
}
```

◐ 렌더링 결과

https://narinpublisher.github.io/my-react/react-12.1.1.2.1.html

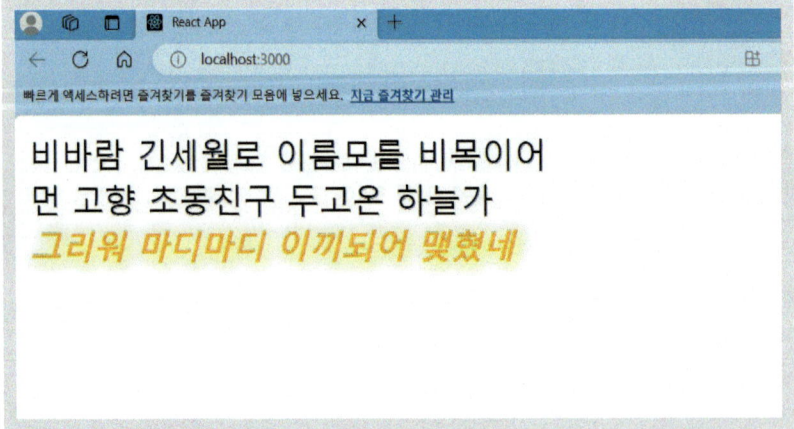

그림 12.1.1.2.1 렌더링 결과

12-01-01-03. 오브젝트를 생성하여 값 전달

- A라는 오브젝트를 만들고 그 값을 B라는 컴포넌트로 보냅니다.
- React Props는 읽기 전용입니다! 해당 값을 변경하면 오류가 발생됩니다.

◆ monu.js

1) friend 라는 오브젝트형 변수를 생성하여 각 속성에서 문자열을 전달합니다.
   const friend= { jo: '마디마디 ', re: '맺혔네' };
2) Mo 컴포넌트로 각각의 속성 값을 전달합니다.
   { props.miss.jo } { props.miss.re }
3) Mo 컴포넌트의 해당 속성 값들과 <i>태그는 Ra 컴포넌트의 Mo 요소에 전달되어 속성과 함께 해석된 후 렌더링 됩니다.
   <Mo miss= { friend } />

C:\Users\컴퓨터이름\my-app\src\monu.js

```jsx
import React from 'react';

function Mo ( props ) {
    return (
        <>
            먼 고향 초동친구 두고온 하늘가<br />
            그리워 <i className='orange'>{ props.miss.jo }</i>

            이끼되어 <i className='orange'>{ props.miss.re }</i>
        </>
    )
}

function Ra () {
    const friend= { jo:'마디마디 ', re: '맺혔네' };
    return (
        <>
            비바람 긴세월로 이름모를 비목이어<br />
            <Mo miss= { friend } />
        </>
    )
}

export default Ra ;
```

◆ **index.js**
C:\Users\컴퓨터이름\my-app\src\index.js

```
import React from 'react';
import ReactDOM from 'react-dom/client';
import Tree from './monu';
import './myStyle.css';

const song = ReactDOM.createRoot ( document.getElementById('root') );
song.render ( <Tree /> );
```

◆ **myStyle.css**
C:\Users\컴퓨터이름\my-app\src\myStyle.css

```
@charset 'utf-8';

.orange {
        color:orange; font-weight:bold; text-shadow:1px 1px 7px yellow;
}
```

◐ 무설치 방식의 리액트 HTML : react-12.1.1.3.1.html

```
<!DOCTYPE html>
<html lang="ko">
 <head>
  <meta charset="utf-8">
  <meta name='viewport' content='width=device-width'>
  <script src="https://unpkg.com/react@18/umd/react.development.js" crossorigin></script>
  <script src="https://unpkg.com/react-dom@18/umd/react-dom.development.js" crossorigin></script>
  <script src="https://unpkg.com/@babel/standalone/babel.min.js"></script>
  <link rel='stylesheet' href='myStyle.12.1.1.1.1.css'>
 </head>
 <body>
      <div id="root"></div>
      <script type="text/babel" src='monu.js'></script>
 </body>
</html>
```

◐ 무설치 방식의 리액트 JS : monu.js

```jsx
function Mo ( props ) {
        return (
                <>
                        먼 고향 초등친구 두고온 하늘가<br />
                        그리워 <i className='orange'>{ props.miss.jo }</i>

                        이끼되어 <i className='orange'>{ props.miss.re }</i>
                </>
        )
}
function Ra () {
        const friend= { jo:'마디마디 ', re: '맺혔네' };
        return (
                <>
                        비바람 긴세월로 이름모를 비목이어<br />
                        <Mo miss= { friend } />
                </>
        )
}
const song = ReactDOM.createRoot ( document.getElementById('root') );
song.render ( <Ra /> );
```

◐ 무설치 방식의 리액트 CSS : myStyle.12.1.1.1.1.css

```css
@charset 'utf-8';

.orange {
        color:orange; font-weight:bold; text-shadow:1px 1px 7px yellow;
}
```

◐ 렌더링 결과

https://narinpublisher.github.io/my-react/react-12.1.1.3.1.html

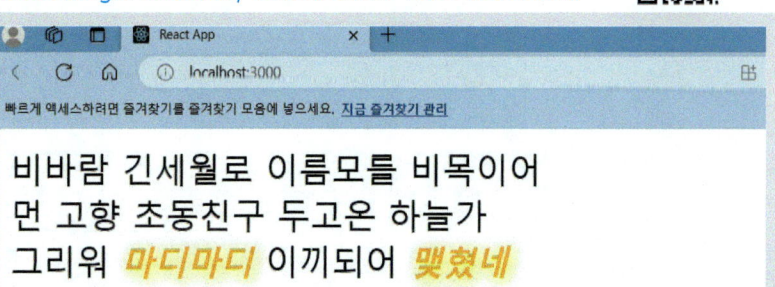

그림 12.1.1.3.1 렌더링 결과

CHAPTER 12 리액트 Props | 169

CHAPTER

13

13.	리액트 이벤트	………… 172
13-01.	React Events 는	………… 172
13-01-01.	이벤트 추가	………… 172
13-01-01-01.	인수 전달 (Passing Arguments)	………… 175
13-01-01-02.	React 이벤트 객체 (React Event Object)	………… 177

URL QR 코드 미리보고 학습하는 퍼펙트 리액트

리액트 이벤트

13 리액트 이벤트 (React Events)

13-01. React Events 는

- React는 HTML DOM 이벤트와 마찬가지로 사용자 이벤트를 기반으로 작업을 수행할 수 있습니다.
- React에는 HTML과 동일한 이벤트(클릭, 변경, 마우스오버 등)가 있습니다.

13-01-01. 이벤트 추가

1) React 이벤트는 camelCase (캐멜케이스) 구문으로 작성됩니다.

● camelCase (캐멜케이스) 예시

```
onclick          ..............   X
onClick          ..............   O
```

2) React 이벤트 핸들러는 중괄호 안에 작성합니다.

```
onclick = "shoot()"       ............   X
onClick = { shoot }       ............   O
```

● HTML 구문으로 이벤트 핸들러 작성한 예시

```
<button onclick= 'ring()'> 클릭하세요< /button>
```

● 리액트 구문으로 이벤트 핸들러 작성한 예시

```
<button onClick= { ring }> 클릭하세요 </button>
```

◆ index.js
C:₩Users₩컴퓨터이름₩my-app₩src₩index.js

```
import React from 'react';
import ReactDOM from 'react-dom/client';
import './myStyle.css';
```

```
function Monu () {
        const memory = () => {
                alert( '추억' );
        }
        return (
                <button on  Click= { memory }>
                        '그 옛날 천진스런 (  )은 애달퍼'<br />
                        에서 ( ) 안에 들어갈 말은?
                </button>
        )
}

const song = ReactDOM.createRoot ( document.getElementById('root') );
song.render ( <Monu /> );
```

◐ 무설치 방식의 리액트 HTML : react-13.1.1.2.1.html

```
<!DOCTYPE html>
<html lang="ko">
 <head>
  <meta charset="utf-8">
  <meta name='viewport' content='width=device-width'>
  <script src="https://unpkg.com/react@18/umd/react.development.js" crossorigin></script>
  <script src="https://unpkg.com/react-dom@18/umd/react-dom.development.js" crossorigin></script>
  <script src="https://unpkg.com/@babel/standalone/babel.min.js"></script>
 </head>
 <body>
        <div id="root"></div>
        <script type="text/babel" src='index.13.1.1.2.2.js'></script>
 </body>
</html>
```

◐ 무설치 방식의 리액트 JS : index.13.1.1.2.2.js

```
function Monu () {
        const memory = () => {
                alert( '추억' );
        }
```

```
            return (
                <button on Click= { memory }>
                    '그 옛날 천진스런 ( )은 애달퍼'<br />
                    에서 ( ) 안에 들어갈 말은?
                </button>
            )
}

const song = ReactDOM.createRoot ( document.getElementById('root') );
song.render ( <Monu /> );
```

◐ 렌더링 결과

https://narinpublisher.github.io/my-react/react-13.1.1.2.1.html

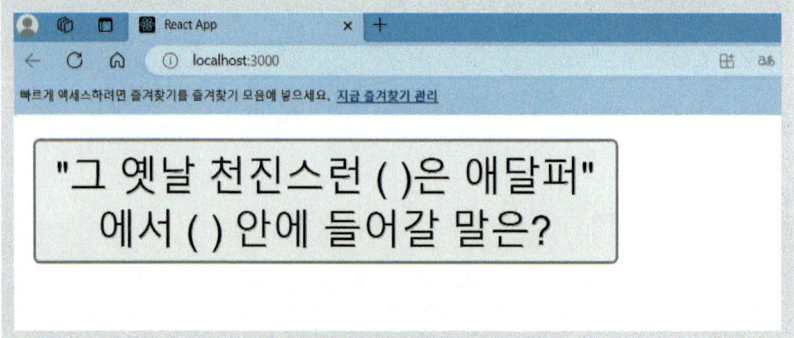

그림 13.1.1.2.1 렌더링 초기 상태

◐ 버튼을 클릭하면 경고창에 발생합니다.

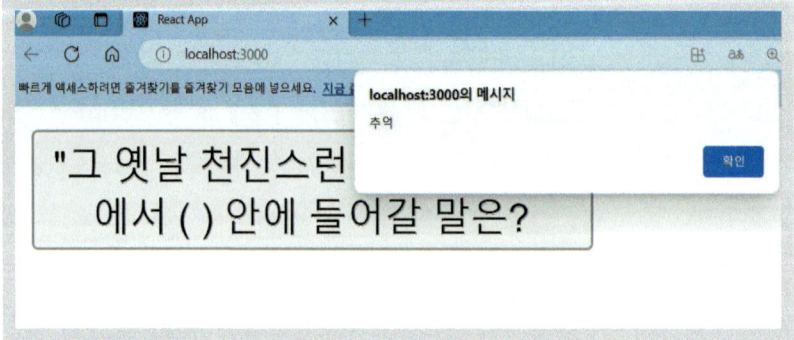

그림 13.1.1.2.2 버튼을 클릭하여 경고창 발생

13-01-02. 인수 전달 (Passing Arguments)

React에서 이벤트 핸들러에 인수를 전달하려면 화살표 함수를 사용합니다.

◈ index.js

이번 예시는, 버튼을 클릭하면 memory 함수를 호출하게 되고, 함수는 me 인자를 경고 창에 전달합니다. me 을 통해 "알알이" 텍스트가 전달되어 경고 창에 표시됩니다.

C:₩Users₩컴퓨터이름₩my-app₩src₩index.js

```jsx
import React from 'react';
import ReactDOM from 'react-dom/client';
import './myStyle.css';

function Monu () {
    const memory = ( me ) => {
        alert( me );
    }
    return (
        <button onClick= { () => memory ( '알알이' ) }>
            "서러움 ( ) 돌이되어 쌓였네"<br />
            에서 ( ) 안에 들어갈 말은?
        </button>
    )
}

const song = ReactDOM.createRoot ( document.getElementById( 'root' ) );
song.render ( <Monu /> );
```

◐ 무설치 방식의 리액트 HTML : react-13.1.2.2.html

```html
<!DOCTYPE html>
<html lang="ko">
 <head>
  <meta charset="utf-8">
  <meta name='viewport' content='width=device-width'>
  <script src="https://unpkg.com/react@18/umd/react.development.js" crossorigin></script>
  <script src="https://unpkg.com/react-dom@18/umd/react-dom.development.js" crossorigin></script>
  <script src="https://unpkg.com/@babel/standalone/babel.min.js"></script>
 </head>
 <body>
```

```
        <div id="root"></div>
        <script type="text/babel" src='index.13.1.2.2.js'></script>
  </body>
</html>
```

◐ 무설치 방식의 리액트 JS : index.13.1.2.2.js

```
function Monu () {
        const memory = ( me ) => {
                alert( me );
        }
        return (
                <button onClick= { () => memory ( '알알이' ) }>
                        "서러움 ( ) 돌이되어 쌓였네"<br />
                        에서 ( ) 안에 들어갈 말은?
                </button>
        )
}

const song = ReactDOM.createRoot ( document.getElementById( 'root' ) );
song.render ( <Monu /> );
```

◐ 렌더링 초기 결과

https://narinpublisher.github.io/my-react/react-13.1.2.2.html

그림 13.1.2.2 렌더링 초기 결과

◐ 버튼을 클릭하여 경고 창에 발생했을 때

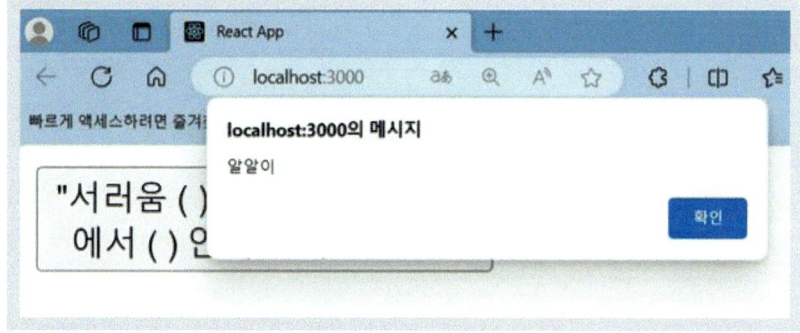

그림 13.1.2.3 버튼을 클릭 했을 때

13-01-03. React 이벤트 객체 (React Event Object)

이벤트 핸들러는 함수를 트리거한 리액트 이벤트에 액세스할 수 있습니다.

◆ index.js

화살표 함수가 클릭 이벤트를 통해 이벤트 객체를 전달합니다. event.type은 이벤트이름인 click을 반환하고 song 매개변수는 '비목' 텍스트를 반환합니다.

C:\Users\컴퓨터이름\my-app\src\index.js

```javascript
import React from 'react';
import ReactDOM from 'react-dom/client';
import './myStyle.css';

function MonumentTree () {
    const silence = ( song , event ) => {
        alert( event.type + ' 이벤트\n정답은?\n' + song );
    }
    return (
        <button onClick= {
            ( e ) => silence ( '비목' , e )
        }>
            홀로 선 적막감에 울어지친 울어지친 ( )이여<br />
            에서 ( ) 안에 들어갈 말은?
        </button>
    )
}

const song = ReactDOM.createRoot ( document.getElementById('root') );
song.render ( <MonumentTree /> );
```

◐ 무설치 방식의 리액트 HTML : react-13.1.3.html

```html
<!DOCTYPE html>
<html lang="ko">
 <head>
  <meta charset="utf-8">
  <meta name='viewport' content='width=device-width'>
  <script src="https://unpkg.com/react@18/umd/react.development.js" crossorigin></script>
  <script src="https://unpkg.com/react-dom@18/umd/react-dom.development.js" crossorigin></script>
  <script src="https://unpkg.com/@babel/standalone/babel.min.js"></script>
 </head>
 <body>
    <div id="root"></div>
    <script type="text/babel" src='index.13.1.3.js'></script>
 </body>
</html>
```

◐ 무설치 방식의 리액트 JS : index.13.1.3.js

```jsx
function MonumentTree () {
    const silence = ( song , event ) => {
        alert( event.type + ' 이벤트\n정답은?\n' + song );
    }
    return (
        <button onClick= {
            ( e ) => silence ( '비목' , e )
        }>
            홀로 선 적막감에 울어지친 울어지친 (  )이여<br />
            에서 ( ) 안에 들어갈 말은?
        </button>
    )
}

const song = ReactDOM.createRoot ( document.getElementById('root') );
song.render ( <MonumentTree /> );
```

◐ 렌더링 초기 결과

https://narinpublisher.github.io/my-react/react.13.1.3.html

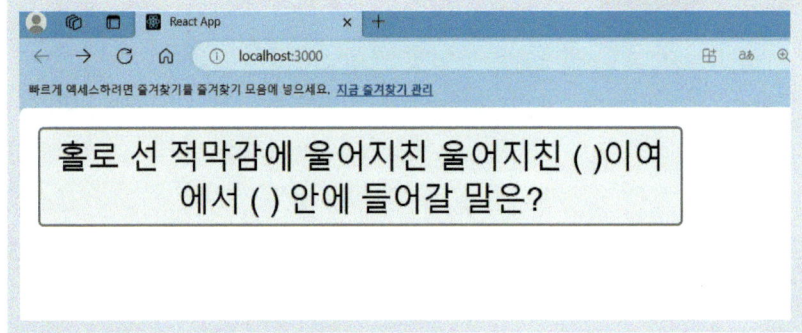

그림 13.1.3.1 렌더링 초기 결과

◐ 버튼을 클릭하여 경고창이 발생했을 때

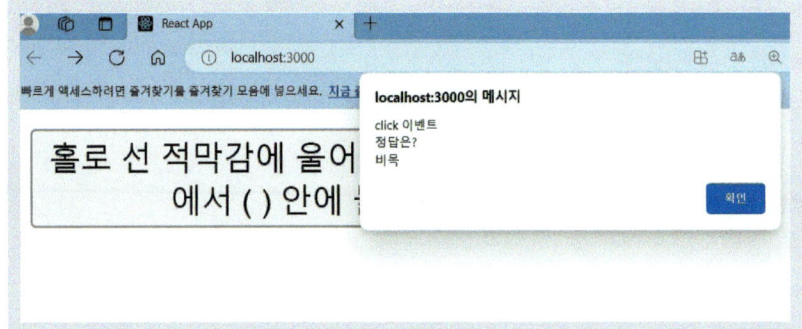

그림 13.1.3.2 버튼을 클릭하여 경고창이 뜬 상태

CHAPTER 13 리액트 이벤트 | 179

CHAPTER 14

14.	리액트 조건문	⋯⋯⋯ 182
14-01.	React 조건부 렌더링	⋯⋯⋯ 182
14-01-01.	if 문	⋯⋯⋯ 182
14-01-01-01.	if 문이 false일 때	⋯⋯⋯ 182
14-01-01-02.	if 문이 true일 때	⋯⋯⋯ 185
14-01-02.	React 논리 연산자 &&	⋯⋯⋯ 188
14-01-02-01.	JSX 표현식이 true 일 때	⋯⋯⋯ 188
14-01-02-02.	JSX 표현식이 false 일 때	⋯⋯⋯ 191
14-01-03.	React 삼항 연산자	⋯⋯⋯ 194

URL QR 도 미리보고 학습하는 퍼펙트 리액트

리액트 조건문

14 리액트 조건문

14-01. React 조건부 렌더링 (React Conditional Rendering)

React에서는 조건부로 컴포넌트를 렌더링 할 수 있는 방법들을 알아보겠습니다.

14-01-01. if 문

if라는 자바스크립트 문을 사용하여 렌더링 할 컴포넌트를 결정합니다.

14.1.1.1. if 문이 false일 때

◈ **babygoat.js**

C:\Users\컴퓨터이름\my-app\src\babygoat.js

```jsx
import React from 'react';

function Baby () {
    return (
        <h4>
            <i>아기염소 여럿이 풀을 뜯고 놀아요<br />해처럼 밝은 얼굴로</i>
        </h4>
    )
}
function Goat () {
    return (
        <h4>
            파란하늘 파란하늘 꿈이<br />드리운
            <i className= 'skyblue'>푸른 언덕</i>에
        </h4>
    )
}
function BabyGoat ( props ) {
    const sky= props.choice;
    if ( sky ) {
        return <Baby />;
    }
    return <Goat />;
}

export default BabyGoat;
```

◈ **index.js**

if 문을 사용하여 두개의 컴포넌트 중 하나를 결정하게 합니다. choice 속성이 false이므로 Goat 컴포넌트를 렌더링하게 됩니다.

C:\Users\컴퓨터이름\my-app\src\index.js

```
import React from 'react';
import ReactDOM from 'react-dom/client';
import Smile from './babygoat';
import './myStyle.css';

const song = ReactDOM.createRoot ( document.getElementById('root') );
song.render ( <Smile choice= { false } /> );
```

◈ **myStyle.css**

C:\Users\컴퓨터이름\my-app\src\myStyle.css

```
@charset 'utf-8';

.skyblue {
        background:skyblue; font-weight:bold; font-size:1.2rem; padding:2px;
}
```

◐ 무설치 방식의 리액트 HTML : react-14.1.1.1.1.html

```
<!DOCTYPE html>
<html lang="ko">
 <head>
  <meta charset="utf-8">
  <meta name='viewport' content='width=device-width'>
  <script src="https://unpkg.com/react@18/umd/react.development.js" crossorigin></script>
  <script src="https://unpkg.com/react-dom@18/umd/react-dom.development.js" crossorigin></script>
  <script src="https://unpkg.com/@babel/standalone/babel.min.js"></script>
  <link rel='stylesheet' href='myStyle.14.1.1.1.1.css'>
 </head>
 <body>
        <div id="root"></div>
        <script type="text/babel" src='babygoat.js'></script>
 </body>
</html>
```

● 무설치 방식의 리액트 JS : babygoat.js

```
function Baby () {
    return (
        <h4>
            <i>아기염소 여럿이 풀을 뜯고 놀아요<br />해처럼 밝은 얼굴로</i>
        </h4>
    )
}
function Goat () {
    return (
        <h4>
            파란하늘 파란하늘 꿈이<br />드리운
            <i className= 'skyblue'>푸른 언덕</i>에
        </h4>
    )
}
function BabyGoat ( props ) {
    const sky= props.choice;
    if ( sky ) {
        return <Baby />;
    }
    return <Goat />;
}

const song = ReactDOM.createRoot ( document.getElementById('root') );
song.render ( <BabyGoat choice= { false } /> );
```

● 무설치 방식의 리액트 CSS : myStyle.14.1.1.1.1.css

```
@charset 'utf-8';

.skyblue {
    background:skyblue; font-weight:bold; font-size:1.2rem; padding:2px;
}
```

◐ 렌더링 결과

https://narinpublisher.github.io/my-react/react-14.1.1.1.1.html

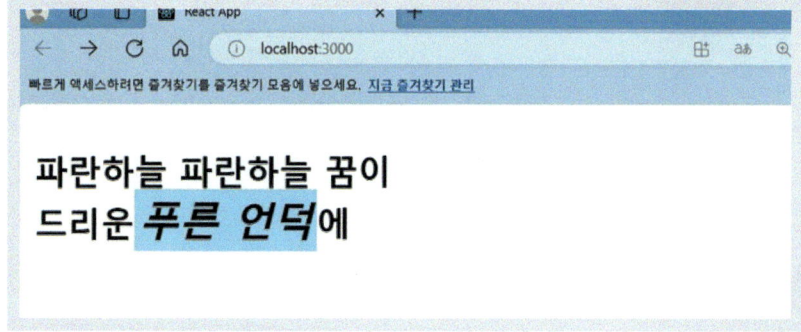

그림 14.1.1.1.1 렌더링 결과

14.1.1.2. if 문이 true일 때

◈ index.js

if 문을 사용하여 두개의 컴포넌트 중 하나를 결정하게 합니다. choice 속성이 true이므로 Baby 컴포넌트를 렌더링하게 됩니다.

C:₩Users₩컴퓨터이름₩my-app₩src₩index.js

```
import React from 'react';
import ReactDOM from 'react-dom/client';
import Smile from './babygoat';

const song = ReactDOM.createRoot ( document.getElementById('root') );
song.render ( <Smile choice= { true } /> );
```

◈ babygoat.js

C:₩Users₩컴퓨터이름₩my-app₩src₩babygoat.js

```
import React from 'react';

function Baby () {
    return (
        <h4>
            <i>아기염소 여럿이 풀을 뜯고 놀아요<br />해처럼 밝은 얼굴로</i>
        </h4>
    )
}
```

```
function Goat () {
    return (
        <h4>
            파란하늘 파란하늘 꿈이<br />드리운
            <i className= 'skyblue'>푸른 언덕</i>에
        </h4>
    )
}
function BabyGoat ( props ) {
    const sky= props.choice;
    if ( sky ) {
        return <Baby />;
    }
    return <Goat />;
}

export default BabyGoat ;
```

● 무설치 방식의 리액트 HTML : react-14.1.1.2.1.html

```
<!DOCTYPE html>
<html lang="ko">
 <head>
   <meta charset="utf-8">
   <meta name='viewport' content='width=device-width'>
   <script src="https://unpkg.com/react@18/umd/react.development.js" crossorigin></script>
   <script src="https://unpkg.com/react-dom@18/umd/react-dom.development.js" crossorigin></script>
   <script src="https://unpkg.com/@babel/standalone/babel.min.js"></script>
 </head>
 <body>
     <div id="root"></div>
     <script type="text/babel" src='babygoat-1.js'></script>
 </body>
</html>
```

● 무설치 방식의 리액트 JS : babygoat-1.js

```
function Baby () {
```

```
        return (
                <h4>
                        <i>아기염소 여럿이 풀을 뜯고 놀아요<br />해처럼 밝은 얼굴로</i>
                </h4>
        )
}
function Goat () {
        return (
                <h4>
                        파란하늘 파란하늘 꿈이<br />드리운
                        <i className= 'skyblue'>푸른 언덕</i>에
                </h4>
        )
}
function BabyGoat ( props ) {
        const sky= props.choice;
        if ( sky ) {
                return <Baby />;
        }
        return <Goat />;
}

const song = ReactDOM.createRoot ( document.getElementById('root') );
song.render ( <BabyGoat choice= { true } /> );
```

◐ 렌더링 결과

https://narinpublisher.github.io/my-react/react-14.1.1.2.1.html

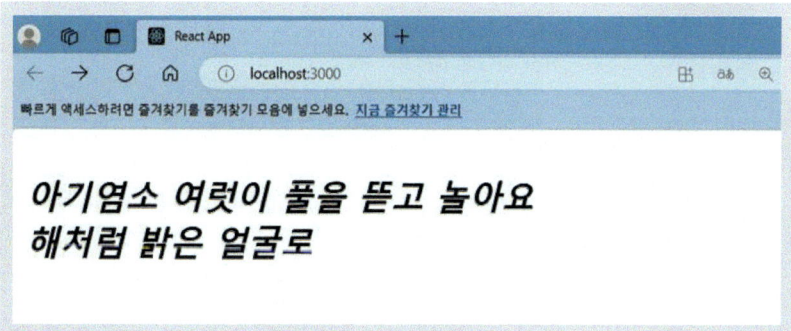

그림 14.1.1.2.1 렌더링 결과

14-01-02. React 논리 연산자 && (Logical && Operator)

React 컴포넌트를 조건부로 렌더링 하는 또 다른 방법은 && 연산자를 사용하는 것입니다.

● 14-01-02-01. JSX 표현식이 true 일 때,

◆ index.js

중괄호 안에 자바스크립트 표현식을 사용합니다. 표현식 lyrics.length >= 6 결과가 true 이므로 && 이하 태그가 렌더링 됩니다.

C:\Users\컴퓨터이름\my-app\src\index.js

```jsx
import React from 'react';
import ReactDOM from 'react-dom/client';
import './myStyle.css';

function Sunshine () {
    return (
        <section>
            <h3 className='orange'>햇볕은 쨍쨍</h3>
            {
                lyrics.length >= 6 &&
                <ol>
                    <li>
                        햇볕은 <i className="aqua">{ lyrics[0] }</i>
                        모래알은 <i className="aqua">{ lyrics[1] }</i>
                    </li>
                    <li>
                        <i className="aqua">{ lyrics[2] }</i>로 떡 해 놓고
                        <i className="aqua">{ lyrics[3] }</i>로 소반 지어
                    </li>
                    <li>
                        언니 <i className="aqua">{ lyrics[4] }</i> 모셔다가
                        맛있게도 <i className="aqua">{ lyrics[5] }</i>
                    </li>
                </ol>
            }
        </section>
    )
}
const lyrics = ['쨍쨍 ','반짝 ','모래알','조약돌','누나 ','냠냠']; //lyrics.length는 6이다

const song = ReactDOM.createRoot ( document.getElementById('root') );
song.render ( <Sunshine sun= { lyrics } /> );
```

◆ **myStyle.css**
C:₩Users₩컴퓨터이름₩my-app₩src₩myStyle.css

```css
@charset 'utf-8';

section {
    display: inline-block; border: 2px dashed #ddd; padding: 10px;
}
.aqua {
    color:aqua; font-weight:bold; text-shadow:1px 1px 5px blue;
}
.orange {
    color:orange; text-shadow:1px 1px 7px yellow;
}
```

◐ 무설치 방식의 리액트 HTML : react-14.1.2.1.1.html

```html
<!DOCTYPE html>
<html lang="ko">
 <head>
  <meta charset="utf-8">
  <meta name='viewport' content='width=device-width'>
  <script src="https://unpkg.com/react@18/umd/react.development.js" crossorigin></script>
  <script src="https://unpkg.com/react-dom@18/umd/react-dom.development.js" crossorigin></script>
  <script src="https://unpkg.com/@babel/standalone/babel.min.js"></script>
  <link rel='stylesheet' href='myStyle.14.1.2.1.1.css'>
 </head>
 <body>
    <div id="root"></div>
    <script type="text/babel" src='index.14.1.2.1.1.js'></script>
 </body>
</html>
```

◐ 무설치 방식의 리액트 JS : index.14.1.2.1.1.js

```jsx
function Sunshine () {
    return (
        <section>
            <h3 className='orange'>햇볕은 쨍쨍</h3>
            {
            lyrics.length >= 6 &&
              <ol>
```

```
                            <li>
                                햇볕은 <i className="aqua">{ lyrics[0] }</i>
                                모래알은 <i className="aqua">{ lyrics[1] }</i>
                            </li>
                            <li>
                                <i className="aqua">{ lyrics[2] }</i>로 떡 해 놓고
                                <i className="aqua"> { lyrics[3] }</i>로 소반 지어
                            </li>
                            <li>
        셔다가
                                언니 <i className="aqua">{ lyrics[4] }</i> 모
                                맛있게도 <i className="aqua">{ lyrics[5] }</i>
                            </li>
                        </ol>
                    }
                </section>
            )
}

const lyrics = ['쨍쨍ㆍ','반짝ㆍ','모래알','조약돌','누나ㆍ','냠냠']; //lyrics.length는 6이다

const song = ReactDOM.createRoot ( document.getElementById('root') );
song.render ( <Sunshine sun= { lyrics } /> );
```

◐ 무설치 방식의 리액트 CSS : myStyle.14.1.2.1.1.css

```
@charset 'utf-8';

section {
        display: inline-block; border: 2px dashed #ddd; padding: 10px;
}
.aqua {
        color:aqua; font-weight:bold; text-shadow:1px 1px 5px blue;
}
.orange {
        color:orange; text-shadow:1px 1px 7px yellow;
}
```

◐ 렌더링 결과

https://narinpublisher.github.io/my-react/react-14.1.2.1.

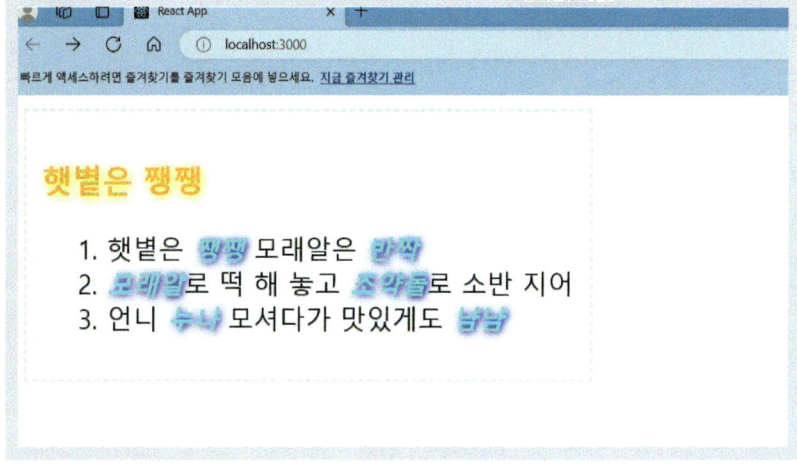

그림 14.1.2.1.1 렌더링 결과

● 14-01-02-02. JSX 표현식이 false 일 때,

◆ index.js

중괄호 안에 자바스크립트 표현식을 사용합니다. 표현식 lyrics.length > 6 결과가 false 이므로 && 이하 태그는 렌더링 되지 않습니다.

C:\Users\컴퓨터이름\my-app\src\index.js

```
import React from 'react';
import ReactDOM from 'react-dom/client';
import './myStyle.css';

function Sunshine ( props ) {
    return (
        <section>
            <h3 className='orange'>햇볕은 쨍쨍</h3>
            {
                lyrics.length > 6 &&
                <ol>
                    <li>
                        햇볕은 <i className="aqua">{ lyrics[0] }</i>
                        모래알은 <i className="aqua">{ lyrics[1] }</i>
                    </li>
                    <li>
                        <i className="aqua">{ lyrics[2] }</i>로 떡 해 놓고
```

```
                        <i className="aqua"> { lyrics[3] }</i>로 소반 지어
                    </li>
                    <li>
                        언니 <i className="aqua">{ lyrics[4] }</i> 모셔다가
                        맛있게도 <i className="aqua">{ lyrics[5] }</i>
                    </li>
                </ol>
            }
        </section>
    )
}
const lyrics = [ '쨍쨍 ', '반짝 ', '모래알', '조약돌 ', '누나 ', '냠냠' ];  //lyrics.length는 6이다

const song = ReactDOM.createRoot ( document.getElementById('root') );
song.render ( <Sunshine sun= { lyrics } /> );
```

◐ 무설치 방식의 리액트 HTML : react-14.1.2.2.1.html

```
<!DOCTYPE html>
<html lang="ko">
 <head>
   <meta charset="utf-8">
   <meta name='viewport' content='width=device-width'>
   <script src="https://unpkg.com/react@18/umd/react.development.js" crossorigin></script>
   <script src="https://unpkg.com/react-dom@18/umd/react-dom.development.js" crossorigin></script>
   <script src="https://unpkg.com/@babel/standalone/babel.min.js"></script>
   <link rel='stylesheet' href='myStyle.14.1.2.1.1.css'>
 </head>
 <body>
        <div id="root"></div>
        <script type="text/babel" src='index.14.1.2.2.1.js'></script>
 </body>
</html>
```

◐ 무설치 방식의 리액트 JS : index.14.1.2.2.1.js

```
function Sunshine ( props ) {
    return (
```

```
            <section>
                    <h3 className='orange'>햇볕은 쨍쨍</h3>
                    {
                        lyrics.length > 6 &&
                        <ol>
                            <li>
                              햇볕은 <i className="aqua">{ lyrics[0] }</i>
                              모래알은 <i className="aqua">{ lyrics[1] }</i>
                            </li>
                            <li>
                              <i className="aqua">{ lyrics[2] }</i>로 떡 해 놓고
                              <i className="aqua">{ lyrics[3] }</i>로 소반 지어
                            </li>
                            <li>
                              언니 <i className="aqua">{ lyrics[4] }</i> 모셔다가
                              맛있게도 <i className="aqua">{ lyrics[5] }</i>
                            </li>
                        </ol>
                    }
            </section>
        )
}
const lyrics = [ '쨍쨍 ', '반짝 ', '모래알 ', '조약돌 ', '누나 ', '냠냠' ]; //lyrics.length는 6이다

const song = ReactDOM.createRoot ( document.getElementById('root') );
song.render ( <Sunshine sun= { lyrics } /> );
```

◐ 무설치 방식의 리액트 CSS : myStyle.14.1.2.1.1.css

```
@charset 'utf-8';

section {
        display: inline-block; border: 2px dashed #ddd; padding: 10px;
}
.aqua {
        color:aqua; font-weight:bold; text-shadow:1px 1px 5px blue;
}
.orange {
        color:orange; text-shadow:1px 1px 7px yellow;
}
```

◐ 렌더링 결과

https://narinpublisher.github.io/my-react/react-14.1.2.2.1.html

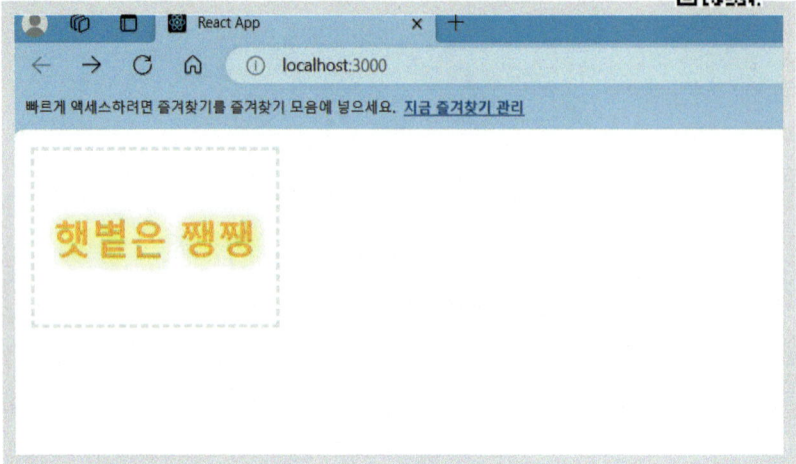

그림 14.1.2.2.1 렌더링 결과

14-01-03. React 삼항 연산자 (Ternary Operator)

React 컴포넌트를 조건부로 렌더링 하는 또 다른 방법은 && 연산자를 사용하는 것입니다.

condition ?   true   :   false
(어떤) 상태가?   참 일때의 실행문 : 거짓 일때의 실행문

◆ **baby.js**

① const bI = para.bb;
   bI 이 true이면 BlueSky 컴포넌트를 반환하고, 그렇지 않으면 BabyGoat 컴포넌트를 반환합니다.
② function BIBa (para) {.....}
   bb 속성이 가지고 있는 false 값은 BIba 함수의 매개변수를 통해 bI 객체에 값을 전달합니다.
③ function BlueSky () {.....}
   삼항 연산자를 통해 BlueSky 컴포넌트를 반환하게 됩니다.

C:\Users\컴퓨터이름\my-app\src\baby.js

```
import React from 'react';

function BlueSky () {
        return (
```

```
                <p>피란하늘 파란하늘 꿈이 드리운 푸른 언덕에</p>
        );
}
function BabyGoat () {
        return (
                <p>아기염소 여럿이 풀을 뜯고 놀아요<br />해처럼 밝은 얼굴로</p>
        )
}
function BlBa ( para ) {
        const bl = para.bb ;
        return (
                <section id='tomato'>
                  { bl ?   <BlueSky />  :  <BabyGoat /> }
                </section>
        );
}

export default BlBa ;
```

◆ index.js

C:\Users\컴퓨터이름\my-app\src\index.js

```
import React  from 'react';
import ReactDOM from 'react-dom/client';
import Goat from './baby';
import './myStyle.css';

const song = ReactDOM.createRoot ( document.getElementById('root') );
song.render (  <Goat bb= { false } />  );
```

◆ myStyle.css

C:\Users\컴퓨터이름\my-app\src\myStyle.css

```
@charset 'utf-8';

section {
        display: inline-block; border: 2px dashed #ddd; padding: 10px 30px;
}
#tomato {
        border-color: tomato;
}
```

◐ 무설치 방식의 리액트 HTML : react-14.1.3.3.html

```html
<!DOCTYPE html>
<html lang="ko">
 <head>
  <meta charset="utf-8">
  <meta name='viewport' content='width=device-width'>
  <script src="https://unpkg.com/react@18/umd/react.development.js" crossorigin></script>
  <script src="https://unpkg.com/react-dom@18/umd/react-dom.development.js" crossorigin></script>
  <script src="https://unpkg.com/@babel/standalone/babel.min.js"></script>
  <link rel='stylesheet' href='myStyle.14.1.3.3.css'>
 </head>
 <body>
        <div id="root"></div>
        <script type="text/babel" src='baby.js'></script>
 </body>
</html>
```

◐ 무설치 방식의 리액트 JS : baby.js

```jsx
function BlueSky () {
        return (
                <p>피란하늘 파란하늘 꿈이 드리운 푸른 언덕에</p>
        );
}
function BabyGoat () {
        return (
                <p>아기염소 여럿이 풀을 뜯고 놀아요<br />해처럼 밝은 얼굴로</p>
        )
}
function BlBa ( para ) {
        const bl = para.bb ;
        return (
                <section id='tomato'>
                   { bl ?  <BlueSky /> : <BabyGoat /> }
                </section>
        );
}

const song = ReactDOM.createRoot ( document.getElementById('root') );
song.render ( <BlBa bb= { false } /> );
```

◐ 무설치 방식의 리액트 CSS : myStyle.14.1.3.3.css

```
@charset 'utf-8';

section {
        display: inline-block; border: 2px dashed #ddd; padding: 10px 30px;
}
#tomato {
        border-color: tomato;
}
```

◐ 렌더링 결과

https://narinpublisher.github.io/my-react/react-14.1.3.3.html

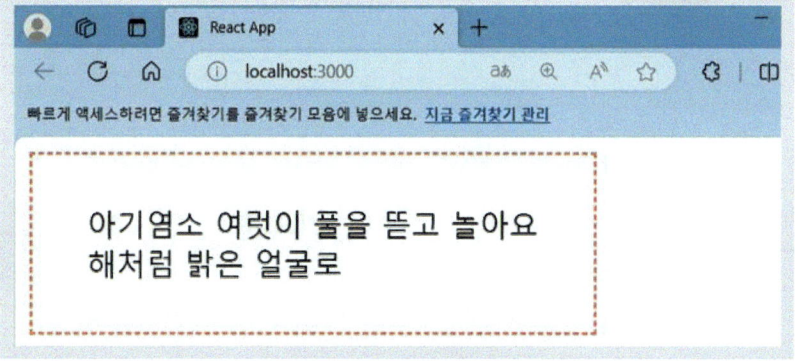

그림 14.1.3.3 렌더링 결과

CHAPTER 15

15.	리액트 목록	 200
15-01.	React 목록	 200
15-01.	React 목록 키	 203

URL QR로 미리보고 학습하는 퍼펙트 리액트

리액트 목록

15 리액트 목록 (React Lists)

15-01. React 목록

- React에서는 일종의 loop를 사용하여 목록을 렌더링 합니다.
- Javascript map() 배열 방법이 일반적으로 선호되는 방법입니다.
- map()은 모든 배열 요소에 대해 함수를 호출하여 새 배열을 만듭니다.
- map()은 빈 요소에 대해서는 함수를 실행하지 않습니다.
- map()은 기본적으로 배열을 변경하지 않습니다.

◆ raindrop.js

items 배열에 있는 모든 텍스트를 렌더링 합니다. ☔ 은 html 엔티티 코드이며 우산모양의 심벌이 렌더링 됩니다.

C:\Users\컴퓨터이름\my-app\src\raindrop.js

```jsx
import React from 'react';

function Children ( pro ) {
    return (
        <li>
            <b className='aqua'>{ pro.rain }</b> &#9748;
        </li>
    );
}
function BabyGoat () {
    const items= [
        '빗방울이 뚝뚝뚝 떨어지는 날에는',
        '잔뜩 찡그린 얼굴로',
        '엄마찾아 음매 아빠찾아 음매',
        '울상을 짓다가'
    ];
    return (
        <>
            <h2>동요_ 아기염소</h2>
            <ul>
                { items.map ( ( index ) => <Children rain= { index } /> ) }
            </ul>
        </>
    )
}
export default BabyGoat ;
```

◆ index.js

C:\Users\컴퓨터이름\my-app\src\index.js

```js
import React from 'react';
import ReactDOM from 'react-dom/client';
import Rain from './raindrop';
import './myStyle.css';

const song = ReactDOM.createRoot ( document.getElementById('root') );
song.render ( <Rain /> );
```

◆ myStyle.css

C:\Users\컴퓨터이름\my-app\src\myStyle.css

```css
@charset 'utf-8';

.aqua {
        color:aqua; font-weight:bold; text-shadow:1px 1px 5px blue;
}
```

◐ 무설치 방식의 리액트 HTML : react-15.1.1.html

```html
<!DOCTYPE html>
<html lang="ko">
 <head>
  <meta charset="utf-8">
  <meta name='viewport' content='width=device-width'>
  <script src="https://unpkg.com/react@18/umd/react.development.js" crossorigin></script>
  <script src="https://unpkg.com/react-dom@18/umd/react-dom.development.js" crossorigin></script>
  <script src="https://unpkg.com/@babel/standalone/babel.min.js"></script>
  <link rel='stylesheet' href='myStyle.15.1.1.css'>
 </head>
 <body>
        <div id="root"></div>
        <script type="text/babel" src='raindrop.js'></script>
 </body>
</html>
```

● 무설치 방식의 리액트 JS : raindrop.js

```jsx
import React from 'react';

function Children ( pro ) {
        return (
                <li>
                        <b className='aqua'>{ pro.rain }</b> &#9748;
                </li>
        );
}

function BabyGoat () {
        const items= [
                '빗방울이 뚝뚝뚝 떨어지는 날에는',
                '잔뜩 찡그린 얼굴로',
                '엄마찾아 음매 아빠찾아 음매',
                '울상을 짓다가'
        ];
        return (
                <>
                        <h2>동요_ 아기염소</h2>
                        <ul>
                                { items.map ( ( index ) => <Children rain= { index } /> ) }
                        </ul>
                </>
        )
}

const song = ReactDOM.createRoot ( document.getElementById('root') );
song.render ( <BabyGoat /> );
```

● 무설치 방식의 리액트 CSS : myStyle.15.1.1.css

```css
@charset 'utf-8';

.aqua {
        color:aqua; font-weight:bold; text-shadow:1px 1px 5px blue;
}
```

◐ 렌더링 결과

https://narinpublisher.github.io/my-react/react-15.1.1.html

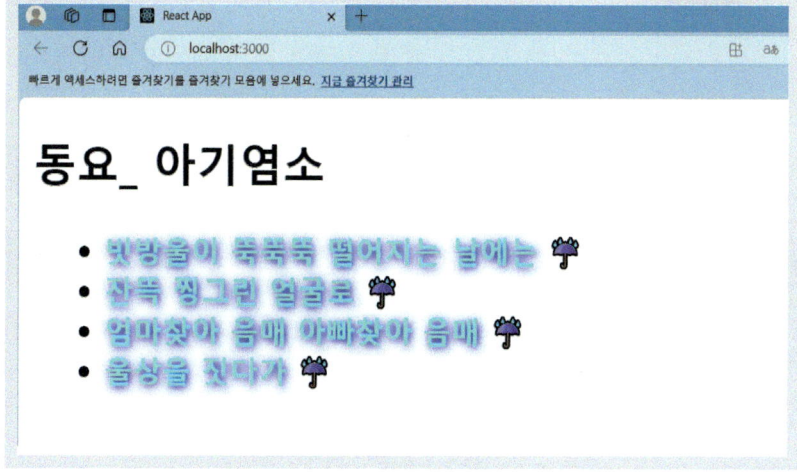

그림 15.1.1 렌더링 결과

15-02. React 목록 키 (React Lists keys)

- key를 사용하면 React가 요소를 추적할 수 있습니다. 이렇게 하면 항목이 업데이트되거나 삭제될 때 전체 목록 대신 해당 항목만 다시 렌더링 됩니다.
- key는 각 형제에 고유해야 합니다. (전역적인 복제는 가능)
- 일반적으로 key는 각 항목에 할당된 고유 ID여야 합니다. (최후의 수단으로 배열 index를 key로 사용 가능)

◆ raindrop.js
이전에 만들어 둔 페이지 예제에 키 값을 부여하여 수정합니다.

```
<Children  key={ i.id }  num={ i.id }  text={ i.txt }  />
```

① key는 items 배열의 id값을 고유 아이디로 설정합니다.
　　매개변수 i는 배열의 값을 순서대로 가져오는 역할을 합니다.
② num 속성에도 배열의 id값을 넣어줍니다.
③ text 속성에는 배열의 txt값을 넣습니다.
④ items 배열에 있는 모든 텍스트가 브라우저로 렌더링 됩니다.

C:\Users\컴퓨터이름\my-app\src\raindrop.js

```jsx
import React from 'react';

function Children ( index ) {
    return (
        <li>
            <b className='aqua'>
                { index.num } { index.text }
            </b> &#9748;
        </li>
    );
}

function BabyGoat () {
    const items= [
        { id:1, txt: ') 빗방울이 뚝뚝뚝 떨어지는 날에는' },
        { id:2, txt: ') 잔뜩 찡그린 얼굴로' },
        { id:3, txt: ') 엄마찾아 음매 아빠찾아 음매' },
        { id:4, txt: ') 울상을 짓다가' }
    ];
    return (
        <>
            <h2>동요_ 아기염소</h2>
            <ul style= {{ listStyle: 'none' }}>
                { items.map ( i =>
                    <Children    key= { i.id }
                                 num= { i.id }
                                 text= { i.txt }
                    />
                )}
            </ul>
        </>
    )
}

export default BabyGoat ;
```

◆ index.js

C:\Users\컴퓨터이름\my-app\src\index.js

```jsx
import React from 'react';
import ReactDOM from 'react-dom/client';
```

```
import Rain from './raindrop';
import './myStyle.css';

const song = ReactDOM.createRoot ( document.getElementById('root') );
song.render ( <Rain /> );
```

◆ myStyle.css
C:\Users\컴퓨터이름\my-app\src\myStyle.css

```
@charset 'utf-8';

.aqua {
        color:aqua; font-weight:bold; text-shadow:1px 1px 5px blue;
}
```

◑ 무설치 방식의 리액트 HTML : react-15.2.1.html

```
<!DOCTYPE html>
<html lang="ko">
 <head>
  <meta charset="utf-8">
  <meta name='viewport' content='width=device-width'>
  <script src="https://unpkg.com/react@18/umd/react.development.js" crossorigin></script>
  <script src="https://unpkg.com/react-dom@18/umd/react-dom.development.js" crossorigin></script>
  <script src="https://unpkg.com/@babel/standalone/babel.min.js"></script>
  <link rel='stylesheet' href='myStyle.15.1.1.css'>
 </head>
 <body>
        <div id="root"></div>
        <script type="text/babel" src='raindrop-1.js'></script>
 </body>
</html>
```

◑ 무설치 방식의 리액트 JS : raindrop-1.js

```
import React from 'react';
```

```jsx
function Children ( index ) {
    return (
        <li>
            <b className='aqua'>
                { index.num } { index.text }
            </b> &#9748;
        </li>
    );
}

function BabyGoat () {
    const items= [
        { id:1, txt: ') 빗방울이 뚝뚝뚝 떨어지는 날에는' },
        { id:2, txt: ') 잔뜩 찡그린 얼굴로' },
        { id:3, txt: ') 엄마찾아 음매 아빠찾아 음매' },
        { id:4, txt: ') 울상을 짓다가' }
    ];
    return (
        <>
            <h2>동요_ 아기염소</h2>
            <ul style= {{ listStyle: 'none' }}>
                { items.map ( i =>
                    <Children   key= { i.id }
                                num= { i.id }
                                text= { i.txt }
                    />
                )}
            </ul>
        </>
    )
}

const song = ReactDOM.createRoot ( document.getElementById('root') );
song.render ( <BabyGoat /> );
```

◐ 무설치 방식의 리액트 CSS : myStyle.15.1.1.css

```css
@charset 'utf-8';
.aqua {
    color:aqua; font-weight:bold; text-shadow:1px 1px 5px blue;
}
```

◐ 렌더링 결과

https://narinpublisher.github.io/my-react/react-15.2.1.html

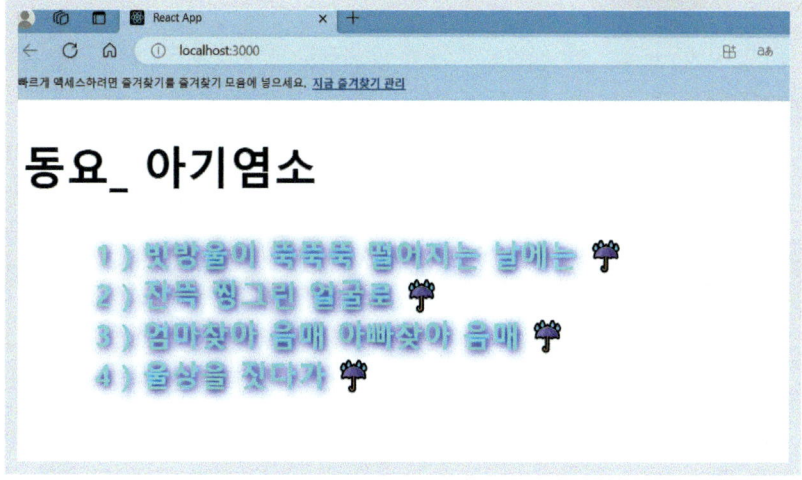

그림 15.2.1 렌더링 결과

CHAPTER 16

16.	리액트 폼	210
16-01.	React Forms 핸들링	210
16-02.	React Forms 처리	212
16-02-01.	useState 훅(Hook)을 사용한 입력 관리	212
16-02-02.	리액트 폼 제출	215
16-02-03.	리액트 다중 입력 폼 필드	218
16-02-04.	리액트 폼 textarea	222
16-02-05.	select 태그에서 selected 속성	224
16-02-05-01.	HTML 방식	225
16-02-05-02.	React 방식	225

URL QR로 미리보고 학습하는 퍼펙트 리액트

리액트 폼

16 리액트 폼 (React Forms)

16-01. React Forms 핸들링

HTML과 마찬가지로 React는 사용자가 웹 페이지와 상호 작용을 할 수 있도록 양식 폼을 사용할 수 있습니다.

◆ **index.js**
C:\Users\컴퓨터이름\my-app\src\index.js

```js
import React from 'react';
import ReactDOM from 'react-dom/client';
import './myStyle.css';

function MyForm () {
    return (
        <form>
            <label>
                아이디를 입력하세요  
                <input type='text' />
            </label>
        </form>
    )
}

const textBox = ReactDOM.createRoot ( document.getElementById ( 'root' ) );
textBox.render ( <MyForm /> );
```

◐ 무설치 방식의 리액트 HTML : react-16.1.1.html

```html
<!DOCTYPE html>
<html lang="ko">
 <head>
  <meta charset="utf-8">
   <script src="https://unpkg.com/react@18/umd/react.development.js" crossorigin></script>
   <script src="https://unpkg.com/react-dom@18/umd/react-dom.development.js" crossorigin></script>
   <script src="https://unpkg.com/@babel/standalone/babel.min.js"></script>
 </head>
 <body>
        <div id="root"></div>
```

```
            <script type="text/babel" src='index.16.1.1.js'></script>
    </body>
</html>
```

◐ 무설치 방식의 리액트 JS : index.16.1.1.js

```
function MyForm () {
    return (
        <form>
            <label>
                아이디를 입력하세요  
                <input type='text' />
            </label>
        </form>
    )
}

const textBox = ReactDOM.createRoot ( document.getElementById ( 'root' ) );
textBox.render ( <MyForm /> );
```

◐ 렌더링 결과

https://narinpublisher.github.io/my-react/react-16.1.1.html

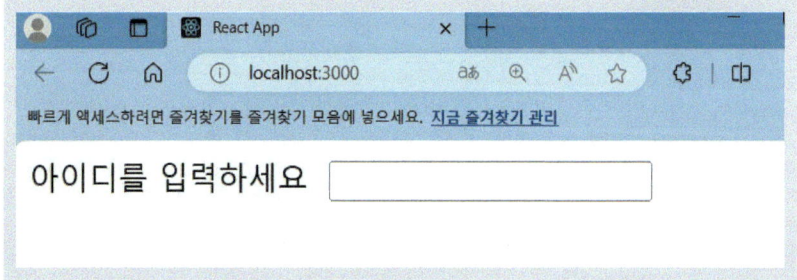

그림 16.1.1 렌더링 결과

16-02. React Forms 처리

- 양(폼) 처리는 데이터가 값을 변경하거나 제출될 때 데이터를 처리하는 방법에 관한 것입니다.
- HTML에서 폼 데이터는 일반적으로 DOM에 의해 처리됩니다.
- React에서 폼(양식) 데이터는 일반적으로 컴포넌트(구성요소)에 의해 처리됩니다.
- 컴포넌트에서 데이터를 처리할 때 모든 데이터는 컴포넌트 state(상태)에 저장됩니다.
- onChange 속성에 이벤트 핸들러를 추가하여 변경사항을 제어할 수도 있습니다.
- useState Hook을 사용하여 각 입력 값을 추적하고 전체 애플리케이션에 대해 "진정한 단일소스 (single source of truth)"를 제공할 수 있습니다.

16-02-01. useState 훅(Hook)을 사용한 입력 관리

```
import { useState } from "react";
.....
const [name, setName] = useState("");
.....
onChange={ (e) => setName(e.target.value) }
```

◆ index.js

텍스트 박스에 글을 입력하는 순간 입력하는 텍스트가 value 값으로 넘어갑니다. 브라우저 콘솔 창에서 확인할 수 있습니다. 그리고 value값인 state의 name은 setName으로 갱신됩니다.

C:₩Users₩컴퓨터이름₩my-app₩src₩index.js

```
import { useState } from 'react';
import ReactDOM from 'react-dom/client';
import './myStyle.css';

function Sunset () {
    const [name, setName]= useState ('');
    return (
        <section>
            <strong>
                바람이 머물다 간 들판에<br />
                모락 모락 피어나는 저녁 연기
            </strong>
            <form>
                <br />
                <label>
                    이 동요의 제목은?  
                    <input type='text' value= { name }
```

```
                        onChange= { e => setName( e.target.value )}
                            />
                        </label>
                    </form>
            </section>
        )
}

const textBox = ReactDOM.createRoot ( document.getElementByld ('root') );
textBox.render ( <Sunset /> );
```

◆ myStyle.css
C:\Users\컴퓨터이름\my-app\src\myStyle.css

```
@charset 'utf-8';

section {
        display: inline-block; border: 2px dashed #ddd; padding: 10px 30px;
}
```

◐ 무설치 방식의 리액트 HTML : react-16.2.1.1.html

```
<!DOCTYPE html>
<html lang="ko">
 <head>
  <meta charset="utf-8">
  <script src="https://unpkg.com/react@18/umd/react.development.js" crossorigin></script>
  <script src="https://unpkg.com/react-dom@18/umd/react-dom.development.js" crossorigin></script>
  <script src="https://unpkg.com/@babel/standalone/babel.min.js"></script>
  <link rel="manifest" href="%PUBLIC_URL%/manifest.json">
  <link rel='stylesheet' href='sunset.css'>
 </head>
 <body>
        <div id="root"></div>
        <script type="text/babel" src='index.16.2.1.1.js'></script>
 </body>
</html>
```

◐ 무설치 방식의 리액트 JS : index.16.2.1.1.js

```
function Sunset () {
        const [name, setName]= useState ('');
        return (
                <section>
                        <strong>
                                바람이 머물다 간 들판에<br />
                                모락 모락 피어나는 저녁 연기
                        </strong>
                        <form>
                                <br />
                                <label>
                                    이 동요의 제목은?  
                                    <input type='text' value= { name }
                                     onChange= { e => setName( e.target.value )}
                                    />
                                </label>
                        </form>
                </section>
        )
}

const textBox = ReactDOM.createRoot ( document.getElementById ('root') );
textBox.render ( <Sunset /> );
```

◐ 무설치 방식의 리액트 CSS : sunset.css

```
@charset 'utf-8';

section {
        display: inline-block; border: 2px dashed #ddd; padding: 10px 30px;
}
```

◐ 렌더링 결과
https://narinpublisher.github.io/my-react/react-16.2.1.1.html

그림 16.2.1.1 렌더링 결과

16-02-02. 리액트 폼 제출 (Form submit)
<form>의 onSubmit 속성에 이벤트 핸들러를 추가하여 제출(submit) 작업을 제어할 수 있습니다.

```
const submitGo = ( event ) => { ..... }
 .....
<form onSubmit = { submitGo } >
 .....
<button>전송하기</button>
 .....
alert( `고객님이 입력한 이름은  ${ name } 입니다.` );
```

◆ index.js
① onSubmit 핸들러를 추가하여 이벤트를 감지하면 (엔터키를 누르면) { submitGo } 되도록 합니다.
② { submitGo }는 해당 함수가 실행되면서 경고창에 입력한 텍스트가 표시됩니다. 이때 alert()에 사용하는 따옴표는 키보드에서 ESC 키 아래에 있는 백틱문자 ` 를 사용합니다.
　백틱문자(`)는 템플릿 리터럴(Template Literal)로써 내장된 표현식을 허용하는 문자열 리터럴입니다. 표현식/문자열삽입/태그 등 다양한 기능을 제공하므로, 문자열을 연결할 때 + 연산자를 사용해야하는 불편함이 많이 해소되었습니다.
③ 또한 preventDefault를 호출하도록 합니다.
　이것은 불필요한 링크 이동을 막는 역할을 하며, React에서는 명시적으로 preventDefault()을 호출해야 합니다.

C:\Users\컴퓨터이름\my-app\src\index.js

```
import { useState } from 'react';
import ReactDOM from 'react-dom/client';
```

```
import './myStyle.css';

function Sunset () {
        const [ name , setName ]= useState ('');
        const submitGo= ( event ) => {
                event.preventDefault (); //불필요한 링크이동 방지
                alert (  ` 입력하신 제목은 ${ name } 입니다. ` );
        }
        return (
                <section>
                        <strong>
                                바람이 머물다 간 들판에<br />
                                모락 모락 피어나는 저녁 연기
                        </strong>
                        <form onSubmit= { submitGo }>
                                <br />
                                <label>
                                        이 동요의 제목은?  
                                        <input type='text' value= { name }
                                        onChange= { ( e ) => setName( e.target.value )}  />
                                </label> 
                                <button>전송하기</button>
                        </form>
                </section>
        )
}

const textBox = ReactDOM.createRoot ( document.getElementById ('root') );
textBox.render ( <Sunset /> );
```

◆ myStyle.css

C:₩Users₩컴퓨터이름₩my-app₩src₩myStyle.css

```
@charset 'utf-8';

section {
        display: inline-block; border: 2px dashed #ddd; padding: 10px 30px;
}
```

◐ 무설치 방식의 리액트 HTML : react-16.2.2.1.html

```html
<!DOCTYPE html>
<html lang="ko">
 <head>
  <meta charset="utf-8">
  <meta name='viewport' content='width=device-width'>
  <script src="https://unpkg.com/react@18/umd/react.development.js" crossorigin></script>
  <script src="https://unpkg.com/react-dom@18/umd/react-dom.development.js" crossorigin></script>
  <script src="https://unpkg.com/@babel/standalone/babel.min.js"></script>
  <link rel='stylesheet' href='myStyle.16.2.2.1.css'>
 </head>
 <body>
        <div id="root"></div>
        <script type="text/babel" src='index.16.2.2.1.js'></script>
 </body>
</html>
```

◐ 무설치 방식의 리액트 JS : index.16.2.2.1.js

```jsx
function Sunset () {
        const [ name , setName ]= useState ('');
        const submitGo= ( event ) => {
                event.preventDefault (); //불필요한 링크이동 방지
                alert ( ` 입력하신 제목은 ${ name } 입니다. ` );
        }
        return (
                <section>
                        <strong>
                                바람이 머물다 간 들판에<br />
                                모락 모락 피어나는 저녁 연기
                        </strong>
                        <form onSubmit= { submitGo }>
                                <br />
                                <label>
                                        이 동요의 제목은?  
                                        <input type='text' value= { name }
                                         onChange= { ( e ) => setName( e.target.value )}
                                        />
                                </label> 
                                <button>전송하기</button>
                        </form>
                </section>
```

CHAPTER 16 리액트 폼 | 217

```
        )
}

const textBox = ReactDOM.createRoot ( document.getElementById ('root') );
textBox.render ( <Sunset /> );
```

◐ 무설치 방식의 리액트 CSS : myStyle.16.2.2.1.css

```
@charset 'utf-8';

section {
        display: inline-block; border: 2px dashed #ddd; padding: 10px 30px;
}
```

◐ 렌더링 결과

https://narinpublisher.github.io/my-react/react-16.2.2.1.html

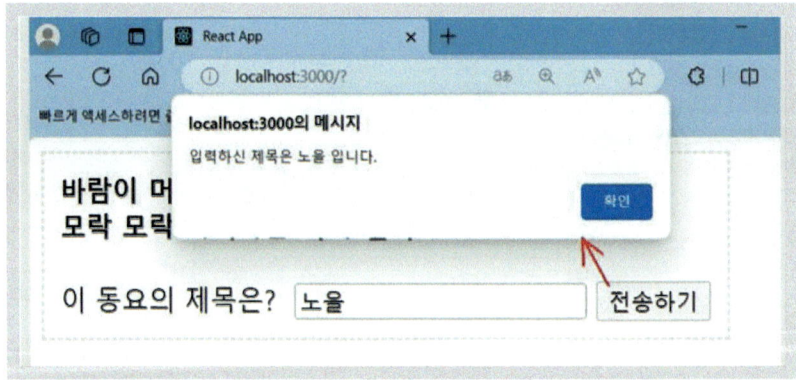

그림 16.2.2.1 렌더링 결과

16-02-03. 리액트 다중 입력 폼 필드 (Multiple Input Fields)

- 각 요소에 name 속성을 추가하여 둘 이상의 입력 필드 값을 제어할 수 있습니다.
- 우리는 빈 객체로 상태를 초기화할 것입니다.
- 이벤트 핸들러의 필드에 액세스하려면 event.target.name 및 event.target.value 구문을 사용하십시오.
- state를 업데이트하려면 속성 이름 주위에 대괄호 [대괄호 표기법] 를 사용합니다.

◆ index.js

① 두 개의 입력 필드가 있는 폼 양식을 작성합니다.
② nChange= { submitGoGo }
　　두 입력 필드에 대해 **동일한 이벤트 핸들러 함수**를 사용하고 각각에 대해 **하나의 이벤트 핸들러**를 작성할 수 있으며 이렇게 하는 것이 훨씬 더 깔끔한 코드이며 React에서 선호하는 방식입니다.
③ setInputs (values => ({ ...values, [name]: value }));
　　두 개의 입력 필드 모두에 텍스트가 입력되도록 설정합니다.
④ <input type= 'text' name= 'txt1' value= { inputs.txt1 || ' ' }
　　입력 필드에서 inputs.txt1이 false라면 value는 빈값(' ')이 반환 됩니다.

C:\Users\컴퓨터이름\my-app\src\index.js

```jsx
import { useState } from 'react';
import ReactDOM from 'react-dom/client';
import './myStyle.css';

function Tree () {
    const [ inputs , setInputs ]= useState ( { } );
    const submitGoGo= ( event ) => {
        const name= event.target.name;
        const value= event.target.value;
        setInputs ( values => ( { ...values, [name] : value } ) );
    }
    const submitGo= ( ev ) => {
        ev.preventDefault (); //불필요한 링크이동 방지
        console.log ( inputs );
    }
    return (
        <section>
            <h1>가곡_ 비목</h1>
            <form onSubmit= { submitGo }>
                <input type= 'text' name= 'txt1' value= { inputs.txt1 || ' '}
                    onChange= { submitGoGo } />
                <br />깊은 계곡 양지 녘에<br />
                <input type= 'text' name= 'txt2' value= { inputs.txt2 || ' '}
                    onChange= { submitGoGo } />
                <br />이름 모를 비목이여<br />
                <button>전송하기</button>
            </form>
        </section>
    )
}

const textBox = ReactDOM.createRoot ( document.getElementById ('root') );
textBox.render ( <Tree /> );
```

◆ **myStyle.css**
C:\Users\컴퓨터이름\my-app\src\myStyle.css

```css
@charset 'utf-8';

section {
        display: inline-block; border: 2px dashed #ddd; padding: 10px 30px;
}
```

◐ 무설치 방식의 리액트 HTML : react-16.2.3.1.html

```html
<!DOCTYPE html>
<html lang="ko">
 <head>
  <meta charset="utf-8">
  <meta name='viewport' content='width=device-width'>
  <script src="https://unpkg.com/react@18/umd/react.development.js" crossorigin></script>
  <script src="https://unpkg.com/react-dom@18/umd/react-dom.development.js" crossorigin></script>
  <script src="https://unpkg.com/@babel/standalone/babel.min.js"></script>
  <link rel='stylesheet' href='myStyle.16.2.2.1.css'>
 </head>
 <body>
        <div id="root"></div>
        <script type="text/babel" src='index.16.2.3.1.js'></script>
 </body>
</html>
```

◐ 무설치 방식의 리액트 JS : index.16.2.3.1.js

```jsx
function Tree () {
        const [ inputs , setInputs ]= useState ( { } );
        const submitGoGo= ( event ) => {
                const name=  event.target.name;
                const value=  event.target.value;
                setInputs ( values => ( { ...values, [name] : value } ) );
        }
        const submitGo= ( ev ) => {
                ev.preventDefault (); //불필요한 링크이동 방지
                console.log ( inputs );
```

```
        }
        return (
            <section>
                <h1>가곡_ 비목</h1>
                <form onSubmit= { submitGo }>
                        <input type= 'text' name= 'txt1' value= { inputs.txt1 || ''}   onChange= { submitGoGo } />
                        <br />깊은 계곡 양지 녘에<br />
                        <input type= 'text' name= 'txt2' value= { inputs.txt2 || ''}   onChange= { submitGoGo } />
                        <br />이름 모를 비목이여<br />
                        <button>전송하기</button>
                </form>
            </section>
        )
}
const textBox = ReactDOM.createRoot ( document.getElementById ('root') );
textBox.render ( <Tree /> );
```

◐ 무설치 방식의 리액트 CSS : myStyle.16.2.2.1.css

```
@charset 'utf-8';

section {
        display: inline-block; border: 2px dashed #ddd; padding: 10px 30px;
}
```

◐ 렌더링 결과

https://narinpublisher.github.io/my-react/react-16.2.3.1.html

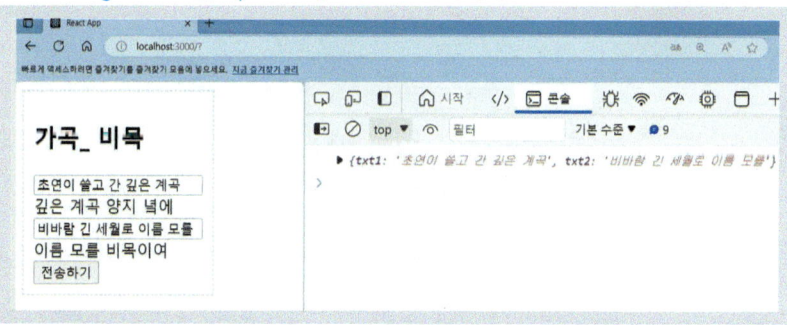

그림 16.2.3.1 다중입력 폼 작성 후 [전송하기] 버튼을 클릭한 상태의 콘솔창 내용

16-02-04. 리액트 폼 textarea

- React의 textarea 요소는 일반 HTML과 약간 다릅니다.
- HTML에서 textarea의 값은 시작 태그 <textarea>와 끝 태그 </textarea> 사이의 텍스트였습니다.
- React에서 텍스트 영역의 값은 값 속성에 배치됩니다.
- 텍스트 영역의 값을 관리하기 위해 useState Hook을 사용합니다.

```
<textarea value= { txt } onChange= { writeTxt } />
<textarea>   텍스트   </textarea>
```

◆ **index.js**

① `<textarea value= { txt } />`
    일부 콘텐츠가 포함된 간단한 텍스트 영역을 만듭니다.
② `onChange= { writeTxt }`
    textarea에 새로운 글 입력이 시작되면 입력되는 값을 value 속성에 넘겨줍니다.

C:₩Users₩컴퓨터이름₩my-app₩src₩index.js

```jsx
import { useState } from 'react';
import ReactDOM from 'react-dom/client';
import './myStyle.css';

function Barley () {
    const [ txt , setTextarea ]= useState ('보리수 가사를 입력하세요.');
    const writeTxt= ( event ) => {
        setTextarea ( event.target.value );
    }
    return (
        <section>
            <h1>가곡_ 보리수</h1>
            <form>
                <textarea value= { txt } onChange= { writeTxt } />
            </form>
        </section>
    )
}

const textBox = ReactDOM.createRoot ( document.getElementById ('root') );
textBox.render ( <Barley /> );
```

◆ myStyle.css
C:₩Users₩컴퓨터이름₩my-app₩src₩myStyle.css

```css
@charset 'utf-8';

section {
        display: inline-block; border: 2px dashed #ddd; padding: 10px 30px;
}
```

◐ 무설치 방식의 리액트 HTML : react-16.2.4.1.html

```html
<!DOCTYPE html>
<html lang="ko">
 <head>
  <meta charset="utf-8">
  <meta name='viewport' content='width=device-width'>
  <title>리엑트 테스트</title>
  <script src="https://unpkg.com/react@18/umd/react.development.js" crossorigin></script>
  <script src="https://unpkg.com/react-dom@18/umd/react-dom.development.js" crossorigin></script>
  <script src="https://unpkg.com/@babel/standalone/babel.min.js"></script>
  <link rel='stylesheet' href='myStyle.16.2.2.1.css'>
 </head>
 <body>
        <div id="root"></div>
        <script type="text/babel" src='index.16.2.4.1.js'></script>
 </body>
</html>
```

◐ 무설치 방식의 리액트 JS : index.16.2.4.1.js

```jsx
function Barley () {
        const [ txt , setTextarea ]= useState ('보리수 가사를 입력하세요.');
        const writeTxt= ( event ) => {
                setTextarea ( event.target.value );
        }
        return (
                <section>
                        <h1>가곡_ 보리수</h1>
                        <form>
                                <textarea value= { txt } onChange= { writeTxt } />
```

```
                    </form>
            </section>
        )
}

const textBox = ReactDOM.createRoot ( document.getElementById ('root') );
textBox.render ( <Barley /> );
```

◑ 무설치 방식의 리액트 CSS : myStyle.16.2.2.1.css

```
@charset 'utf-8';

section {
        display: inline-block; border: 2px dashed #ddd; padding: 10px 30px;
}
```

◑ 렌더링 결과

https://narinpublisher.github.io/my-react/react-16.2.4.1.html

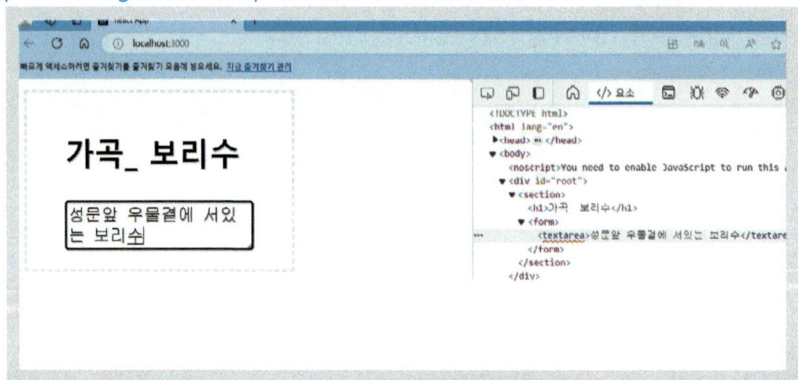

그림 16.2.4.1 검사창으로 textarea 입력글 확인

16-02-05. 리액트 폼 select 태그에서 selected 속성

- React의 드롭다운 목록 또는 선택 상자 (select box)도 HTML과 약간 다릅니다.
- HTML에서는, 드롭다운 목록에서 선택한 값은 selected 속성으로 정의됩니다.

16-02-05-01. HTML 방식

HTML 방식으로 드롭다운 목록에서 하나의 항목을 선택하려면, option 태그에서 selected 속성으로 정의합니다.

```html
<select>
    <option value='apple'>사과</option>
    <option value='banana' selected>바나나</option>
    <option value='orange'>오렌지</option>
</select>
```

16-02-05-02. React 방식

React 방식으로 드롭다운 목록에서 하나의 항목을 선택하려면, select 태그에서 value 속성으로 정의합니다. <textarea> 및 <select>를 약간 변경함으로써 React는 모든 입력 요소를 동일한 방식으로 처리할 수 있습니다.

◆ index.js

C:₩Users₩컴퓨터이름₩my-app₩src₩index.js

```jsx
import { useState } from 'react';
import ReactDOM from 'react-dom/client';
import './myStyle.css';

function Brand () {
    const [ myBag , setMyBag ]= useState ( 'dior' );
        const newBag= ( event ) => {
        setMyBag ( event.target.value );
    }
        return (
        <section>
            <h1>가장 관심있는 백 브랜드는?</h1>
            <form>
                <select value= { myBag } onChange= { newBag }>
                    <option value= 'hermes'>에르메스</option>
                    <option value= 'chanel'>샤넬</option>
                    <option value= 'dior'>크리스찬디올</option>
                </select>
            </form>
        </section>
    )
}

const textBox = ReactDOM.createRoot ( document.getElementById ('root') );
textBox.render ( <Brand /> );
```

◈ myStyle.css
C:\Users\컴퓨터이름\my-app\src\myStyle.css

```css
@charset 'utf-8';

section {
        display: inline-block; border: 2px dashed #ddd; padding: 10px 30px;
}
```

◐ 무설치 방식의 리액트 HTML : react-16.2.5.1.html

```html
<!DOCTYPE html>
<html lang="ko">
 <head>
 <meta charset="utf-8">
 <meta name='viewport' content='width=device-width'>
 <title>리엑트 테스트</title>
  <script src="https://unpkg.com/react@18/umd/react.development.js" crossorigin></script>
  <script src="https://unpkg.com/react-dom@18/umd/react-dom.development.js" crossorigin></script>
  <script src="https://unpkg.com/@babel/standalone/babel.min.js"></script>
 <link rel='stylesheet' href='myStyle.16.2.2.1.css'>
 </head>
 <body>
        <div id="root"></div>
        <script type="text/babel" src='index.16.2.5.1.js'></script>
 </body>
</html>
```

◐ 무설치 방식의 리액트 JS : index.16.2.5.1.js

```js
function Brand () {
        const [ myBag , setMyBag ]= useState ( 'dior' );
            const newBag= ( event ) => {
            setMyBag ( event.target.value );
        }
            return (
            <section>
                <h1>가장 관심있는 백 브랜드는?</h1>
                <form>
                        <select value= { myBag } onChange= { newBag
}>
                                <option value= 'hermes'>에르메스</option>
```

```
                                    <option value= 'chanel'>샤넬</option>
                                    <option value= 'dior'>크리스찬디올</option>
                        </select>
                    </form>
                </section>
        )
}

const textBox = ReactDOM.createRoot ( document.getElementByld ('root') );
textBox.render ( <Brand /> );
```

◐ 무설치 방식의 리액트 CSS : myStyle.16.2.2.1.css

```
@charset 'utf-8';

section {
        display: inline-block; border: 2px dashed #ddd; padding: 10px 30px;
}
```

◐ 렌더링 결과

https://narinpublisher.github.io/my-react/react-16.2.5.1.html

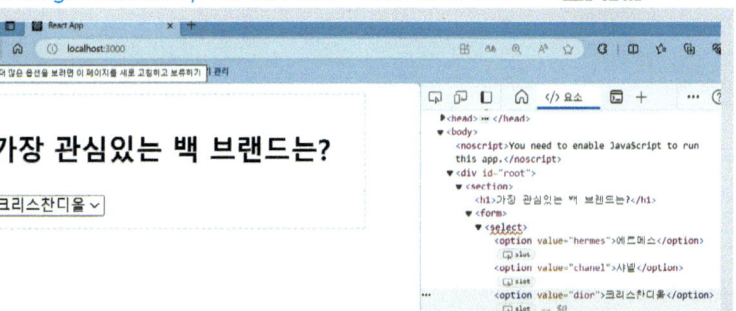

그림 16.2.5.1 크리스찬디올이 기본값으로 선택된 상태

CHAPTER 17

17.	리액트 라우터 (React Router)	230
17-01.	리액트 라우터란	230
17-02.	리액트 라우터 추가하기	231
17-03.	폴더와 파일 구조	231
17-03-01.	폴더구조 및 생성	231
17-03-02.	pages 폴더 내에 3개의 js 파일 넣기	231
17-03-03.	pages 폴더 내에 layout. js 파일 넣기	232
17-03-04.	index.js 파일 작성하여 src 폴더에 넣기	233
17-03-05.	디자인 스타일 설정하기 (메뉴 활성화 유지)	237

URL QR로 미리보고 학습하는 퍼펙트 리액트

리액트 라우터

17 리액트 라우터 (React Router)

17-01. 리액트 라우터란

- React-Router는 신규 페이지를 불러오지 않고, 각각의 url에 따라 선택된 데이터를 하나의 페이지에서 렌더링 해주는 라이브러리와 같은 기능입니다.
- 사용자가 입력한 주소를 감지하는 역할을 하며, 여러 환경에서 동작할 수 있도록 여러 종류의 라우터 컴포넌트를 제공합니다.
- Create React App은 페이지 라우팅을 포함하지 않습니다.
- React Router는 가장 인기 있는 솔루션입니다.

17-02. 리액트 라우터 추가하기

애플리케이션에 React Router를 추가하려면 애플리케이션의 루트 디렉토리에 있는 터미널(명령 프롬프트 창)에서 아래의 내용을 실행해야 합니다.

● v5에서 업그레이드하는 경우

@latest 플래그를 사용합니다.

```
C:\Users\컴퓨터이름\my-app\>npm i -D react-router-dom@latest
```

● React Router v6 기준

```
C:\Users\컴퓨터이름\my-app>npm i -D react-router-dom
```

```
Microsoft Windows [Version 10.0.19045.3803]
(c) Microsoft Corporation. All rights reserved.

▓▓▓ ▓▓▓ ▓▓▓>cd my-react-app

▓▓▓ ▓▓▓ ▓▓▓\my-react-app>npm i -D react-router-dom
added 3 packages, and audited 1410 packages in 11s

169 packages are looking for funding
  run `npm fund` for details

24 vulnerabilities (7 moderate, 12 high, 5 critical)

To address issues that do not require attention, run:
  npm audit fix
```

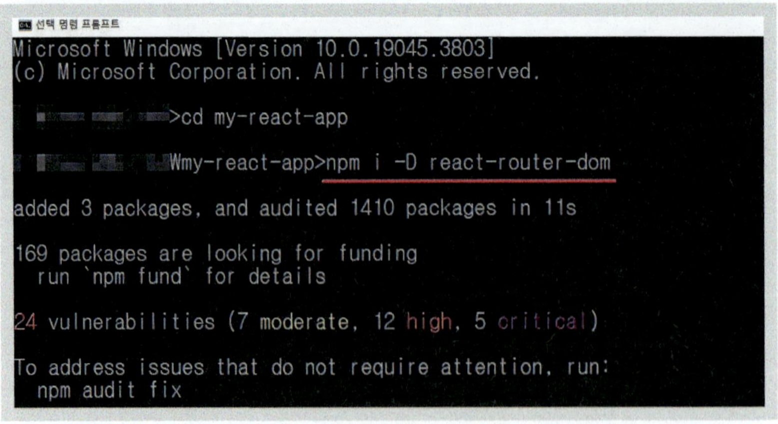

그림 17.2.1 명령프롬프트에서 리액트 라우터를 추가한 상태

17-03. 폴더와 파일 구조

17-03-01. 폴더구조 및 생성

여러 페이지 경로가 있는 응용 프로그램을 만들려면 먼저 파일 구조부터 시작하겠습니다. src 폴더 내에 폴더 (예_ [pages])를 하나 만듭니다.

◈ src폴더 안에 pages 폴더 생성

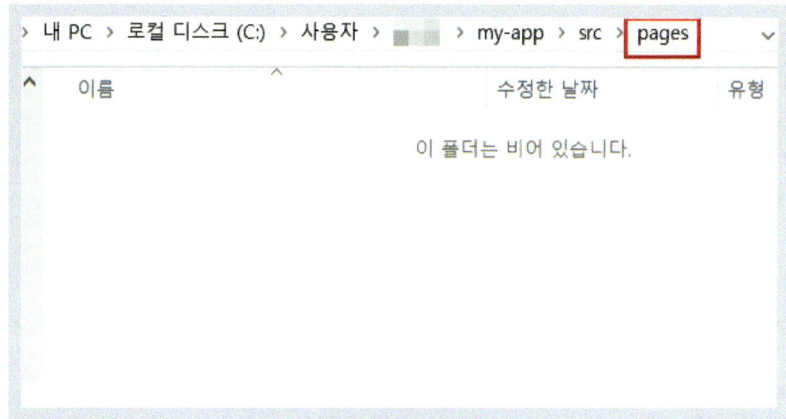

그림 17.3.1.1 src 폴더 내에 생성된 pages 폴더

17-03-02. pages 폴더 내에 3개의 js 파일 넣기

pages 폴더 안에 간단하게 heading 텍스트가 포함 된 js 파일 4개를 만들어서 넣습니다.

◈ home.js

C:₩Users₩컴퓨터이름₩my-app₩src₩home.js

```
const Engraving = () => {
         return <h1>첫페이지</h1>;
]

export default Engraving;
```

◈ branch.js

C:₩Users₩컴퓨터이름₩my-app₩src₩pages₩branch.js

```
const Branch = () => {
            return <h1>가지에</h1>;
}

export default Branch;
```

◆ **hope.js**

C:₩Users₩컴퓨터이름₩my-app₩src₩pages₩hope.js

```
const Hope = () => {
        return (
                        <h1>희망의 말</h1>
            );
};

export default Hope;
```

◆ **eng.js**

C:₩Users₩컴퓨터이름₩my-app₩src₩pages₩eng.js

```
const Engraving = () => {
            return (
                        <h1>새기어 놓고서</h1>
            );
}

export default Engraving;
```

17-03-03. pages 폴더 내에 layout. js 파일 넣기

◆ **layout.js**

모든 페이지에서 공통으로 보여야하는 메뉴 부분을 만들어서 layout.js 로 저장하여 pages 폴더에 넣습니다.
① import에 Outlet과 Link를 추가하여 layout 페이지 내에서 다른 페이지가 보이도록 합니다.
　브라우저 URL은 http://localhost:3000/branch 이런 식으로 링크 이동 된 파일명은 디렉토리 이름처럼 보이게 됩니다.
② 홈화면 (첫화면) 주소는 루트 즉 <Link to='/' .... 로 설정하면 index.js 페이지에 설정된 index 페이지로 이동됩니다.
　<Route index element= { <Hom /> } />
③ hope.js 링크 주소는 <Link to='/hope' .... 로 설정합니다.

C:₩Users₩컴퓨터이름₩my-app₩src₩layout.js

```jsx
import { Outlet , Link } from "react-router-dom";

const Layout = () => {
    return (
        <section>
            <nav>
                <ul id='menu'>
                    <li><Link to='/'>홈화면</Link></li>
                    <li><Link to='/branch'>가지에</Link></li>
                    <li><Link to='/hope'>희망의 말</Link></li>
                    <li><Link to='/eng'>새기어 놓고서</Link></li>
                </ul>
            </nav>
            <Outlet />
        </section>
    );
}

export default Layout;
```

17-03-04. index.js 파일 작성하여 src 폴더에 넣기

C:₩Users₩컴퓨터이름₩my-app₩src₩index.js

```jsx
import ReactDOM from 'react-dom/client';
import { BrowserRouter, Routes, Route } from 'react-router-dom';
import La from './pages/layout';
import Hom from './pages/home';
import Br from './pages/branch';
import Ho from './pages/hope';
import En from './pages/eng';

export default function App () {
    return (
        <BrowserRouter>
            <Routes>
                <Route path='/' element={ <La /> }>
                    <Route index element={ <Hom /> } />
                    <Route path='branch' element={ <Br /> } />
                    <Route path='hope' element={ <Ho /> } />
                    <Route path='eng' element={ <En /> } />
```

```
                </Route>
            </Routes>
        </BrowserRouter>
    );
}

const root = ReactDOM.createRoot(document.getElementById('root'));
root.render(<App />);
```

● 작업 소스파일 다운로드 주소:

https://narinpublisher.github.io/my-react/router-1.zip

◐ 무설치 방식의 리액트 HTML + JS : router-1.html

```
<!DOCTYPE html>
<html>
 <head>
  <meta charset='UTF-8'>
  <script src='https://unpkg.com/react@16.3.1/umd/react.production.min.js'></script>
  <script src='https://unpkg.com/react-dom@16.3.1/umd/react-dom.production.min.js'></script>
  <script src='https://unpkg.com/react-router-dom@5.0.0/umd/react-router-dom.min.js'></script>
  <script src='https://unpkg.com/babel-standalone@6.26.0/babel.js'></script>
 </head>
 <body>
  <div id='root'></div>

  <script type='text/babel'>
    const Link = ReactRouterDOM.Link , Route = ReactRouterDOM.Route ;
    const App = () => (
      <ReactRouterDOM.HashRouter>
          <section>
              <nav>
                  <ul id='menu'>
                      <li><Link to='/'>홈화면</Link></li>
                      <li><Link to='/branch'>가지에</Link></li>
                      <li><Link to='/hope'>희망의 말</Link></li>
                      <li><Link to='/eng'>새기어 놓고서</Link></li>
                  </ul>
              </nav>

              <Route path= "/"  exact  component= { Hom } />
```

```
                    <Route path= "/branch" component= { Br } />
                    <Route path= "/hope"   component= { Ho } />
                    <Route path= "/eng"    component= { En } />
            </section>
    </ReactRouterDOM.HashRouter>
  );

  const Hom = () => <h1>첫페이지</h1>
  const Br  = () => <h1>가지에</h1>;
  const Ho  = () => <h1>희망의 말</h1>;
  const En  = () => <h1>새기어 놓고서</h1>

  ReactDOM.render(<App />, document.querySelector('#root'));
  </script>

 </body>
</html>
```

◐ 렌더링 첫화면 상태 (또는 링크 텍스트에서 "홈화면"을 클릭했을 때)

https://narinpublisher.github.io/router-1.html

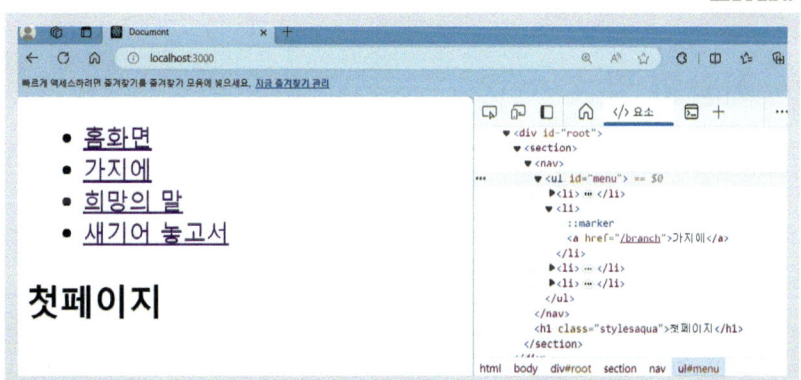

그림 17.3.4.1 첫화면이면서 메뉴 중 "홈화면"을 클릭한 상태

◐ 링크 텍스트 중 "가지에"를 클릭했을 때,
https://narinpublisher.github.io/router-1.html#/branch

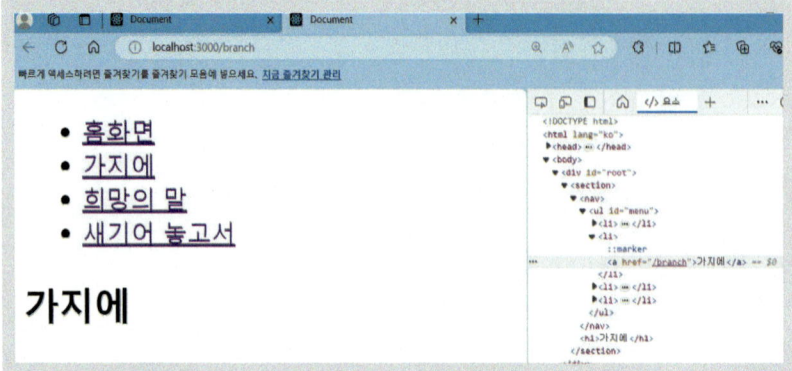

그림 17.3.4.2 메뉴 중 "가지에"를 클릭한 상태

◐ 링크 텍스트 중 "희망의 말"을 클릭했을 때,
https://narinpublisher.github.io/router-1.html#/hope

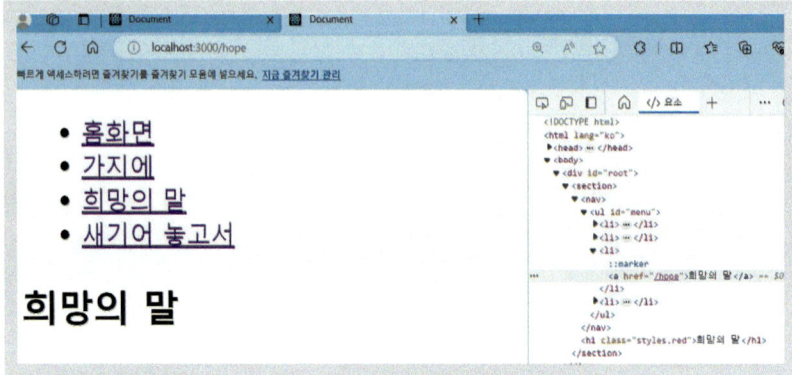

그림 17.3.4.3 메뉴 중 "희망의 말"을 클릭한 상태

◐ 링크 텍스트 중 "새기어 놓고서"를 클릭했을 때,

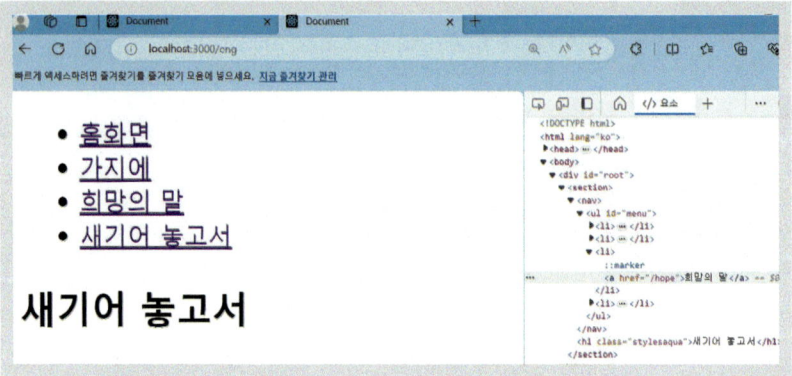

그림 17.3.4.4 메뉴 중 "새기어 놓고서"를 클릭한 상태

17-03-05. 디자인 스타일 설정하기 (메뉴 활성화 유지)

onClick={() => test(0)} 부분은 페이지가 링크 이동 된 후 메뉴 활성화를 유지하고 클릭한 페이지에 개별적인 디자인을 부여하기 위한 함수 호출 부분이며 매개변수를 전달하여 개별 디자인 적용에 활용합니다.

◆ layout.js
C:\Users\컴퓨터이름\my-app\src\pages\layout.js

```jsx
import { Outlet, Link } from "react-router-dom";
import './myStyle.css';

const Layout = () => {
    return (
        <section>
          <nav>
              <ul id='menu'>
                  <li><Link to='/' onClick= { () => go(0) }>홈화면</Link></li>
                  <li><Link to='/branch' onClick= { () => go(1) }>가지에</Link></li>
                  <li><Link to='/hope' onClick= { () => go(2) }>희망의 말</Link></li>
                  <li><Link to='/eng' onClick= { () => go(3) }>새기어 놓고서</Link></li>
              </ul>
          </nav>
          <Outlet />
        </section>
    );
}
function go ( num ) {
    console.log ( num );
    let menu = document.querySelectorAll( 'nav li' );
    for ( let i = 0; i < menu.length; i++ ) {
        menu[i].style.border = 'none';
        menu[i].classList.remove ( 'act' );
    }
    let j;
    let txt;

    if ( num === 0 ) {
        j = 0;
        txt = 'transparent'; //첫화면(home.js) 배경색은 투명
    }
    else if ( num === 1 ) {
        j = 1;
        txt = 'gold'; //branch.js 배경색은 살짝 어두운 노랑
```

```
            }
            else if ( num === 2 ) {
                    j = 2;
                    txt = "yellowgreen"; //hope.js 배경색은 연두
            }
            else if ( num === 3 ) {
                    j = 3;
                    txt = "pink";  //eng.js 배경색은 핑크
            }
            if ( j !== 0 ) {
                    menu[j].style.border='2px dashed dodgerblue';  //클릭 이동된 페이지의 메뉴 테두리 디자인
                    menu[j].classList.add('act');  //클릭 이동된 페이지의 메뉴 텍스트 디자인 (li의 하위 a에 클래스 추가.)
            }
            document.body.style.backgroundColor= txt; //클릭 이동된 페이지의 배경색 설정
    }

export default Layout;
```

◆ myStyle.css
C:\Users\컴퓨터이름\my-app\src\pages\myStyle.css

```
@charset 'utf-8';

section {
        border: 2px dashed #666; padding: 10px 30px; max-width:800px; margin:auto;
}
h1 {
        text-align:center; font-size:3rem; padding-top:30px;
}
#menu {
        display:flex; list-style:none;
}
#menu li {
        text-align:center; flex:1;
}
#menu a {
        text-decoration:none; font-weight:bold; color:black;
}
```

```css
#menu a:hover, #menu li.act a { /* 메뉴 텍스트 디자인 활성화 유지 */
        display:inline-block; transform:scale(1.2); text-shadow:1px 1px 5px red;
}
```

● 작업 소스파일 다운로드 주소: https://narinpublisher.github.io/my-react/router-2.zip

◐ 무설치 방식의 리액트 HTML + JS : router-2.html

```html
<!DOCTYPE html>
<html>
 <head>
  <meta charset='UTF-8'>
  <script src='https://unpkg.com/react@16.3.1/umd/react.production.min.js'></script>
  <script src='https://unpkg.com/react-dom@16.3.1/umd/react-dom.production.min.js'></script>
  <script src='https://unpkg.com/react-router-dom@5.0.0/umd/react-router-dom.min.js'></script>
  <script src='https://unpkg.com/babel-standalone@6.26.0/babel.js'></script>
  <link rel='stylesheet' href='myStyle.css'>
 </head>
 <body>
  <div id='root'></div>

  <script type='text/babel'>

   const Link = ReactRouterDOM.Link, Route = ReactRouterDOM.Route;

   const App = () => (
     <ReactRouterDOM.HashRouter>
        <section>
            <nav>
              <ul id='menu'>
                    <li><Link to= '/'     onClick= { () => go(0) }>홈화면</Link></li>
                    <li><Link to= '/branch' onClick= { () => go(1) }>가지에</Link></li>
                    <li><Link to= '/hope'  onClick= { () => go(2) }>희망의 말</Link></li>
                    <li><Link to= '/eng'   onClick= { () => go(3) }>새기어 놓고서</Link></li>
              </ul>
            </nav>

            <Route path= "/" exact  component= { Home } />
            <Route path= "/branch" component= { Branch } />
            <Route path= "/hope"   component= { Hope } />
            <Route path= "/eng"    component= { Eng } />
        </section>
     </ReactRouterDOM.HashRouter>
```

```
        );
            const Home = () => <h1>첫페이지</h1>;
            const Branch = () => <h1>가지에</h1>;
            const Hope = () =>  <h1>희망의 말</h1>;
            const Eng  = () =>  <h1>새기어 놓고서</h1>;

            const go = ( i )=> {
                const $li = document.querySelectorAll( 'nav li' );

                for ( let i = 0; i < $li.length; i++ ) {
                    $li[i].style.border = 'none'; //메뉴 테두리 삭제
                    $li[i].classList.remove ( 'act' ); //클래스삭제
                }

                const bgColor = ['transparent', 'gold', "yellowgreen", "pink"];
                $li[i].style.border='2px dashed dodgerblue'; //클릭 이동된 페이지의 메뉴 테두리 디자인

                $li[i].classList.add('act'); //클릭한 li에 클래스 추가
                document.body.style.backgroundColor= bgColor[i]; //클릭 이동된 페이지의 배경색 설정
            }
        ReactDOM.render( <App />, document.querySelector( '#root' ) );
    </script>
  </body>
</html>
```

◐ **무설치 방식의 리액트 CSS : myStyle.css**

```
@charset 'utf-8';

section {
        border: 2px dashed #666; padding: 10px 30px; max-width:800px; margin:auto;
}
h1 {
        text-align:center; font-size:3rem; padding-top:30px;
}
#menu {
        display:flex; list-style:none;
}
#menu li {
        text-align:center; flex:1;
}
```

```
#menu a {
        text-decoration:none; font-weight:bold; color:black;
}
#menu a:hover, #menu li.act a { /* 메뉴 텍스트 디자인 활성화 유지 */
        display:inline-block; transform:scale(1.2); text-shadow:1px 1px 5px red;
}
```

◐ 렌더링 첫화면 상태 (또는 링크 텍스트 중 "홈화면"을 클릭했을 때)
https://narinpublisher.github.io/router-2.html

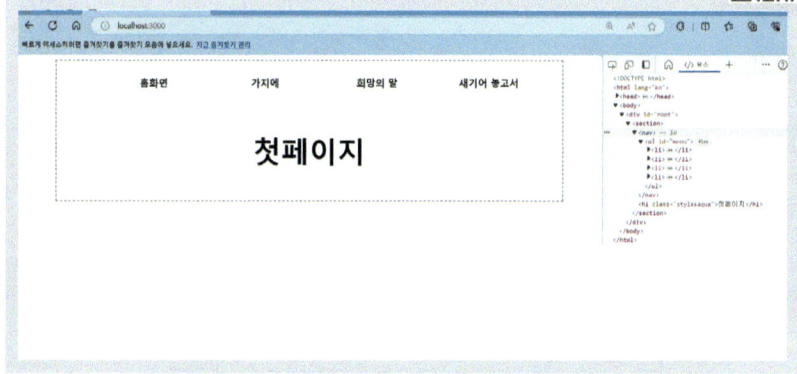

그림 17.3.4.5 앱의 첫 화면이면서 메뉴 중 "홈화면"을 클릭한 상태

◐ 링크 텍스트 중 "가지에"를 클릭했을 때,
https://narinpublisher.github.io/router-2.html#/branch

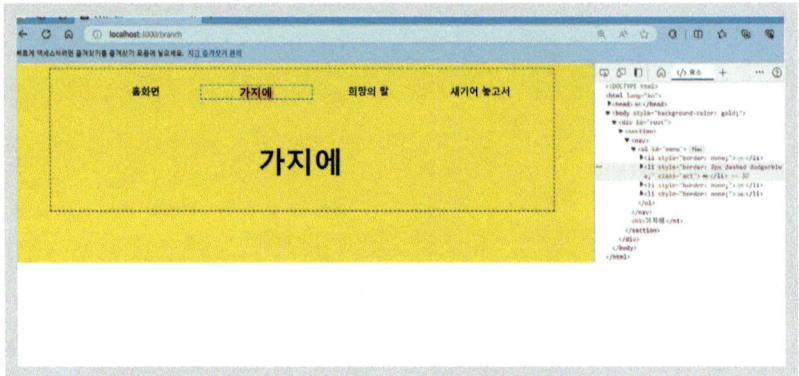

그림 17.3.4.6 메뉴 중 "가지에"를 클릭한 상태

◐ 링크 텍스트 중 "희망의 말"를 클릭했을 때,
https://narinpublisher.github.io/router-2.html#/hope

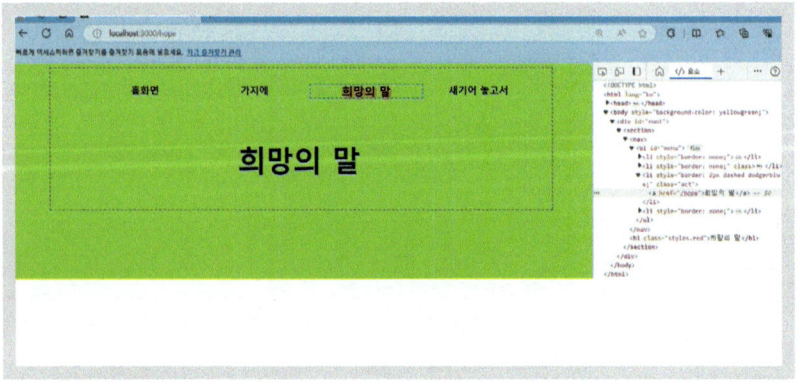

그림 17.3.4.7 메뉴 중 "희망의 말"을 클릭한 상태

◐ 링크 텍스트 중 "새기어 놓고서"를 클릭했을 때,
https://narinpublisher.github.io/router-2.html#/eng

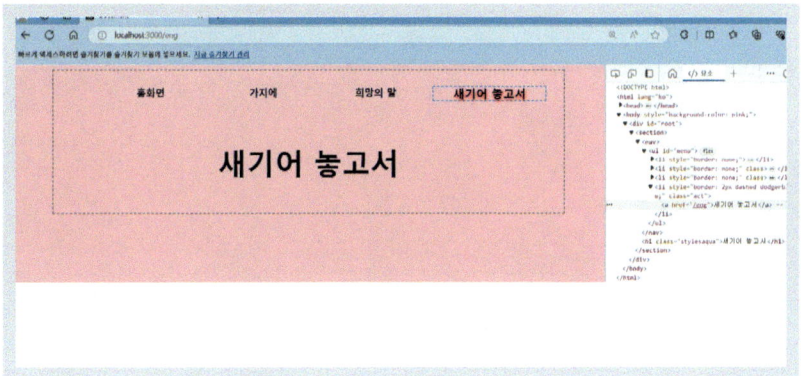

그림 17.3.4.8 메뉴 중 "새기어 놓고서"를 클릭한 상태

CHAPTER 18

18.		리액트 메모	············ 246
18-01.		React.memo를 이용한 카운트	············ 246

URL QR 로 미리보고 학습하는 퍼펙트 리액트

리액트 메모

18 리액트 메모 (React Memo)

- React.memo()는 컴포넌트를 렌더링한 후 그 결과를 메모(memo)합니다.
- React.memo()는 컴포넌트가 변경되었을 때에만 렌더링합니다.
- React.memo()는 컴포넌트가 변경되지 않았다면 렌더링을 건너뜁니다.
- Todos는 할일이 변경되지 않은 경우에도 다시 렌더링 됩니다.
- React.memo()는 Todos 컴포넌트가 불필요하게 다시 렌더링 되지 않도록 합니다.
- React.memo()는 컴포넌트를 메모(memo)해 놓은 후 재사용하는데 쓰여 집니다.
- React.memo()가 컴포넌트를 재사용하면 성능이 더욱 향상됩니다.

18-01. React.memo를 이용한 카운트

◆ index.js

[+] 버튼을 클릭할 때마다 숫자 카운트가 증가되는 코드를 작성합니다. 이때, React useStateHook을 사용하면 함수 구성 요소의 상태(데이터 또는 속성)을 추적할 수 있습니다.

C:\Users\컴퓨터이름\my-app\src\index.js

```jsx
import { useState } from 'react';
import ReactDOM from 'react-dom/client';
import Timer from './countAdd';

const MyApp = () => {
    const [ number , add ] = useState( 0 );
    const [ increase , setTo ] = useState( [ ] );
        const increment = () => {
            add( (i) => i + 1 );
        }
        return (
        <>
            <Timer total = { increase } />
            <hr />
            <>
                Count : { number }  
                <button onClick = { increment }> + </button>
            </><br />
            <b><small>[+]버튼을 클릭할 때마다 카운트 숫자는 증가합니다.</small></b>
        </>
```

```
    );
}

const clock = ReactDOM.createRoot ( document.getElementById ( 'root' ) );
clock.render ( <MyApp /> );
```

◆ memo.js

① memo(Count)는 컴포넌트를 메모해 놓은 후 재사용하는데 쓰여 집니다. Count 컴포넌트를 메모로 래핑하여 index.js로 내보냅니다.

② total.map(txt,idx)에서, txt는 현재의 값(value)이며 idx은 인덱스번호이며, map()은 배열의 각 항목에 함수를 호출하여 새 배열을 만듭니다.

③ <num key= {idx}> 에서 key 속성은, 증가하는 숫자만 다시 렌더링 시키는 역할을 합니다.

C:₩Users₩컴퓨터이름₩my-app₩src₩memo.js

```
import { memo } from 'react';

const count = ( { total } ) => {
            console.log ( '갱신 될 때만 렌더링됩니다.' );

            return (
                <section>
                    <h2>카운트</h2>
                    {
                        total.map ( ( txt , idx ) => {
                            return <num key = { idx } > { txt } </num> ;
                        }) }
                </section>
            );
}

export default memo ( count );
```

◐ 무설치 방식의 리액트 HTML : memo-1.html

```
<!DOCTYPE html>
<html>
  <head>
    <meta charset='UTF-8'>
    <meta name='viewport' content='width=device-width'>
```

```html
<title>리액트 테스트</title>
<script src="https://unpkg.com/react@18/umd/react.development.js" crossorigin></script>
<script src="https://unpkg.com/react-dom@18/umd/react-dom.development.js" crossorigin></script>
<script src="https://unpkg.com/@babel/standalone/babel.min.js"></script>
</head>
<body>

  <div id='root'></div>
  <script type='text/babel' src='memo-1.js'></script>

</body>
</html>
```

◐ 무설치 방식의 리액트 JS : memo-1.js

```jsx
const Count = ( { total } ) => {
            console.log ( '갱신 될 때만 렌더링됩니다.' );

            return (
                <section>
                    <h2>카운트</h2>
                    {
                        total.map ( ( txt , idx ) => {
                            return <num key = { idx } > { txt } </num> ;
                        } ) }
                </section>
            );
}

const MyApp = () => {
    const [ number , add ] = React.useState ( 0 );
    const [ increase , setTo ] = React.useState ( [ ] );
        const increment = () => {
            add ( ( i ) =>  i + 1 );
    }
        return (
            <>
                <Count total = { increase } />
                <hr />
                <>
                    Count : { number }  
                    <button onClick = { increment }> + </button>
```

```
                    </><br />
                <b><small>[+]버튼을 클릭할 때마다 카운트 숫자는 증가합니다.</small></b>
            </>
        );
}

const clock = ReactDOM.createRoot ( document.getElementById ( 'root' ) );
clock.render ( <MyApp /> );
```

◐ 렌더링 초기 상태

https://narinpublisher.github.io/my-react/memo-1.html

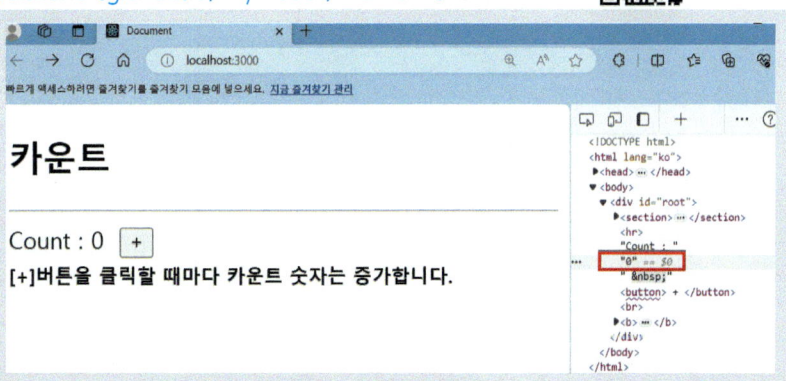

그림 18.1.1 렌더링 초기 상태

◐ [+] 버튼을 7회 클릭한 상태

검사 창에서 숫자가 업데이트 되는 상황을 확인할 수 있습니다.

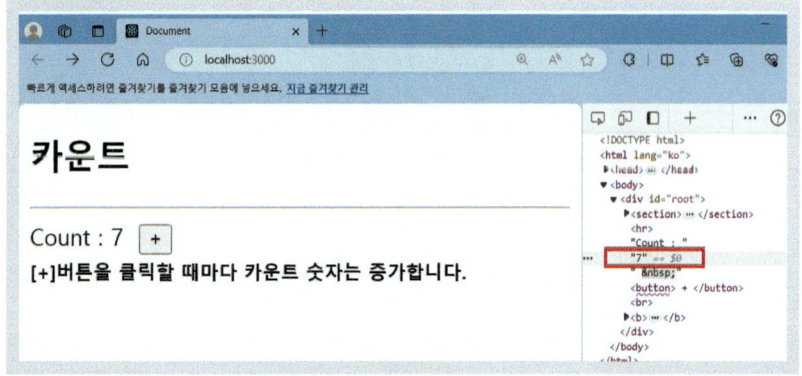

그림 18.1.4 [+] 버튼을 7회 클릭한 상태

CHAPTER

19

19.	리액트 CSS 스타일링	………	252
19-01.	리액트 스타일 (React CSS Styling)	………	252
19-01-01.	인라인스타일	………	252
19-01-01-01.	인라인 스타일 카멜케이스	………	254
19-01-01-02.	인라인 스타일에서 자바스크립트 객체 참조	………	256
19-01-02.	CSS 스타일시트	………	258
19-01-03.	CSS 모듈	………	261

URL QR로 미리보고 학습하는 퍼펙트 리액트

리액트
CSS 스타일링

19 리액트 CSS 스타일링

19-01. 리액트 스타일

CSS로 React의 스타일을 지정하는 방법은 대략 3가지로 나눌 수 있습니다.

● **리액트 CSS 스타일을 지정하는 3가지 방법**

1. 인라인 스타일
2. CSS 스타일시트
3. CSS 모듈

19-01-01. 인라인 스타일

인라인 스타일 속성으로 요소의 스타일을 지정하려면 값이 **Javascript 객체여야 합니다.**

◆ **index.js**

스타일이 필요한 요소에 개별적으로 스타일을 추가해 봅시다. JSX에서의 Javascript 표현식은 중괄호 안에 작성되며 Javascript **객체도 중괄호를 사용하기 때문에** 인라인 스타일은 **이중 중괄호** {{ 속성이름 : "값" }} 안에 작성합니다.

{{ 속성이름 : "값" }}

C:\Users\컴퓨터이름\my-app\src\index.js

```
import ReactDOM from 'react-dom/client';

const MyApp = () => {
    return (
        <>
            <h1 style= {{color: 'red' , textShadow: '-2px -2px 7px orange'}}>
                인라인 스타일
            </h1>
            <p>해당 스타일 디자인이 지정 요소에 즉각적으로 적용됩니다.</p>
        </>
    );
}
```

```
const addStyle = ReactDOM.createRoot ( document.getElementById ( 'root' ) );
addStyle.render ( <MyApp /> );
```

◐ 무설치 방식의 리액트 HTML : inline.19.1.1.1.html

```
<!DOCTYPE html>
<html>
 <head>
  <meta charset='UTF-8'>
  <meta name='viewport' content='width=device-width'>
  <title>리액트 테스트</title>
  <script src="https://unpkg.com/react@18/umd/react.development.js" crossorigin></script>
  <script src="https://unpkg.com/react-dom@18/umd/react-dom.development.js" crossorigin></script>
  <script src="https://unpkg.com/@babel/standalone/babel.min.js"></script>
 </head>
 <body>

  <div id='root'></div>
  <script type='text/babel' src='inline.19.1.1.1.js'></script>

 </body>
</html>
```

◐ 무설치 방식의 리액트 JS : inline.19.1.1.1.js

```
const MyApp = () => {
    return (
        <>
            <h1 style= {{ color: 'red' , textShadow: '-2px -2px 7px orange' }}>
              인라인 스타일
            </h1>
            <p>해당 스타일 디자인이 지정 요소에 즉각적으로 적용됩니다.</p>
        </>
    );
}

const addStyle = ReactDOM.createRoot ( document.getElementById ( 'root' ) );
addStyle.render ( <MyApp /> );
```

◐ 렌더링 결과

https://narinpublisher.github.io/my-react/inline.19.1.1.1.html

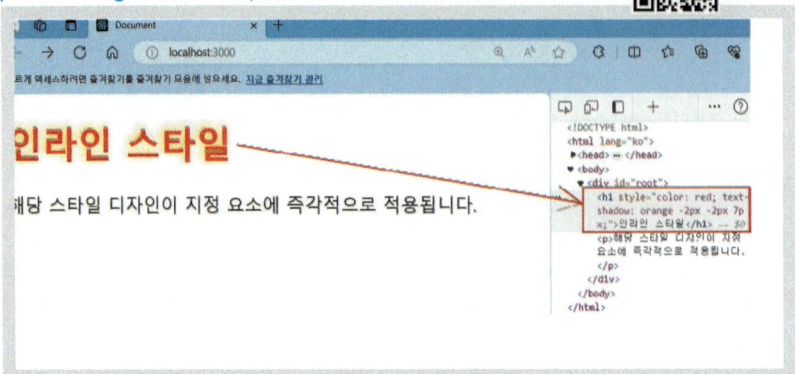

그림 19.1.1.1 렌더링 결과

19-01-01-01. 인라인 스타일 카멜케이스

리액트에서 인라인 스타일를 작성할 때, CSS 속성 이름은 카멜케이스 방법을 사용합니다. 인라인 CSS는 Javascript 객체로 작성되기 때문에 카멜케이스 구문으로 작성해야 합니다.

```
background-color                X
backgroundColor                 O
<h1 style= {{ color: 'red' , backgroundColor: 'gold' }}>
```

◆ index.js

C:₩Users₩컴퓨터이름₩my-app₩src₩index.js

```
import ReactDOM from 'react-dom/client';

const CamelCase = () => {
    return (
        <>
            <h1 style= {{color: 'red' , backgroundColor: 'yellow' ,
            padding: '10px 20px' , borderRadius: '20px'}}>  인라인 스타일
            </h1>
            <p>인라인 CSS는 Javascript 객체로 작성되기 때문에 카멜케이스 구
            문으로 작성해야 합니다.</p>
        </>
    );
}

const addStyle = ReactDOM.createRoot ( document.getElementById ( 'root' ) );
addStyle.render ( <CamelCase /> );
```

◐ 무설치 방식의 리액트 HTML : inline.19.1.1.1.1.html

```html
<!DOCTYPE html>
<html>
 <head>
  <meta charset='UTF-8'>
  <meta name='viewport' content='width=device-width'>
  <title>리액트 테스트</title>
  <script src="https://unpkg.com/react@18/umd/react.development.js" crossorigin></script>
  <script src="https://unpkg.com/react-dom@18/umd/react-dom.development.js" crossorigin></script>
  <script src="https://unpkg.com/@babel/standalone/babel.min.js"></script>
 </head>
 <body>

  <div id='root'></div>
  <script type='text/babel' src='inline.19.1.1.1.1.js'></script>

 </body>
</html>
```

◐ 무설치 방식의 리액트 JS : inline.19.1.1.1.1.js

```jsx
const CamelCase = () => {
    return (
        <>
            <h1 style= {{color: 'red' , backgroundColor: 'yellow' ,
            padding: '10px 20px' , borderRadius: '20px'}}>  인라인 스타일  </h1>

            <p>인라인 CSS는 Javascript 객체로 작성되기 때문에 카멜케이스 구문으로 작성해야 합니다.</p>
        </>
    );
}

const addStyle = ReactDOM.createRoot ( document.getElementById ( 'root' ) );
addStyle.render ( <CamelCase /> );
```

◐ 렌더링 결과

https://narinpublisher.github.io/my-react/inline.19.1.1.1.1.html

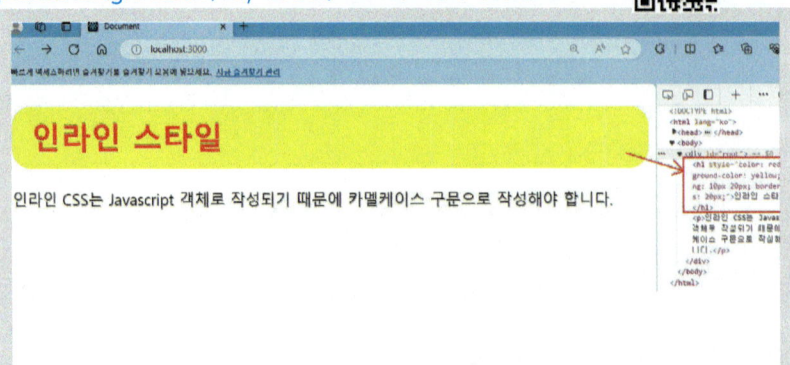

그림 19.1.1.1.1 렌더링 결과

19-01-01-02. 인라인 스타일에서 자바스크립트 객체 참조

CSS style 정보를 사용하여 **객체를 생성하고, 인라인 스타일 속성에서 참조**할 수 있습니다.

◆ index.js

C:₩Users₩컴퓨터이름₩my-app₩src₩index.js

```
import ReactDOM from 'react-dom/client';

const CreateObject = () => {
        const blueStyle = {
                color: 'white',
                backgroundColor: 'skyblue',
                padding: '20px',
                fontFamily: 'cursive',
                textShadow: '1px 1px 10px blue',
                borderRadius: '20px'
        }
        return (
            <>
                <h1 style={ blueStyle }> 스크립트 객체를 참조하는 인라인 스타일 </h1>
                <p>CSS style 정보를 사용하여 객체를 생성하고, 인라인 스타일 속성에서 참조할 수 있습니다.</p>
            </>
        );
}
```

```
const addStyle = ReactDOM.createRoot ( document.getElementByld ( 'root' ) );
addStyle.render ( <CreateObject /> );
```

◐ 무설치 방식의 리액트 HTML : inline.19.1.1.2.1.html

```
<!DOCTYPE html>
<html>
 <head>
  <meta charset='UTF-8'>
  <meta name='viewport' content='width=device-width'>
  <title>리액트 테스트</title>
  <script src="https://unpkg.com/react@18/umd/react.development.js" crossorigin></script>
  <script src="https://unpkg.com/react-dom@18/umd/react-dom.development.js" crossorigin></script>
  <script src="https://unpkg.com/@babel/standalone/babel.min.js"></script>
 </head>
 <body>

  <div id='root'></div>
  <script type='text/babel' src='inline.19.1.1.2.1.js'></script>

 </body>
</html>
```

◐ 무설치 방식의 리액트 JS : inline.19.1.1.2.1.js

```
const CreateObject = () => {
        const blueStyle = {
                    color: 'white' ,
                    backgroundColor: 'skyblue' ,
                    padding: '20px' ,
                    fontFamily: 'cursive' ,
                    textShadow: '1px 1px 10px blue' ,
                    borderRadius: '20px'
        }
        return (
          <>
                <h1 style= { blueStyle }> 스크립트 객체를 참조하는 인라인 스타일 </h1>
                <p>CSS style 정보를 사용하여 객체를 생성하고, 인라인 스타일 속성에서 참조할 수 있
                습니다.</p>
```

```
            </>
        );
}

const addStyle = ReactDOM.createRoot ( document.getElementById ( 'root' ) );
addStyle.render ( <CreateObject /> );
```

◐ 렌더링 결과

https://narinpublisher.github.io/my-react/inline.19.1.1.2.1.html

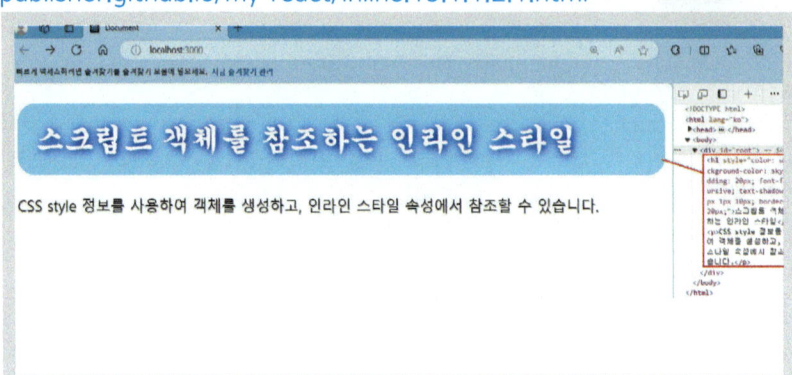

그림 19.1.1.2.1 렌더링 결과

19-01-02. CSS 스타일시트

CSS 스타일을 별도의 파일에 작성하고 파일 확장자가 파일명.css인 파일로 저장한 후 애플리케이션에서 불러와서 디자인 스타일이 적용되게 할 수 있습니다.

◆ myStyle-1.css

C:₩Users₩컴퓨터이름₩my-app₩src₩myStyle-1.css

```
@charset 'utf-8';

body {
        background-color: pink;
        color: white;
        text-shadow: 0 0 10px red;
        font-family: 'cursive';
        text-align: center;
}
section {
```

```
        max-width:500px;
        margin:auto;
        border:2px dashed gray;
        padding:10px 30px;
}
```

◆ index.js

C:₩Users₩컴퓨터이름₩my-app₩src₩index.js

```
import ReactDOM from 'react-dom/client';
import './myStyle-1.css';

const ExternalCss = () => {
    return (
            <section>
                <h1>외부 파일로 적용되는 CSS 스타일시트</h1>
                <p>CSS 스타일을 별도의 파일에 작성하고 파일 확장자가 파일명.css인 파일로 저장
                한 후 애플리케이션에서 불러와서 디자인 스타일이 적용되게 할 수 있습니다.</p>
            </section>
        );
}

const addStyle = ReactDOM.createRoot ( document.getElementById ( 'root' ) );
addStyle.render ( <ExternalCss /> );
```

◐ 무설치 방식의 리액트 HTML : css-style.html

```html
<!DOCTYPE html>
<html>
 <head>
  <meta charset='UTF-8'>
  <meta name='viewport' content='width=device-width'>
  <title>리액트 테스트</title>
  <script src="https://unpkg.com/react@18/umd/react.development.js" crossorigin></script>
  <script src="https://unpkg.com/react-dom@18/umd/react-dom.development.js" crossorigin></script>
  <script src="https://unpkg.com/@babel/standalone/babel.min.js"></script>
  <link rel='stylesheet' href='css-style.css'>
 </head>
 <body>

  <div id='root'></div>
```

```html
<script type='text/babel' src='css-style.js'></script>

  </body>
</html>
```

● 무설치 방식의 리액트 JS : css-style.js

```jsx
const ExternalCss  = () => {
        return (
                <section>
                        <h1>외부 파일로 적용되는 CSS 스타일시트</h1>
                        <p>CSS 스타일을 별도의 파일에 작성하고 파일 확장자가 파일명.css인 파일로 저장한 후 애플리케이션에서 불러와서 디자인 스타일이 적용되게 할 수 있습니다.</p>
                </section>
        );
}

const addStyle = ReactDOM.createRoot ( document.getElementById ( 'root' ) );
addStyle.render ( <ExternalCss /> );
```

● 무설치 방식의 리액트 CSS : css-style.css

```css
@charset 'utf-8';

body {
        background-color: pink;
        color: white;
        text-shadow: 0 0 10px red;
        font-family: 'cursive';
        text-align: center;
}
section {
        max-width:500px;
        margin:auto;
        border:2px dashed gray;
        padding:10px 30px;
}
```

● 렌더링 결과
https://narinpublisher.github.io/my-react/css-style.html

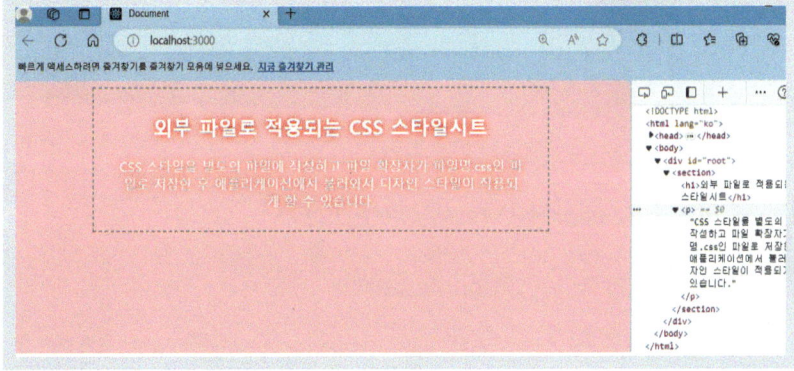

그림 19.1.2.1 렌더링 결과

19-01-03. CSS 모듈

애플리케이션에 스타일을 추가하는 또 다른 방법은 CSS 모듈을 사용하는 것입니다. CSS 모듈은 별도의 파일에 배치된 컴포넌트에 사용하기 편리합니다. 모듈 내부의 CSS는 그것을 가져온 컴포넌트에 대해서만 사용 가능하며 이름 충돌에 대해 걱정할 필요가 없습니다. 파일명.module.css 확장자를 사용하여 CSS 모듈을 만듭니다.

● CSS 모듈 이름 및 확장자 예시

```
myStyle.module.css
style_5.module.css
```

◆ myStyle-1.module.css
C:₩Users₩컴퓨터이름₩my-app₩src₩myStyle-1.module.css

```css
@charset 'utf-8';

body {
        margin:30px 0;
}
.rainbowBg {
        max-width:500px;
        margin:auto;
        background: linear-gradient( orange, pink );
        text-shadow: 0 0 10px red;
        text-align: center;
```

```
        padding: 20px 50px;
        border-radius:30px;
        box-shadow:3px 3px 5px rgba(0,0,0, 0.5);
}
```

◆ cssModule-1.js

C:₩Users₩컴퓨터이름₩my-app₩src₩cssModule-1.js

```jsx
import styles from './myStyle-1.module.css';

const Rainbow = () => {
    return (
        <section className= { styles.rainbowBg }>
            <h1>CSS 모듈 </h1>
            <p> 모듈 내부의 CSS 는 그것을 가져온 컴포넌트에 대해서만 사용 가능하며 이름 충돌
                에 대해 걱정할 필요가 없습니다 .</p>
        </section>
    );
}

export default Rainbow ;
```

◆ index.js

cssModule-1.js 파일에 별도로 배치된 컴포넌트를 불러옵니다. myStyle-1.module.css 모듈은 Rainbow 컴포넌트에서만 사용됩니다. myStyle-1.module.css 모듈에 있는 CSS는 그것을 가져온 Rainbow 컴포넌트에 대해서만 사용 가능하며 이름 충돌에 대해서 걱정할 필요가 없습니다.

C:₩Users₩컴퓨터이름₩my-app₩src₩index.js

```jsx
import ReactDOM from 'react-dom/client';
import MyApp from './cssModule-1.js';

const addStyle = ReactDOM.createRoot ( document.getElementById ( 'root' ) );
addStyle.render ( <MyApp /> );
```

◐ 렌더링 결과

https://narinpublisher.github.io/css_module/

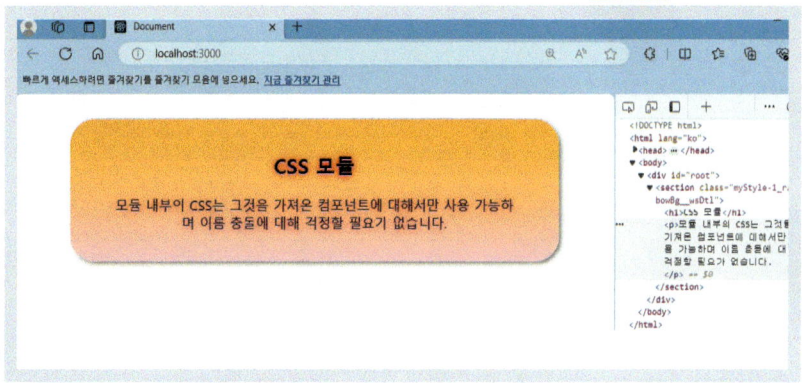

그림 19.1.3.1 렌더링 결과

CHAPTER 20

20.	리액트 Sass 스타일링	266
20-01.	Sass 란	266
20-02.	Sass 파일 생성	266

URL QR을 미리보고 학습하는 퍼펙트 리액트

리액트
Sass 스타일링

20 리액트 Sass 스타일링

20-01. Sass 란

- Sass는 CSS 프리프로세서 (전 처리기) 입니다.
- Sass 파일은 서버에서 실행되며 CSS를 브라우저로 보냅니다.
- 프로젝트에서 create-react-app을 사용하면 React 프로젝트에서 Sass를 쉽게 설치하고 사용할 수 있습니다.

● 터미널(명령 프롬프트 창)에서 다음 명령을 실행하여 Sass를 설치합니다.

```
npm i sass
```

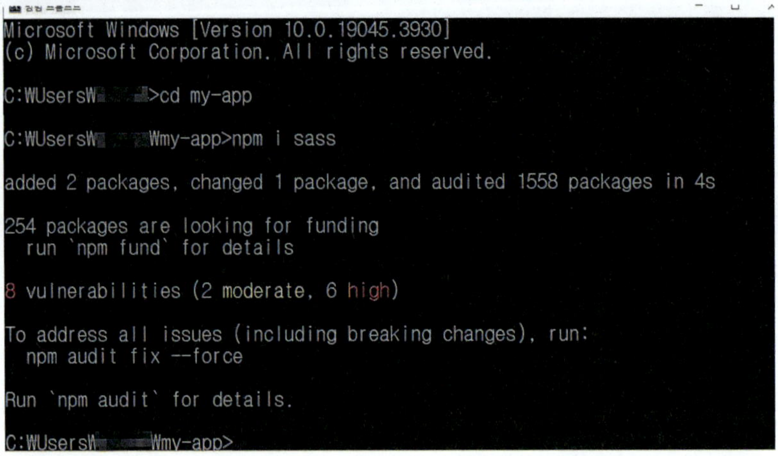

그림 20.1.1 Sass 설치 장면

20-02. Sass 파일 생성

- CSS 파일을 생성하는 것과 같은 방식으로 Sass 파일을 만듭니다.
- Sass 파일의 파일 확장자는 **파일명.scss**입니다.
- Sass 파일에서는 변수 및 기타 Sass 함수를 사용할 수 있습니다.

◈ myStyle-2.scss

C:₩Users₩컴퓨터이름₩my-app₩src₩myStyle-2.scss

```
@charset 'utf-8';
```

```scss
$purpleBg: purple;
$rainbowBG: linear-gradient( orange, yellowgreen );

section { background: $rainbowBG; padding:30pt;}
h1 {color: $purpleBg ; }
```

◆ index.js

C:\Users\컴퓨터이름\my-app\src\index.js

```jsx
import ReactDOM from 'react-dom/client';
import './myStyle-2.scss';

const Rainbow = () => {
    return (
        <section>
            <h1>React Sass 스타일</h1>
            <ul>
                <li>CSS 파일을 생성하는 것과 같은 방식으로 Sass 파일을 만듭니다.</li>
                <li>Sass 파일의 파일 확장자는 파일명.scss입니다.</li>
                <li>Sass 파일에서는 변수 및 기타 Sass 함수를 사용할 수 있습니다.</li>
            </ul>
        </section>
    );
}

const myApp = ReactDOM.createRoot ( document.getElementById ( 'root' ) );
myApp.render ( <Rainbow /> );
```

◐ 렌더링 결과

https://narinpublisher.github.io/sass/

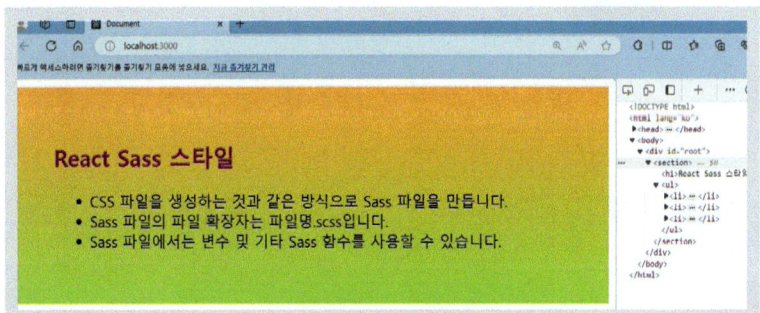

그림 20.2.1 렌더링 결과

CHAPTER 20 리액트 Sass 스타일링

CHAPTER 21

21.	리액트 훅	270
21-01.	리액트 훅이란?	270
21-01-01.	버튼 클릭으로 코트 색상을 변경하기	270
21-01-02.	클릭한 버튼의 배경 색상도 변경하기	272
21-02.	리액트 useState 훅	275
21-02-01.	useState 가져오기	275
21-02-02.	useState 초기화	276
21-02-03.	State 읽기 (Read State)	276
21-02-04.	State 업데이트 (Update State)	278
21-02-04-01.	기초 예제	278
21-02-04-02.	응용 예제	280
21-02-05.	State 유지 (State Hold)	283
21-02-05-01.	여러 state Hooks 만들기	283
21-02-05-02.	오브젝트가 포함 된 단일 Hook	285
21-03.	리액트 useEffect 훅 (React useEffect Hooks)	288
21-03-01.	1초씩 증가하는 타이머	288
21-03-02.	버튼을 클릭할 때마다 증가/감소하는 카운트	291
21-04.	리액트 useContext 훅 (React useContext Hooks)	292
21-04-01.	3개의 컴포넌트에서 state에 저장 된 텍스트를 context로	294

리액트 훅

21-05.	리액트 useRef 훅	297
21-05-01.	버튼 클릭한 횟수를 경고창에 표시	298
21-05-02.	버튼 클릭한 횟수를 경고창과 웹문서에 표시	301
21-06.	리액트 useReducer 훅	303
21-06-01.	만보걷기 도전에서 실천한 걸음걸이 입력	304
21-06-02.	증가/감소 버튼을 클릭하여 출석 일수 표시	306
21-07.	리액트 useCallback 훅	310
21-07-01.	입력하는 숫자를 이용하여 실시간 계산	310
21-07-02.	토글버튼으로 디자인 적용하거나 삭제	314
21-08.	리액트 useMemo 훅	319
21-08-01.	버튼 클릭 횟수만큼 카운트 수와 합계 증가	319
21-08-02.	어제 식사한 칼로리는 몇 칼로리 입니까?	323
21-09.	리액트 사용자 훅 (React Custom Hooks)	326
21-09-01.	JSONPlaceholder로 photo URL 표시	326
21-09-02.	JSONPlaceholder로 album Title 표시	330

21 리액트 훅 (React Hooks)

21-01. 리액트 훅이란?

- 훅(Hooks)은 버전 16.8에서 React에 새롭게 추가되었습니다.
- 훅(Hooks)을 사용하면 함수 컴포넌트가 state(상태) 및 기타 React function(기능)에 액세스할 수 있습니다.
- 이 때문에 일반적으로 클래스 구성 요소는 더 이상 필요하지 않습니다.
- 훅(Hooks)은 일반적으로 클래스 구성 요소를 대체하지만 React에서 클래스 기능이 제거되지는 않았습니다.
- 훅(Hooks)을 사용하면 state(상태) 및 lifeCycle(수명주기) 메서드와 같은 React 기능에 "hook"할 수 있습니다.

● Hooks 규칙 3가지.

- 훅은 React 함수 컴포넌트 내에서만 호출할 수 있습니다.
- 훅은 구성 요소의 최상위 수준에서만 호출할 수 있습니다.
- 훅은 조건부일 수 없습니다.
  - ★ 훅(Hooks)은 React class 컴포넌트에서는 작동하지 않습니다.

● 사용자 훅 (Hooks)

여러 구성 요소에서 재사용해야 하는 state(상태) 저장 논리가 있는 경우 사용자 지정 훅(Hooks)을 빌드(build)할 수 있습니다.

21-01-01. 나의 코트 색상은 OO입니다. 버튼 클릭으로 코트 색상을 변경하기

[brown, gray, blue, green] 버튼 중 하나를 클릭하면 텍스트 내용과 함께 텍스트 색상도 같이 변경됩니다.

◆ index.js

버튼을 클릭하면 setColor('지정색상') 되면서 color 값이 변경되고, strong 태그의 텍스트 내용과 텍스트의 색상이 변경됩니다.

C:\Users\컴퓨터이름\my-app\src\index.js

```
import React, { useState } from 'react';
import ReactDOM from 'react-dom/client';

const MyEye = () => {
    const [ color , setColor ] = useState ('black') ;
```

```
            return (
                <section>
                    <h1>나의 코트 색상은 <strong style= {{ color: color }}>{ color }</strong> 입니다.</h1>
                    <button type='button' onClick= { () => setColor( 'black' ) }>black</button> 
                    <button type='button' onClick= { () => setColor( 'brown' ) }>brown</button> 
                    <button type='button' onClick= { () => setColor( 'blue' ) }>blue</button> 
                    <button type='button' onClick= { () => setColor( 'green' ) }>green</button>
                </section>
            );
}
const myApp = ReactDOM.createRoot ( document.getElementById ( 'root' ) );
myApp.render ( <MyEye /> );
```

◆ 초기 렌더링 상태

https://narinpublisher.github.io/my-react/index.21.1.1.html

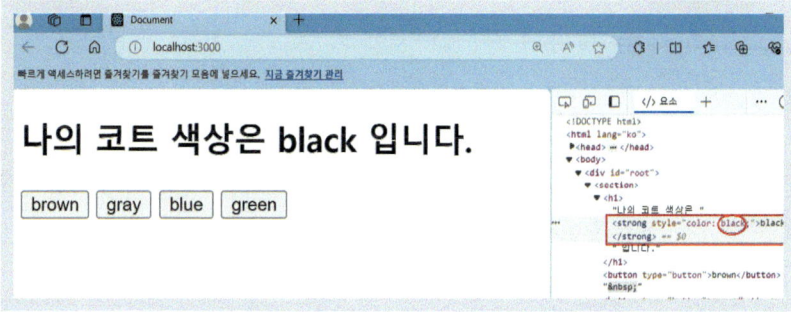

그림 21.1.1 렌더링 초기 상태

◆ [brown] 버튼을 클릭한 상태

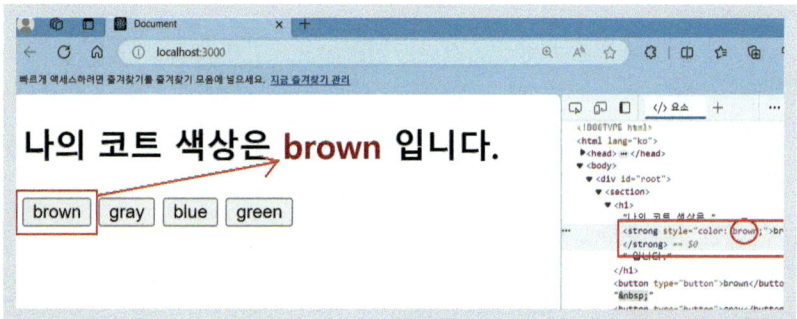

그림 21.1.2 brown 버튼을 클릭한 상태

21-01-02. 색상 버튼을 클릭할 때, 클릭한 버튼의 배경 색상도 변경하기

버튼을 클릭하면 텍스트와 텍스트의 색상이 변경되면서 클릭한 버튼의 배경 색상도 변경됩니다.

◆ index.js

C:\Users\컴퓨터이름\my-app\src\index.js

```
import ReactDOM from 'react-dom/client';
import App from './coat';

const myApp = ReactDOM.createRoot ( document.getElementById ( 'root' ));
myApp.render ( <App /> );
```

◆ coat.js

C:\Users\컴퓨터이름\my-app\src\coat.js

```
import { useState } from "react";

const MyCoat = () => {
    const [ color , setColor ] = useState("black");

    const change = ( i , j )  => {
        setColor( j );

        const ele = document.querySelectorAll('button');

        //4개의 버튼 배경색을 삭제
        for ( let x=0; x<4; x++ ) ele[x].style.background = "none";

        //클릭한 버튼에만 배경색 부여
        ele[ i ].style.background = j ;
    }

    return (
        <section>
            <h1>나의 코트 색상은 <strong style= {{ color: color }}>{ color }</strong> 입니다.</h1>
            <button type='button'
                onClick= { () => { change( 0 , 'black' ); }}>black</button> 
            <button type='button'
                onClick= { () => { change( 1 , 'brown' );}}>brown</button> 
            <button type='button'
                onClick= { () => { change( 2 , 'blue' ); }}>blue</
```

```
button> 
                <button type='button'
                        onClick= { () => { change( 3 , 'green' ); }}>green</button>
            </section>
        );
}

export default MyCoat ;
```

◐ 무설치 방식의 리액트 HTML : index.21.1.2.2.html

```
<!DOCTYPE html>
<html lang="ko">
 <head>
  <meta charset="utf-8">
  <meta name='viewport' content='width=device-width'>
  <title>리액트 테스트</title>
  <script src="https://unpkg.com/react@18/umd/react.development.js" crossorigin></script>
  <script src="https://unpkg.com/react-dom@18/umd/react-dom.development.js" crossorigin></script>
  <script src="https://unpkg.com/@babel/standalone/babel.min.js"></script>
 </head>
 <body>
        <div id="root"></div>
        <script type="text/babel" src='index.21.1.2.2.js'></script>
 </body>
</html>
```

◐ 무설치 방식의 리액트 JS : index.21.1.2.2.js

```
const MyCoat = () => {
        const [ color, setColor ] = React.useState("black");

        const change = ( i , j )  => {
                    setColor( j );

            const ele = document.querySelectorAll('button');

            //4개의 버튼 배경색을 삭제
```

```
                for ( let x=0; x<4; x++ ) ele[x].style.background = "none";

                //클릭한 버튼에만 배경색 부여
                ele[ i ].style.background = j ;
        }

        return (
            <section>
                <h1>나의 코트 색상은 <strong style= {{ color: color }}>{ color }</strong> 입니다.</h1>
                <button type='button' onClick= { () => { change( 0 , 'black' ); }}>black</button>
                 
                <button type='button' onClick= { () => { change( 1 , 'brown' );}}>brown</button>
                 
                <button type='button' onClick= { () => { change( 2 , 'blue' ); }}>blue</button> 
                <button type='button' onClick= { () => { change( 3 , 'green' ); }}>green</button>
            </section>
        );
}

const myApp = ReactDOM.createRoot ( document.getElementById ( 'root' ) );
myApp.render ( <MyCoat /> );
```

◐ 렌더링 초기 결과

https://narinpublisher.github.io/my-react/index.21.1.2.2.html

그림 21.1.2.1 렌더링 초기 결과 상태

◐ [blue] 버튼을 클릭한 상태

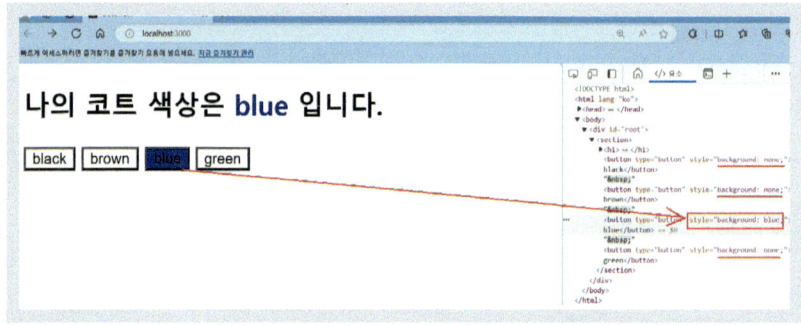

그림 21.1.2.2 [blue] 버튼을 클릭한 상태

◐ [brown] 버튼을 클릭한 상태

그림 21.1.2.3 [brown] 버튼을 클릭한 상태

21-02. 리액트 useState 훅

- React useState Hook을 사용하면 함수 컴포넌트의 상태를 추적할 수 있습니다.
- State(상태)는 일반적으로 애플리케이션에서 추적해야 하는 데이터 또는 속성을 나타냅니다.

21-02-01. useState 가져오기

- useState Hook을 사용하려면 먼저 컴포넌트로 가져와야 합니다.
- 컴포넌트 상단에서 useState Hook을 가져옵니다.

- import **{ useState }** from "react";

21-02-02. useState 초기화

- useState 상태 변수를 선언하려면 컴포넌트의 최상위 수준에서 호출합니다.
- 함수 컴포넌트에서 useState를 호출하여 상태를 초기화합니다.
- useState는 초기 상태를 받아들이고 두 개의 값을 반환합니다.

> **const [현재상태 , 업데이트함수] = useState (' 초기값 ');**
>
> 명명된 내보내기이므로 react에서 useState를 구조화하고 있다는 것에 주목하세요.
> [**color , setColor**]는 state 변수입니다.
> **color** 는 첫 번째 값인 현재 상태입니다.
> **setColor** 는 두 번째 값인 상태를 업데이트하고 다시 렌더링을 트리거할 수 있는 set 함수입니다.
> 초기 상태는 **useState("")** 또는 **useState("문자열")** 또는 **useState({배열})** 로 설정할 수 있습니다.

21-02-03. State 읽기 (Read State)

useState를 import 후 초기화하고 나면, 컴포넌트의 아무 곳에나 state(상태)를 포함할 수 있습니다.

```
import { useState } from 'react';  //react에서 useState 훅(Hooks)를 가져옴.

function FavoriteColor() {

        //const [ 현재상태 , 업데이트함수 ] = useState ( ' 초기값 ' );
        const [ color , setColor ] = useState(' ');
}
```

◆ index.js

렌더링된 컴포넌트에서 state 변수를 사용하고 있습니다.
C:\Users\컴퓨터이름\my-app\src\index.js

```
import React, { useState } from 'react';
import ReactDOM from 'react-dom/client';

function MyHair() {
        const [ color, changeColor ]= useState("다크브라운");

        return (
                <section style={{ textAlign : 'center' }}>
```

```
                <h1>나의 헤어는 { color }색 입니다.</h1>
            </section>
        );
}

const myApp = ReactDOM.createRoot ( document.getElementById ( 'root' ));
myApp.render ( <MyHair /> );
```

◐ 무설치 방식의 리액트 HTML : index.21.2.3.1.html

```html
<!DOCTYPE html>
<html lang="ko">
 <head>
  <meta charset="utf-8">
  <meta name='viewport' content='width=device-width'>
  <title>리액트 테스트</title>
  <script src="https://unpkg.com/react@18/umd/react.development.js" crossorigin></script>
  <script src="https://unpkg.com/react-dom@18/umd/react-dom.development.js" crossorigin></script>
  <script src="https://unpkg.com/@babel/standalone/babel.min.js"></script>
 </head>
 <body>
        <div id="root"></div>
        <script type="text/babel" src='index.21.2.3.1.js'></script>
 </body>
</html>
```

◐ 무설치 방식의 리액트 JS : index.21.2.3.1.js

```
function MyHair() {
        const [ color, changeColor ]= React.useState("다크브라운");

        return (
                <section style={{ textAlign : 'center' }}>
                        <h1>나의 헤어는 { color }색 입니다.</h1>
                </section>
        );
}

const myApp = ReactDOM.createRoot ( document.getElementById ( 'root' ));
myApp.render ( <MyHair /> );
```

◐ 렌더링 결과

https://narinpublisher.github.io/my-react/index.21.2.3.1.html

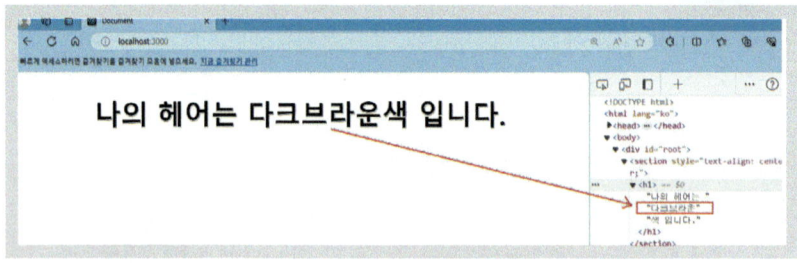

그림 21.2.3.1 렌더링 결과

21-02-04. State 업데이트 (Update State)

- 상태(state)를 업데이트하기 위해 상태 업데이터 함수를 사용합니다.
- state를 직접 업데이트하지 말고, **버튼 등을 사용하여 State를 업데이트합니다.** ★

21-02-04-01. 기초 예제

◆ index.js

C:₩Users₩컴퓨터이름₩my-app₩src₩index.js

```
import { useState } from "react";
import ReactDOM from 'react-dom/client';

function MyHair() {
        const [hair , change] = useState('옐로우골드');

        return (
                <section style={{border:'2px dashed gold', padding: '10pt', textAlign: 'center'}}>
                        <h1>나의 헤어는 {hair}색 입니다.</h1>
                        <button onClick= { () => change("레드와인") }>색상 변경하기</button>
                </section>
        );
}
```

```
const myApp = ReactDOM.createRoot ( document.getElementByld ( 'root' ));
myApp.render ( <MyHair /> );
```

◐ 무설치 방식의 리액트 HTML : index.21.2.4.1.html

```
<!DOCTYPE html>
<html lang="ko">
 <head>
  <meta charset="utf-8">
  <meta name='viewport' content='width=device-width'>
  <title>리액트 테스트</title>
  <script src="https://unpkg.com/react@18/umd/react.development.js" crossorigin></script>
  <script src="https://unpkg.com/react-dom@18/umd/react-dom.development.js" crossorigin></script>
  <script src="https://unpkg.com/@babel/standalone/babel.min.js"></script>
 </head>
 <body>
     <div id="root"></div>
     <script type="text/babel" src='index.21.2.4.1.js'></script>
 </body>
</html>
```

◐ 무설치 방식의 리액트 JS : index.21.2.4.2.js

```
function MyHair() {
      const [ hair , change ] = React.useState('옐로우골드');

      return (
             <section style={{ border:'2px dashed gold', padding: '10pt', textAlign: 'center' }}>
                   <h1>나의 헤어는 { hair }색 입니다.</h1>
                   <button onClick= { () =>  change("레드와인") }>색상 변경하기</button>
             </section>
      );
}
```

```
const myApp = ReactDOM.createRoot ( document.getElementById ( 'root' ));
myApp.render ( <MyHair /> );
```

◐ 렌더링 초기 결과

https://narinpublisher.github.io/my-react/index.21.2.4.1.html

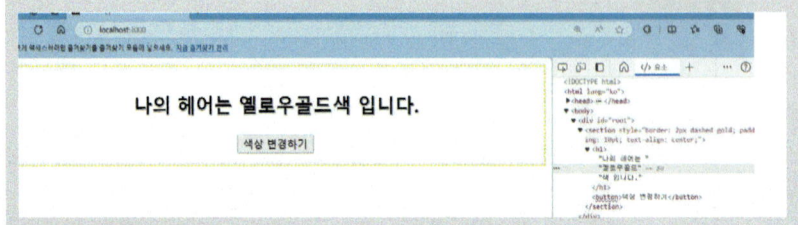

그림 21.2.4.1.1 렌더링 초기 상태

◐ [색상 변경하기] 버튼을 클릭한 상태

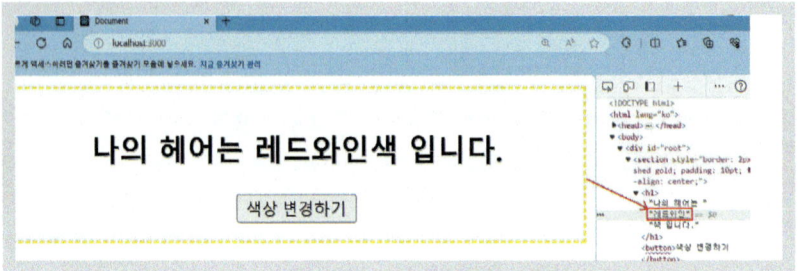

그림 21.2.4.1.2 [색상 변경하기] 버튼을 클릭

21-02-04-02. 응용 예제

◆ index.js

2개의 인수를 가져와서 하나는 state 값 변경에 사용하고, 다른 하나는 디자인 스타일 변경에 사용합니다.

C:\Users\컴퓨터이름\my-app\src\index.js

```
import { useState } from "react";
import ReactDOM from 'react-dom/client';

function MyHair() {
```

```
            const [ hair , change ] = useState('옐로우골드');

            const color = ( i , j ) => {
                    change( i );
                    document.querySelector('section').style.border= " 2px dashed  " + j ;
        }
            return (
                    <section style={{border: ' 2px dashed gold ', padding: '10pt', textAlign: 'center'}}>
                            <h1>나의 헤어는 { hair }색 입니다.</h1>
                            <button onClick= { () => color( '레드와인' , 'red' ) }>색상 변경하기
                            </button>
                    </section>
            );
}

const myApp = ReactDOM.createRoot ( document.getElementById ( 'root' ));
myApp.render ( <MyHair /> );
```

◐ 무설치 방식의 리액트 HTML : index.21.2.4.2.html

```
<!DOCTYPE html>
<html lang="ko">
 <head>
  <meta charset="utf-8">
  <meta name='viewport' content='width=device-width'>
  <title>리액트 테스트</title>
  <script src="https://unpkg.com/react@18/umd/react.development.js" crossorigin></script>
  <script src="https://unpkg.com/react-dom@18/umd/react-dom.development.js" crossorigin></script>
  <script src="https://unpkg.com/@babel/standalone/babel.min.js"></script>
 </head>
 <body>
        <div id="root"></div>
        <script type="text/babel" src='index.21.2.4.2.js'></script>
 </body>
</html>
```

◐ 무설치 방식의 리액트 JS : index.21.2.4.2.js

```
function MyHair() {
        const [ hair , change ] = React.useState('옐로우골드');

        const color = ( i , j ) => {
                change( i ) ;
                document.querySelector('section').style.border= " 2px dashed  " + j ;
        }
        return (
                <section style= {{ border: ' 2px dashed gold ', padding: '10pt', textAlign: 'center' }}>
                        <h1>나의 헤어는 { hair }색 입니다.</h1>
                        <button onClick= { () =>  color( '레드와인' , 'red' ) }>색상 변경하기</button>
                </section>
        );
}

const myApp = ReactDOM.createRoot ( document.getElementById ( 'root' ));
myApp.render ( <MyHair /> );
```

◐ 렌더링 초기 결과

https://narinpublisher.github.io/my-react/index.21.2.4.2.html

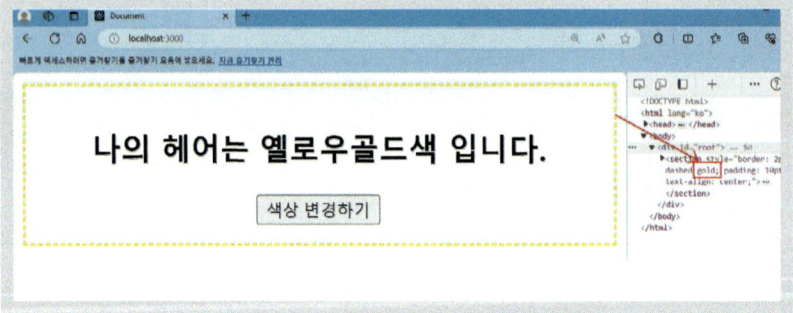

그림 21.2.4.2.1 렌더링 초기상태

◐ [색상 변경하기] 버튼을 클릭한 상태

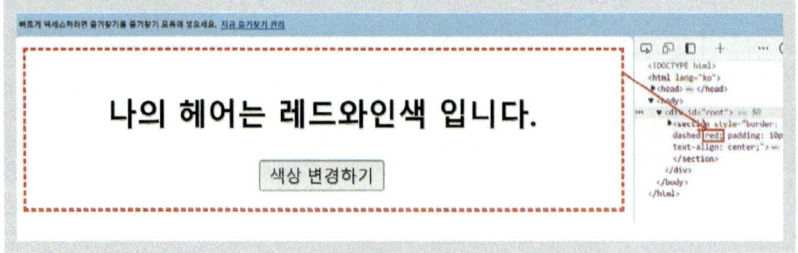

그림 21.2.4.2.2 [색상 변경하기]버튼을 클릭한 상태

21-02-05. State 유지 (State Hold)

- useState Hook은 문자열, 숫자, 부울, 배열, 객체 및 이들의 조합을 추적하는 데 사용할 수 있습니다.
- 또한 개별 값을 추적하기 위해 여러 state Hook을 만들 수 있습니다

21-02-05-01. 여러 state Hooks 만들기

◆ index.js

C:₩Users₩컴퓨터이름₩my-app₩src₩index.js

```js
import { useState } from "react";
import ReactDOM from 'react-dom/client';

function Sunset() {
    const [ wind, setWind ] = useState('바람이 머물다 간 들판에');
    const [ smoke, setSmoke ] = useState('모락모락 피어나는 저녁연기');
    const [ hill, setHill ] = useState('색동옷 갈아입은 가을 언덕에');
    const [ dye, setDye ] = useState('붉게 물들어 타는 저녁놀');

    return (
        <section style={{ backgroundColor: 'orange' , padding: '30pt', borderRadius: '30pt' }}>
            <h1>동요_ 노을 3절</h1>
            <ul>
                <li>{ wind }</li>
                <li>{ smoke }</li>
                <li>{ hill }</li>
                <li>{ dye }</li>
            </ul>
        </section>
    );
}
const myApp = ReactDOM.createRoot ( document.getElementById ( 'root' ));
myApp.render ( <Sunset /> );
```

◐ 무설치 방식의 리액트 HTML : index.21.2.5.1.1.html

```html
<!DOCTYPE html>
<html lang="ko">
 <head>
  <meta charset="utf-8">
  <meta name='viewport' content='width=device-width'>
  <title>리액트 테스트</title>
  <script src="https://unpkg.com/react@18/umd/react.development.js" crossorigin></
```

```
script>
  <script src="https://unpkg.com/react-dom@18/umd/react-dom.development.js"
crossorigin></script>
  <script src="https://unpkg.com/@babel/standalone/babel.min.js"></script>
 </head>
 <body>
        <div id="root"></div>
        <script type="text/babel" src='index.21.2.5.1.1.js'></script>
 </body>
</html>
```

◐ 무설치 방식의 리액트 JS : index.21.2.5.1.1.js

```
function Sunset() {
        const [ wind, setWind ] = React.useState('바람이 머물다 간 들판에');
        const [ smoke, setSmoke ] = React.useState('모락모락 피어나는 저녁연기');
        const [ hill, setHill ] = React.useState('색동옷 갈아입은 가을 언덕에');
        const [ dye, setDye ] = React.useState('붉게 물들어 타는 저녁놀');

        return (
                <section style={{ backgroundColor: 'orange' , padding: '30pt' ,
borderRadius: '30pt' }}>
                        <h1>동요_ 노을 3절</h1>
                        <ul>
                                <li>{ wind }</li>
                                <li>{ smoke }</li>
                                <li>{ hill }</li>
                                <li>{ dye }</li>
                        </ul>
                </section>
        );
}

const myApp = ReactDOM.createRoot( document.getElementById ( 'root' ) );
myApp.render ( <Sunset /> );
```

◐ 렌더링 결과

https://narinpublisher.github.io/my-react/index.21.2.5.1.1.html

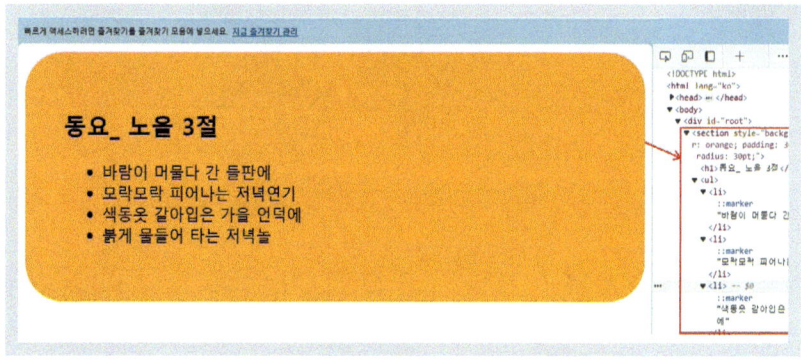

그림 21.2.5.1.1 여러 state Hook 예시 코드 렌더링 결과

21-02-05-02. 오브젝트가 포함 된 단일 Hook

- **객체를 사용한 단일 Hook을 생성합니다.**
- 그런 후 하나의 state에서 해당 객체의 **여러 속성을 참조할 수 있습니다.**
- 이렇게 하면 단일 오브젝트를 추적하고 있으므로 컴포넌트를 렌더링할 때, 해당 객체를 참조한 다음 그 객체의 속성을 참조하게 됩니다.

◈ index.js

C:\Users\컴퓨터이름\my-app\src\index.js

```
import { useState } from "react";
import ReactDOM from 'react-dom/client';

function BabyGoat() {
    const [ goat, setGoat ] = useState ({
        t1: ' 드리운 푸른 언덕에',
        t2: '?? 신나는 아기 염소들 ??',
        t3: '잔뜩 찡그린 얼굴로 ',
        t4: '엄마찾아 음메 아빠찾아 음메',
        t5: '울상을 짓다가'
    });
    return (
        <section style= {{ backgroundColor: 'skyblue' , padding: '30pt' ,
        maxWidth: '400px', margin: 'auto' }}>
            <h1>동요_ 아기염소</h1>
            <ul style= {{ listStyle: 'none', paddingLeft: 0 }}>
                <li>파란하늘 파란하늘 꿈이</li>
                <li>{ goat.t1 }</li>
```

```
                    <li>{ goat.t2 }</li>
                    <li>해처럼 밝은 얼굴로</li>
                    <li>빗방울이 뚝뚝뚝 떨어지는 날에는</li>
                    <li>{ goat.t3 }</li>
                    <li>{ goat.t4 }</li>
                    <li>{ goat.t5 }</li>
                </ul>
                <button type='button' onClick= { () => setGoat({

                    // ...기존state , 속성명: '업데이트값'  }) }>
                    ...goat , t2: '아기염소 여럿이 풀을 뜯고 놀아요' }) }>
                    틀린 구절 수정</button>
            </section>
        );
}

const myApp = ReactDOM.createRoot ( document.getElementById ( 'root' ) );
myApp.render ( <BabyGoat /> );
```

● 무설치 방식의 리액트 HTML : index.21.2.5.2.1.html

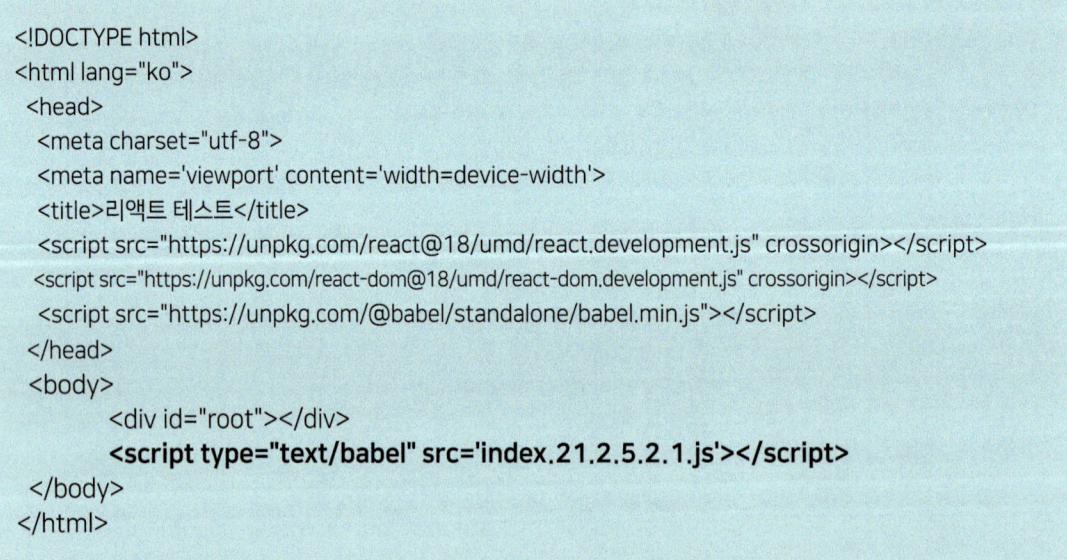

```
<!DOCTYPE html>
<html lang="ko">
  <head>
    <meta charset="utf-8">
    <meta name='viewport' content='width=device-width'>
    <title>리액트 테스트</title>
    <script src="https://unpkg.com/react@18/umd/react.development.js" crossorigin></script>
    <script src="https://unpkg.com/react-dom@18/umd/react-dom.development.js" crossorigin></script>
    <script src="https://unpkg.com/@babel/standalone/babel.min.js"></script>
  </head>
  <body>
        <div id="root"></div>
        <script type="text/babel" src='index.21.2.5.2.1.js'></script>
  </body>
</html>
```

● 무설치 방식의 리액트 HTML : index.21.2.5.2.1.html

```
function BabyGoat() {
```

```
                const [ goat, setGoat ] = useState ({
                    t1: ' 드리운 푸른 언덕에',
                    t2: '?? 신나는 아기 염소들 ??',
                    t3: '잔뜩 찡그린 얼굴로 ',
                    t4: '엄마찾아 음메 아빠찾아 음메',
                    t5: '울상을 짓다가'
                });
                return (
                    <section style= {{ backgroundColor: 'skyblue', padding: '30pt',
                    maxWidth: '400px', margin: 'auto' }}>
                        <h1>동요_ 아기염소</h1>
                        <ul style= {{ listStyle: 'none', paddingLeft: 0 }}>
                            <li>파란하늘 파란하늘 꿈이</li>
                            <li>{ goat.t1 }</li>
                            <li>{ goat.t2 }</li>
                            <li>해처럼 밝은 얼굴로</li>
                            <li>빗방울이 뚝뚝뚝 떨어지는 날에는</li>
                            <li>{ goat.t3 }</li>
                            <li>{ goat.t4 }</li>
                            <li>{ goat.t5 }</li>
                        </ul>
                        <button type='button' onClick= { () => setGoat({
                            // ...기존state , 속성명: '업데이트값'  }) }>
                            ...goat , t2: '아기염소 여럿이 풀을 뜯고 놀아요' }) }>
                            틀린 구절 수정</button>
                    </section>
                );
}
const myApp = ReactDOM.createRoot ( document.getElementById ( 'root' ) );
myApp.render ( <BabyGoat /> );
```

◑ 렌더링 초기 상태

https://narinpublisher.github.io/my-react/index.21.2.5.2.1.html

그림 21.2.5.2.1 단일 훅 예시 코드 렌더링 결과 (초기 상태)

◐ 버튼을 클릭하여 텍스트 구절이 업데이트 된 상태

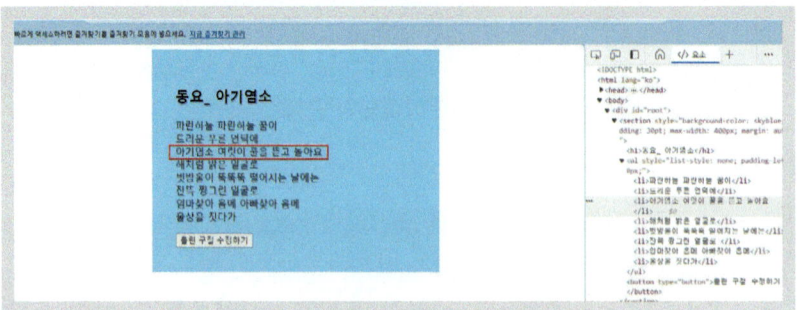

그림 21.2.5.2.1.1 [틀린 구절 수정] 버튼을 클릭한 상태

21-03. 리액트 useEffect 훅 (React useEffect Hooks)

- useEffect Hook을 사용하면 컴포넌트에 문제가 생길 수 있습니다.
- 데이터 가져오기/DOM 직접 업데이트/타이머 등에서 문제가 발생 될 수 있습니다.
- useEffect는 두 개의 인수를 허용합니다.
- 첫 번째 인수는 필수 사항이고 두 번째 인수는 선택 사항입니다.

useEffect (<함수> , <종속성>)
useEffect (<function> , <dependency>)

21-03-01. 1초씩 증가하는 타이머 만들기

◆ index.js

1초마다 숫자가 증가하는 타이머를 만들어 봅니다. 초기 렌더링 이후 1초의 시간을 계산하려면 setTimeout(함수, 시간)을 사용합니다.

C:\Users\컴퓨터이름\my-app\src\index.js

```
import { useState, useEffect } from "react";
import ReactDOM from "react-dom/client";

function Timer() {
  const [ count , setCount ] = useState( 0 );
  useEffect(() => {
    const Increase = setTimeout(() => {
      setCount( ( count ) => count + 1);
    }, 1000); //1000은 1초
```

```
   return () => clearTimeout( Increase ); //메모리에 가비지가 수집되는 것을 방지.
 });

 return <h3 style= {{ textAlign: 'center' }}>이 웹문서가 브라우저에 렌더링 된 후
        <b style= {{ color: 'red', fontSize: '1.5rem' }}> {count} </b>초가 흘렀습
니다.</h3>;
}

const root = ReactDOM.createRoot(document.getElementById('root'));
root.render( <Timer /> );
```

◐ 무설치 방식의 리액트 HTML : index.21.3.1.1.html

```
<!DOCTYPE html>
<html lang="ko">
 <head>
  <meta charset="utf-8">
  <meta name='viewport' content='width=device-width'>
  <title>리액트 테스트</title>
  <script src="https://unpkg.com/react@18/umd/react.development.js" crossorigin></script>
  <script src="https://unpkg.com/react-dom@18/umd/react-dom.development.js" crossorigin></script>
  <script src="https://unpkg.com/@babel/standalone/babel.min.js"></script>
 </head>
 <body>
        <div id="root"></div>
        <script type="text/babel" src='index.21.3.1.1.js'></script>
 </body>
</html>
```

◐ 무설치 방식의 리액트 JS : index.21.3.1.1.js

```
function Timer() {
 const [ count , setCount ] = React.useState( 0 );
 React.useEffect(() => {
  const Increase = setTimeout(() => {
   setCount( ( count ) => count + 1);
  }, 1000); //1000은 1초
  return () => clearTimeout( Increase ); //메모리에 가비지가 수집되는 것을 방지.
 });

 return <h3 style= {{ textAlign: 'center' }}>이 웹문서가 브라우저에 렌더링 된 후
        <b style= {{ color: 'red', fontSize: '1.5rem' }}> { count } </b>초가 흘렀습니다.</h3>;
```

```
</h3>;
}

const root = ReactDOM.createRoot(document.getElementById('root'));
root.render(<Timer />);
```

◐ 렌더링 초기 상태

https://narinpublisher.github.io/my-react/index.21.3.1.1.html

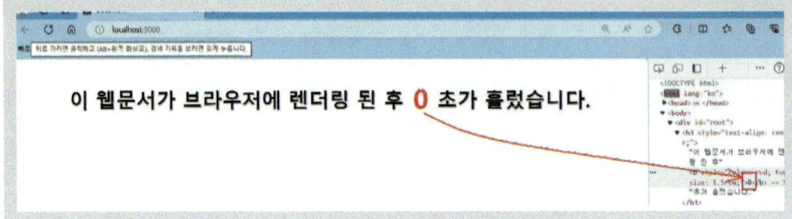

그림 21.3.1.1 초기 렌더링 모습

◐ 초기 렌더링 후 11초가 흐른 상태

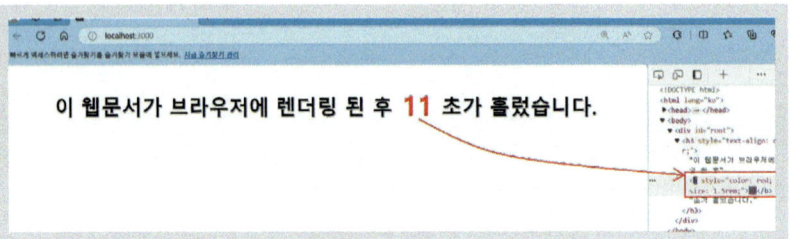

그림 21.3.1.2 초기 렌더링 후 11초가 흐른 상황의 모습

21-03-02. 버튼을 클릭할 때마다 증가/감소하는 카운트

◈ index.js

[+] 버튼과 [-] 버튼을 이용하여 클릭할 때 마다 카운트가 증가/감소하게 할 수 있습니다. 이때, if 문을 사용하여 카운트 증가를 제한 할 수 있습니다.

C:\Users\컴퓨터이름\my-app\src\index.js

```jsx
import { useState, useEffect } from "react";
import ReactDOM from "react-dom/client";

function Apple() {
  const [ count , setCount ] = useState(0);

  useEffect(() => {
    // 브라우저 API를 이용하여 문서 타이틀을 업데이트합니다.
    document.querySelector('meter').value = count;
    if ( count> 10 ) { setCount(10); alert( '10개를 초과할 수 없습니다' ); }
  });

  return (
    <section style={{ maxWidth:'300px', margin:'auto', border:'3px solid #ddd', padding: '10px 30px' }}>
        <p>주문하실 사과의 개수는 {count} 개 입니다.</p>
        <meter value="0" min="0" max="10" style={{ width: '100%' }}></meter>
<br /><br />
        <button onClick= { () => setCount(count + 1) }> 추가하기 </button>

    </section>
  );
}
const root = ReactDOM.createRoot(document.getElementById('root'));
root.render( <Apple /> );
```

◐ 무설치 방식의 리액트 HTML : index.21.3.2.1.html

```html
<!DOCTYPE html>
<html lang="ko">
 <head>
   <meta charset="utf-8">
   <meta name='viewport' content='width=device-width'>
   <title>리액트 테스트</title>
   <script src="https://unpkg.com/react@18/umd/react.development.js" crossorigin></script>
   <script src="https://unpkg.com/react-dom@18/umd/react-dom.development.js" crossorigin></script>
   <script src="https://unpkg.com/@babel/standalone/babel.min.js"></script>
```

```html
</head>
<body>
    <div id="root"></div>
    <script type="text/babel" src='index.21.3.2.1.js'></script>
</body>
</html>
```

◐ 무설치 방식의 리액트 JS : index.21.3.2.1.js

```jsx
function Apple() {
 const [ count , setCount ] = useState(0);

 useEffect(() => {
    // 브라우저 API를 이용하여 문서 타이틀을 업데이트합니다.
    document.querySelector('meter').value = count;
    if ( count> 10 ) { setCount(10); alert( '10개를 초과할 수 없습니다' ); }
 });

 return (
    <section style={{ maxWidth:'300px', margin:'auto', border:'3px solid #ddd', padding: '10px 30px' }}>
        <p>주문하실 사과의 개수는 {count} 개 입니다.</p>
        <meter value="0" min="0" max="10" style={{ width: '100%' }}></meter><br /><br />
        <button onClick= { () => setCount(count + 1) }> 추가하기 </button>
    </section>
 );
}
const root = ReactDOM.createRoot(document.getElementById('root'));
root.render( <Apple /> );
```

◐ 렌더링 초기 상태

https://narinpublisher.github.io/my-react/index.21.3.2.1.html

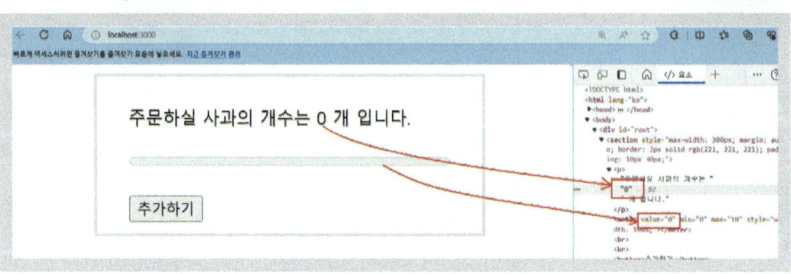

그림 21.3.2.1 초기 렌더링 모습

◐ [추가하기] 버튼을 11회 클릭한 상태

[추가하기] 버튼 클릭은 10회 까지만 가능하며 그이상은 경고 메시지가 표시되고 더 이상 추가할 수 없습니다. 이때, 검사창에서는 일시적으로 "11"까지 표시 됩니다.

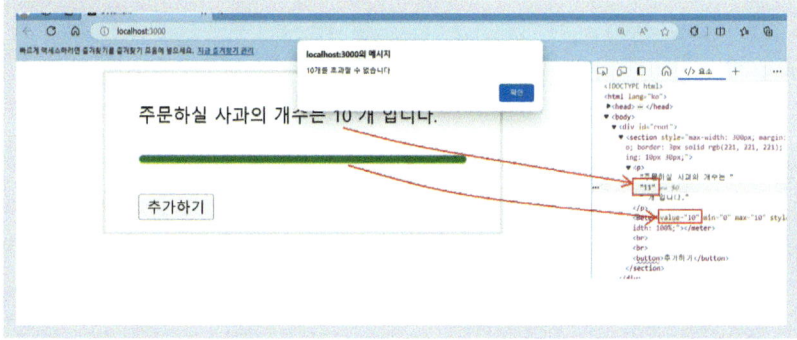

그림 21.3.2.2 [추가하기] 버튼을 11회 클릭한 상태

◐ 경고 메시지 창에서 [확인] 버튼을 클릭한 상태

[확인] 버튼을 클릭하면 검사창과 렌더링 모두 카운트 숫자는 10이 됩니다.

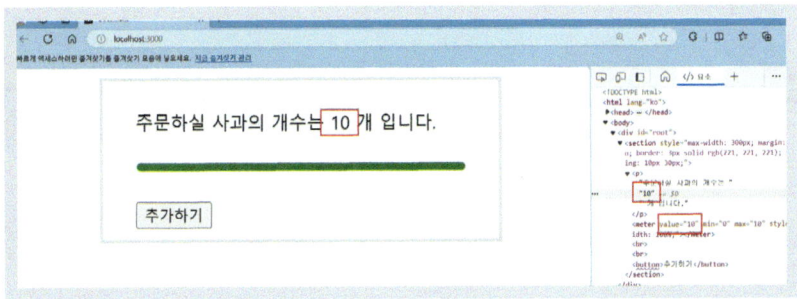

그림 21.3.2.3 경고 메시지 창을 닫은 상태

21-04. 리액트 useContext 훅 (React useContext Hooks)

- React Context는 상태를 전역적으로 관리하는 방법입니다.
- useState만 사용할 때보다 깊게 중첩된 컴포넌트 간에 상태를 더 쉽게 공유할 수 있습니다.
- context를 이용하면 단계마다 일일이 props를 넘겨주지 않고도 컴포넌트 트리 전체에 데이터를 제공할 수 있습니다.
- 데이터는 위에서 아래로 props를 통해 전달되는데, context를 이용하게 되면 트리 단계마다 props를 넘겨주지 않아도 많은 컴포넌트가 이러한 값을 공유하도록 할 수 있습니다.

★ context를 사용하면 컴포넌트를 재사용하기가 어려워지므로 꼭 필요할 때만 쓰세요. 중첩된 여러 컴포넌트로 props를 넘겨야하는 "prop 드릴링"을 대체하는 데에는 context보다 컴포넌트 합성이 더 간단한 해결책일 수 있습니다.

21-04-01. 3개의 컴포넌트에서 state에 저장 된 텍스트를 context로 이용하기

> { ` 텍스트 ${ stata명 } ` }
> 중괄호 안에 있는 작은 따옴표는 ESC 키 아래에 있는 백틱문자 ` 를 사용합니다.

◆ index.js
C:\Users\컴퓨터이름\my-app\src\index.js

```jsx
import { useState, createContext, useContext } from "react";
import ReactDOM from "react-dom/client";

const UserContext = createContext();

function Part1() {
 const [ goat, change ] = useState("아기염소");

 return (
  <UserContext.Provider value= { goat }>
   <h1>{ ` (동요) ${ goat } ` }</h1>
   <Part2 />
  </UserContext.Provider>
 );
}

function Part2() {
 const goat = useContext(UserContext);
 return (
  <>
      <p>
          파란하늘 파란하늘 꿈이<br />
          드리운 푸른 언덕에<br />
          { ` ${ goat } 여럿이 풀을 뜯고 놀아요 ` } <br />
          해처럼 밝은얼굴로
      </p>
      <Part3 />
  </>
 );
}

function Part3() {
 return (
  <>
      <p>
          빗방울이 뚝뚝뚝뚝 떨어지는 날에는<br />
          잔뜩 찡그린 얼굴로<br />
          엄마 찾아 음메~~ 아빠 찾아 음메~~<br />
```

```
                    울상을 짓다가
                </p>
                <Part4 />
            </>
        );
    }

    function Part4() {
        const goat = useContext(UserContext);
        return (
            <>
                <p>
                    해가 반짝 곱게 피어나면<br />
                    너무나 기다렸나봐<br />
                    폴짝폴짝 콩콩콩 흔들흔들 콩콩콩<br />
                    { ` 신나는 ${ goat }들 ` }
                </p>
            </>
        );
    }

    const root = ReactDOM.createRoot(document.getElementById( 'root' ) );
    root.render( <Part1 /> );
```

◐ 무설치 방식의 리액트 HTML : index.21.4.1.1.html

```
<!DOCTYPE html>
<html lang="ko">
 <head>
  <meta charset="utf-8">
  <meta name='viewport' content='width=device-width'>
  <title>리액트 테스트</title>
  <script src="https://unpkg.com/react@18/umd/react.development.js" crossorigin></script>
  <script src="https://unpkg.com/react-dom@18/umd/react-dom.development.js" crossorigin></script>
  <script src="https://unpkg.com/@babel/standalone/babel.min.js"></script>
 </head>
 <body>
        <div id="root"></div>
        <script type="text/babel" src='index.21.4.1.1.js'></script>
 </body>
</html>
```

● 무설치 방식의 리액트 JS : index.21.4.1.1.js

```
const UserContext = createContext();

function Part1() {
 const [ goat, change ] = useState("아기염소");


 return (
  <UserContext.Provider value= { goat }>
   <h1>{ ` (동요) ${ goat } ` }</h1>
   <Part2 />
  </UserContext.Provider>
 );
}

function Part2() {
 const goat = useContext(UserContext);
 return (
  <>
      <p>
           파란하늘 파란하늘 꿈이<br />
           드리운 푸른 언덕에<br />
           { ` ${ goat } 여럿이 풀을 뜯고 놀아요 ` } <br />
           해처럼 밝은얼굴로
      </p>
      <Part3 />
  </>
 );
}

function Part3() {
 return (
  <>
      <p>
           빗방울이 뚝뚝뚝뚝 떨어지는 날에는<br />
           잔뜩 찡그린 얼굴로<br />
           엄마 찾아 음메~~ 아빠 찾아 음메~~<br />
           울상을 짓다가
      </p>
      <Part4 />
  </>
 );
}

function Part4() {
 const goat = useContext(UserContext);
 return (
  <>
```

```
        <p>
                해가 반짝 곱게 피어나면<br />
                너무나 기다렸나봐<br />
                폴짝폴짝 콩콩콩 흔들흔들 콩콩콩<br />
                { ` 신나는 ${ goat }들 ` }
        </p>
    </>
  );
}


const root = ReactDOM.createRoot(document.getElementById( 'root' ) );
root.render( <Part1 /> );
```

◐ 렌더링 결과

https://narinpublisher.github.io/my-react/index.21.4.1.1.html

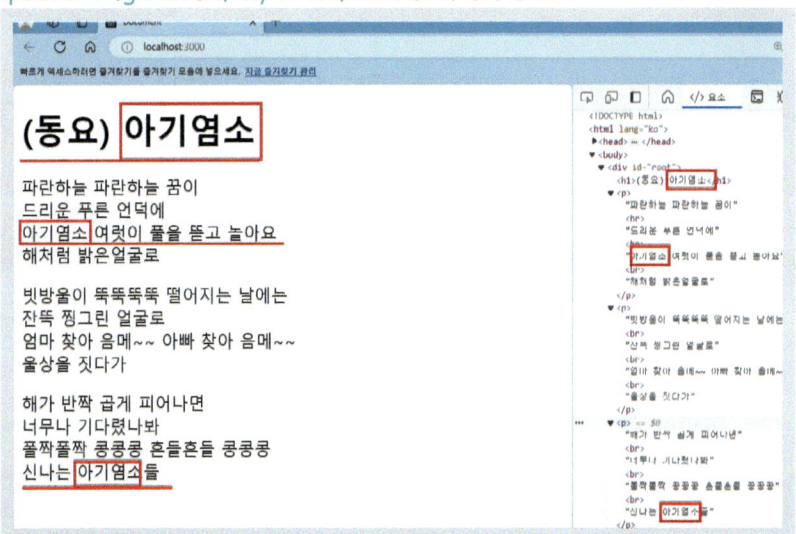

그림 21.4.1.1 리액트 useContext 훅 렌더링 결과

21-05. 리액트 useRef 훅

- useRef 후크를 사용하면 렌더링 간에 값을 유지할 수 있습니다.
- 업데이트 시 다시 렌더링되지 않는 변경 가능한 값을 저장하는 데 사용할 수 있습니다.
- DOM 요소에 직접 액세스하는 데 사용할 수 있습니다.

● seRef는 변경 가능한 값을 담고 있는 상자

useRef는 .current 프로퍼티에 변경 가능한 값을 담고 있는 "상자"와 같습니다. useRef는 .current 프로퍼티로 전달된 인자(initialValue)로 초기화된 변경 가능한 ref 객체를 반환합니다. 반환된 객체는 컴포넌트의 전 생애주기를 통해 유지될 것입니다. 일반적인 유스케이스는 자식에게 명령적으로 접근하는 경우입니다.

useRef는 내용이 변경될 때 그것을 알려주지는 않는다는 것을 유념하세요. React가 DOM 노드에 ref를 attach하거나 detach할 때 어떤 코드를 실행하고 싶다면 대신 콜백 ref를 사용하세요.

● useRef()는 가변값을 유지하는 데에 편리

useRef()는 클래스에서 인스턴스 필드를 사용하는 방법과 유사한 어떤 가변값을 유지하는 데에 편리합니다. useRef()와 {current: ...} 객체 자체를 생성하는 것의 유일한 차이점이라면 useRef는 매번 렌더링을 할 때 동일한 ref 객체를 제공한다는 것입니다. useRef()는 하나의 항목만 반환합니다. current라는 개체를 반환합니다. useRef를 초기화하려면 초기값인 useRef(0)를 설정합니다.

● useRef Hook는 무한 루프에 빠지는 것을 방지

useState Hook을 사용하여 애플리케이션이 렌더링되는 횟수를 계산하려고 하면 이 Hook 자체가 다시 렌더링을 유발하므로 무한 루프에 빠지게 됩니다. 이를 방지하기 위해 useRef Hook을 사용할 수 있습니다.

21-05-01. 버튼을 클릭한 횟수를 경고창에 표시하기

이번 컴포넌트는 ref를 사용하여 버튼이 클릭된 횟수를 추적합니다. 클릭 횟수는 이벤트 핸들러에서 만 읽고 쓰기 때문에 state 대신 ref를 사용합니다. ref는 컴포넌트의 각 복사본에 대해 로컬입니다. ref는 변경되어도 다시 렌더링이 실행되지 않습니다. 렌더링이 실행되지 않기 때문입니다. 렌더링에 사용되는 정보는 state여야 합니다. JSX에 {ref.current}하면 클릭한 숫자가 업데이트되지 않습니다. ref.current는 재 렌더링되지 않습니다. 재 렌더링 하고 싶다면 ref대신 state를 사용하세요.

◆ App.js
C:\Users\컴퓨터이름\my-app\src\App.js

```
import { useRef } from 'react';

export default function Counter() {
  let ref = useRef( 0 );

  function handleClick() {
    ref.current = ref.current + 1;
    alert('고객님은 버튼을 ' + ref.current + '번 클릭했습니다.');
  }
  return (
            <>
```

```
                        <button onClick={ handleClick }>클릭하세요</button><br />
                        버튼을 { ref.current }회 클릭했습니다.
            </>
    );
}
```

◆ index.js

C:\Users\컴퓨터이름\my-app\src\index.js

```
import ReactDOM from 'react-dom/client';
import App from "./App";

const test = ReactDOM.createRoot( document.getElementById('root') );
test.render( <App /> );
```

◐ 무설치 방식의 리액트 HTML : index.21.5.1.1.html

```
<!DOCTYPE html>
<html lang="ko">
 <head>
   <meta charset="utf-8">
   <meta name='viewport' content='width=device-width'>
   <title>리액트 테스트</title>
   <script src="https://unpkg.com/react@18/umd/react.development.js" crossorigin></script>
   <script src="https://unpkg.com/react-dom@18/umd/react-dom.development.js" crossorigin></script>
   <script src="https://unpkg.com/@babel/standalone/babel.min.js"></script>
 </head>
 <body>
        <div id="root"></div>
        <script type="text/babel" src='index.21.5.1.1.js'></script>
 </body>
</html>
```

◐ 무설치 방식의 리액트 JS : index.21.5.1.1.js

```
function Counter() {
 let ref = React.useRef( 0 );
```

```
function handleClick() {
  ref.current = ref.current + 1;
  alert('고객님은 버튼을 ' + ref.current + '번 클릭했습니다.');
}
return (
            <>
                      <button onClick= { handleClick }>클릭하세요</button><br />
                      버튼을 { ref.current }회 클릭했습니다.

            </>
  );
}
const test = ReactDOM.createRoot ( document.getElementById('root') );
test.render ( <Counter /> );
```

◐ **렌더링 상태** [클릭하세요] 버튼을 2회 클릭한 상황

https://narinpublisher.github.io/my-react/index.21.5.1.1.html

useRef를 사용하고 있기 때문에 클릭 횟수가 이벤트 핸들러에서 만 읽고 쓰게 됩니다. ref.current는 재 렌더링되지 않습니다. 재 렌더링 하고 싶다면 ref 대신 state를 사용해야 합니다.

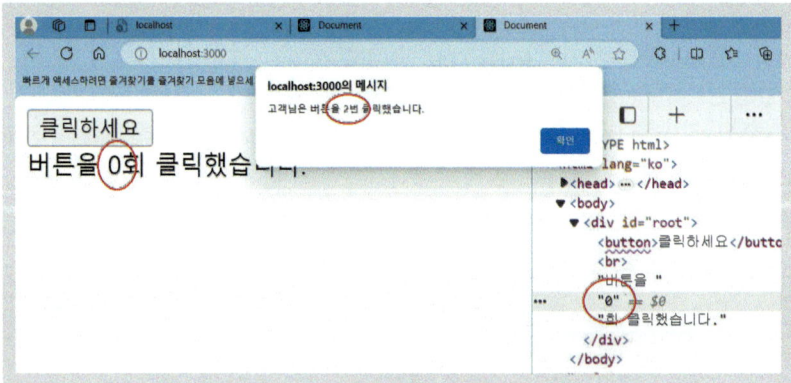

그림 21.5.1.1 [클릭하세요] 버튼을 2회 클릭한 상태

21-05-02. 버튼을 클릭한 횟수를 경고창과 웹문서에 표시하기

useRef를 사용하여 경고창에 클릭 횟수를 표시하고 useState를 사용하여 웹문서에도 클릭 횟수를 표시합니다.

◆ App.js
C:₩Users₩컴퓨터이름₩my-app₩src₩App.js

```jsx
import { useRef, useState } from 'react';

export default function Counter() {
 let ref = useRef( 0 );
 const [ count, change ] = useState(0);

 function handleClick() {
   change(count+1);
   ref.current = ref.current + 1;
   alert('고객님은 버튼을 ' + ref.current + '번 클릭했습니다.');
 }

 return (
            <>
                <button onClick= { handleClick }>클릭하세요</button><br />
                버튼을 {count}회 클릭했습니다.
            </>
 );
}
```

◆ index.js
C:₩Users₩컴퓨터이름₩my-app₩src₩index.js

```jsx
import ReactDOM from 'react-dom/client';
import App from "./App";

const test = ReactDOM.createRoot ( document.getElementById('root') );
test.render ( <App /> );
```

◐ 무설치 방식의 리액트 HTML : index.21.5.2.1.html

```html
<!DOCTYPE html>
<html lang="ko">
 <head>
  <meta charset="utf-8">
  <meta name='viewport' content='width=device-width'>
  <title>리액트 테스트</title>
  <script src="https://unpkg.com/react@18/umd/react.development.js" crossorigin></script>
  <script src="https://unpkg.com/react-dom@18/umd/react-dom.development.js" crossorigin></script>
  <script src="https://unpkg.com/@babel/standalone/babel.min.js"></script>
 </head>
 <body>
        <div id="root"></div>
        <script type="text/babel" src='index.21.5.2.1.js'></script>
 </body>
</html>
```

◐ 무설치 방식의 리액트 JS : index.21.5.2.1.js

```jsx
function Counter() {
 let ref = React.useRef( 0 );
 const [ count, change ] = React.useState(0);

 function handleClick() {
   change(count+1);
   ref.current = ref.current + 1;
   alert('고객님은 버튼을 ' + ref.current + '번 클릭했습니다.');

 }

 return (
            <>
                        <button onClick= { handleClick }>클릭하세요</button><br />
                        버튼을 {count}회 클릭했습니다.
            </>
 );
}
const test = ReactDOM.createRoot ( document.getElementById('root') );
test.render ( <Counter /> );
```

◐ 렌더링 결과　　[클릭하세요] 버튼을 3회 클릭한 상황

https://narinpublisher.github.io/my-react/index.21.5.2.1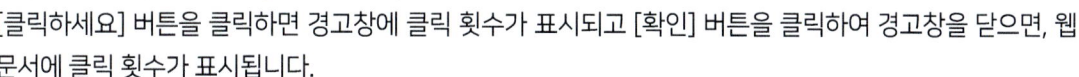

[클릭하세요] 버튼을 클릭하면 경고창에 클릭 횟수가 표시되고 [확인] 버튼을 클릭하여 경고창을 닫으면, 웹 문서에 클릭 횟수가 표시됩니다.

그림 21.5.2.1 [클릭하세요] 버튼을 3회 클릭한 상태

21-06. 리액트 useReducer 훅

- useReducer 후크는 useState 후크와 유사합니다.
- 사용자 정의 static 로직을 허용합니다.
- 복잡한 논리에 의존하는 여러 state를 추적하고 있다면 useReducer가 더 나을 수 있습니다.

컴포넌트에서 관리하는 값이 딱 하나고, 그 값이 단순한 숫자, 문자열 또는 boolean 값이라면 확실히 useState 로 관리하는게 편할 것입니다. 하지만, 만약에 컴포넌트에서 관리하는 값이 여러개가 되면서 state 구조가 복잡해진다면, useReducer로 관리하는 것이 더 편리할 수 있습니다.

● useReducer 훅에서 사용하는 3개의 매개변수
useReducer Hook는 현재의 state와 dispatch메서드를 반환합니다.

> **useReducer(reducer, initialArg , init?)**
>
> ① reducer: (필수) state가 업데이트되는 방법을 지정하는 감속기(reducer) 함수입니다. 순수해야 하고 state와 action을 인수로 가져와야 하며 다음 state를 반환해야 합니다. 상태(state)와 작업(action)은 모든 유형(type)이 될 수 있습니다.
> ② initialArg: (필수) 초기 상태가 계산되는 값입니다. 모든 type의 값이 될 수 있습니다. 초기 state가 계산되는 방법은 다음 init 인수에 따라 다릅니다.
> ③ init: (옵션) 초기 state를 반환해야 하는 초기화 함수입니다. 초기 state는 init(initialArg) 호출 결과로 설정됩니다. 지정하지 않으면 초기 상태는 initialArg로 설정됩니다.

21-06-01. 만보걷기 도전에서 실천한 걸음 횟수 입력하기

React는 현재 state(상태)와 action(작업)을 reducer(감속기함수)에 전달합니다 . 감속기(reducer)는 다음 state를 계산하고 반환합니다. React는 다음 state를 저장하고, 이를 사용하여 컴포넌트를 렌더링하고, UI를 업데이트합니다.

◆ walk.js
C:\Users\컴퓨터이름\my-app\src\walk.js

```
import { useReducer } from 'react';

function reducer( state , action ) {
 if ( action.type === '나이 추가' ) {
   return {
     walk: state.walk + 1000
   };
 }
  throw Error( '작업 수행할 수 없습니다.' );
}

export default function Counter() {
  const [ state, dispatch ] = useReducer( reducer, { walk: 1000 } );

  return (
   <>
     <p>어제 만보걷기 도전에서 { state.walk }보를 실천했습니다.</p>
     <button onClick= { () => { dispatch( { type: '나이 추가' } ) }}> 걸음 횟수 추가 </button>
   </>
  );
}
```

◆ index.js
C:\Users\컴퓨터이름\my-app\src\index.js

```
import ReactDOM from 'react-dom/client';
import Walk from "./walk";

const myWalk = ReactDOM.createRoot ( document.getElementById('root') );
myWalk.render ( <Walk /> );
```

◐ 무설치 방식의 리액트 HTML : index.21.6.1.1.html

```
<!DOCTYPE html>
<html lang="ko">
 <head>
  <meta charset="utf-8">
  <meta name='viewport' content='width=device-width'>
  <title>리액트 테스트</title>
  <script src="https://unpkg.com/react@18/umd/react.development.js" crossorigin></script>
  <script src="https://unpkg.com/react-dom@18/umd/react-dom.development.js" crossorigin></script>
  <script src="https://unpkg.com/@babel/standalone/babel.min.js"></script>
 </head>
 <body>
        <div id="root"></div>
        <script type="text/babel" src='index.21.6.1.1.js'></script>
 </body>
</html>
```

◐ 무설치 방식의 리액트 JS : index.21.6.1.1.js

```
function reducer( state , action ) {
 if ( action.type === '나이 추가' ) {
   return {
     walk: state.walk + 1000
   };
 }
 throw Error( '작업 수행할 수 없습니다.' );
}

function Counter() {
 const [ state, dispatch ] = React.useReducer( reducer, { walk: 1000 } );

 return (
  <>
    <p>어제 만보걷기 도전에서 { state.walk }보를 실천했습니다.</p>
    <button onClick={ () => { dispatch({ type: '나이 추가' } ) }}> 걸음 횟수 추가 </button>
  </>
 );
}

const myWalk = ReactDOM.createRoot ( document.getElementById('root') );
myWalk.render ( <Counter /> );
```

◐ **렌더링 초기 상태**

https://narinpublisher.github.io/my-react/index.21.6.1.1.html

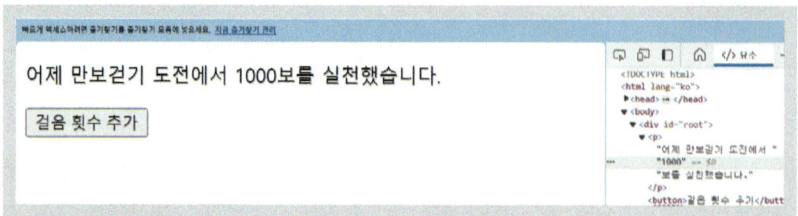

그림 21.6.1.1 렌더링 초기 상태

◐ **[걸음 횟수 추가] 버튼을 6회 클릭한 상태**

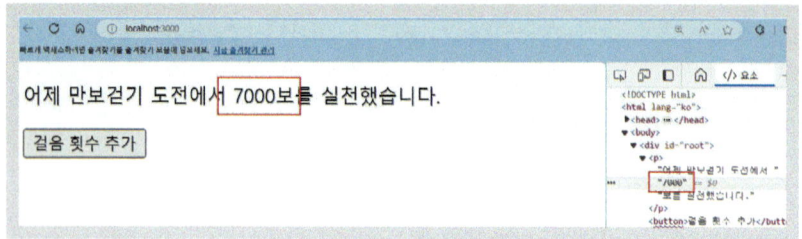

그림 21.6.1.2 [걸음 횟수 추가] 버튼을 6회 클릭한 상태

21-06-02. 증가/감소 버튼을 클릭하여 출석 일수 표시하기

useReducer Hook을 이용하여 증가/감소 버튼에 따라 카운트가 증감하게 만들어 봅시다. switch문을 사용하여 action.type이 일치하면 state.count 값이 감소 또는 증가합니다.

◆ **count.js**

C:\Users\컴퓨터이름\my-app\src\count.js

```js
import { useReducer } from "react";

function reducer( state , action ) {
  console.log( state );
  console.log( action );

  switch ( action.type ) {
    case "감소":
      return { count: state.count - 1 };
    case "증가":
      return { count: state.count + 1 };
```

```
    default:
      throw new Error( "action.type을 점검해 주세요!" , action.type );
  }
}

function Counter() {
  const [ number, dispatch ] = useReducer( reducer, { count: 0 } );

  return (
    <section>
      <h3>홍길동님은 이번 학습 과정에서<br /><b>{ number.count }</b>일을 출석했습니다.</h3>
      <button onClick= { () => dispatch( { type: "감소" } ) }> - </button> 
      <button onClick= { () => dispatch( { type: "증가" } ) }> + </button>
    </section>
  );
}

export default Counter;
```

◆ count.css
C:₩Users₩컴퓨터이름₩my-app₩src₩count.css

```
@charset 'utf-8';

section {
        max-width: 300px;
        margin: auto;
        border: 3px dashed tomato;
        text-align: center;
        padding: 20px;
}
b {
        font-size:1.5rem;
        color:red;
}
```

◆ index.js

C:₩Users₩컴퓨터이름₩my-app₩src₩index.js

```
import ReactDOM from 'react-dom/client';
import Count from "./count";
import './count.css';

const myBread = ReactDOM.createRoot ( document.getElementById('root') );
myBread.render ( <Count /> );
```

◐ 무설치 방식의 리액트 HTML : index.21.6.2.1.html

```
<!DOCTYPE html>
<html lang="ko">
 <head>
  <meta charset="utf-8">
  <meta name='viewport' content='width=device-width'>
  <title>리액트 테스트</title>
  <script src="https://unpkg.com/react@18/umd/react.development.js" crossorigin></script>
   <script src="https://unpkg.com/react-dom@18/umd/react-dom.development.js" crossorigin></script>
  <script src="https://unpkg.com/@babel/standalone/babel.min.js"></script>
  <link rel='stylesheet' href='count.21.6.2.1.css'>
 </head>
 <body>
      <div id="root"></div>
      <script type="text/babel" src='index.21.6.2.1.js'></script>
 </body>
</html>
```

◐ 무설치 방식의 리액트 JS : index.21.6.2.1.js

```
function reducer( state , action ) {
 console.log( state );
 console.log( action );

 switch ( action.type ) {
  case "감소":
   return { count: state.count - 1 };
  case "증가":
   return { count: state.count + 1 };
  default:
```

```
      throw new Error( "action.type을 점검해 주세요!" , action.type );
  }
}

function Counter() {
  const [ number, dispatch ] = React.useReducer( reducer, { count: 0 } );

  return (
    <section>
      <h3>홍길동님은 이번 학습 과정에서<br /><b>{ number.count }</b>일을 출석했습니다.</h3>
      <button onClick= { () => dispatch( { type: "감소" } ) }> - </button> 
      <button onClick= { () => dispatch( { type: "증가" } ) }> + </button>
    </section>
  );
}

const myBread = ReactDOM.createRoot ( document.getElementById('root') );
myBread.render ( <Counter /> );
```

◐ 무설치 방식의 리액트 CSS : count.21.6.2.1.css

```
@charset 'utf-8';

section {
        max-width: 300px;
        margin: auto;
        border: 3px dashed tomato;
        text-align: center;
        padding: 20px;
}
b {
        font-size:1.5rem;
        color:red;
}
```

◐ 렌더링 결과

https://narinpublisher.github.io/my-react/index.21.6.2.1.html

[+] 버튼을 3회 그리고 [-] 버튼을 1회 클릭한 후, 콘솔 창에서 count 속성 값과 type 속성 값을 확인 할 수 있습니다.

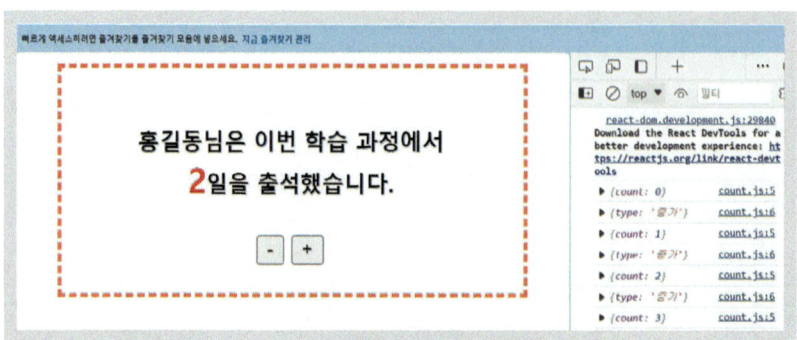

림 21.6.2.1 [+]버튼 3회, [-]버튼 1회를 클릭한 상태

21-07. 리액트 useCallback 훅

- React useCallback Hook은 메모된 콜백 함수를 반환합니다.
- 메모이제이션은 값을 다시 계산할 필요가 없도록 값을 캐싱합니다.
- 이를 통해 리소스를 많이 사용하는 기능을 격리하여 모든 렌더링에서 자동으로 실행되지않도록 할 수 있습니다.
- useCallback Hook은 종속성 중 하나가 업데이트될 때만 실행되므로 성능이 향상될 수 있습니다.
- useCallback과 useMemo Hook은 유사합니다. 주요 차이점은 useMemo는 **메모된 값을 반환**하고 useCallback은 **메모된 함수를 반환**한다는 것입니다.
- useCallback을 사용하는 한 가지 이유는 props가 변경되지 않는 한 컴포넌트가 다시 렌더링되는 것을 방지하기 위한 것입니다.

21-07-01. 입력하는 숫자를 이용하여 실시간 계산 표시하기

① <input type= "text" value= { numList } onChange= { change } />
텍스트 박스에 숫자 입력을 시작하게 되면 이벤트 핸들러인 onChange가 트리거 되면서 change 함수형 변수를 호출합니다.

② const getNum = useCallback(() => { return [numList + 10, numList + 100]; } , [numList]);
텍스트 박스에 숫자를 입력하면 change 함수가 실행되면서 numList 상태값이 갱신되고 콜백함수는 갱신 된 numList 으로 재계산되어 변경된 부분만 재렌더링 됩니다.

◈ App.js
C:\Users\컴퓨터이름\my-app\src\App.js

```
import { useState, useCallback } from "react";
import List from "./list";
```

```
export default function App() {
 const [ numList, setList ] = useState(123) ;

 const getNum = useCallback( () => {
  return [ numList + 10, numList + 100 ];
 } , [ numList ] ) ;

 const change = ( e ) => {
  if ( Number(e.target.value )) {
    setList( Number( e.target.value ) );
  } else { alert('숫자만 입력해 주세요.'); }
 };

 return (
   <>
    <div>
      <input type= "text" value= { numList } onChange= { change } /><br />
      <List getNum= { getNum } />
    </div>
   </>
 );
}
```

◆ list.js

① { nums.map((i) => ..... }

리액트에서 가장 유용한 것 중 하나는 배열.map() 방법입니다. 이 .map()메서드를 사용하면 배열의 각 항목에 대해 함수를 실행하여 결과로 새 배열을 반환할 수 있습니다.

② { nums.map((i) => (<div key= { i }> { i } </div>)) }

리액트는 두 트리 (기존요소와 변경점)를 비교하고 자식 요소들을 반복적으로 렌더링하기 위해 명시적으로 key 속성을 사용합니다. key가 없다면, map() 함수는 인자로 주어지는 인덱스를 key로 사용합니다.

C:₩Users₩컴퓨터이름₩my-app₩src₩list.js

```
import { useState, useEffect } from "react";

function List( { getNum } ) {
 const [ nums, setNum ] = useState( [] );

 useEffect( () => {
   setNum( getNum() );
```

```
    }, [ getNum ] );

    return (
      <div style= { { background: '#ddd' , maxWidth: '170px' } } >
         { nums.map( ( i ) => ( <div key= { i }> { i } </div> ) ) }
      </div>
    );
}

export default List;
```

◆ **index.js**

render() 함수는 새로운 리액트 요소 트리를 반환하고 이를 기존의 요소 트리와 비교해 새로운 변경점에 대해서만 재렌더링을 수행합니다.

C:\Users\컴퓨터이름\my-app\src\index.js

```
import ReactDOM from "react-dom/client";
import MyApp from "./App";

const root = ReactDOM.createRoot(document.getElementById('root'));
root.render(<MyApp />);
```

◐ 무설치 방식의 리액트 HTML : index.21.7.1.1.html

```
<!DOCTYPE html>
<html lang="ko">
 <head>
  <meta charset="utf-8">
  <meta name='viewport' content='width=device-width'>
  <title>리액트 테스트</title>
  <script src="https://unpkg.com/react@18/umd/react.development.js" crossorigin></script>
  <script src="https://unpkg.com/react-dom@18/umd/react-dom.development.js" crossorigin></script>
  <script src="https://unpkg.com/@babel/standalone/babel.min.js"></script>
 </head>
 <body>
       <div id="root"></div>
       <script type="text/babel" src='index.21.7.1.1.js'></script>
 </body>
</html>
```

● 무설치 방식의 리액트 js : index.21.7.1.1.js

```
function List( { getNum } ) {
 const [ nums, setNum ] = React.useState( [] );

 React.useEffect( () => {
  setNum( getNum() );
 }, [ getNum ] );

 return (
  <div style= { { background: '#ddd' , maxWidth: '170px' } } >
       { nums.map( ( i ) => ( <div key= { i }> { i } </div> ) ) }
  </div>
 );
};

function App() {
 const [ numList, setList ] = React.useState(123);

 const getNum = React.useCallback( () => {
  return [ numList + 10, numList + 100 ];
 } , [ numList ] );

 const change = ( e ) => {
  if ( Number(e.target.value )) {
   setList( Number( e.target.value ) );
  } else { alert('숫자만 입력해 주세요.'); }
 };

 return (
  <>
   <div>
    <input type= "text" value= { numList } onChange= { change } /><br />
    <List getNum= { getNum } />
   </div>
  </>
 );
}

const root = ReactDOM.createRoot(document.getElementById('root'));
root.render(<App />);
```

◐ 렌더링 초기상태

https://narinpublisher.github.io/my-react/index.21.7.1.1.html

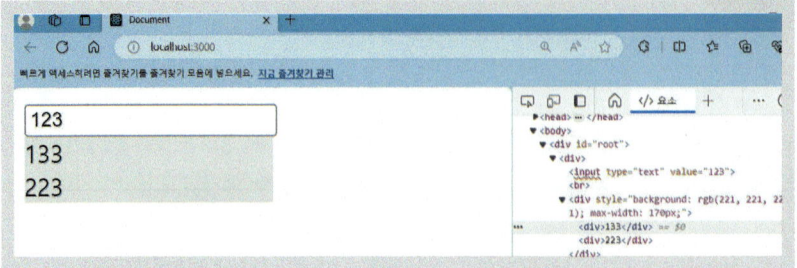

그림 21.7.1.1   렌더링 초기 상태

◐ 숫자 7을 7회 입력한 상태

입력 숫자는 콜백함수에서 재계산되어 (return [numList + 10, numList + 100];) 다시 렌더링 됩니다.

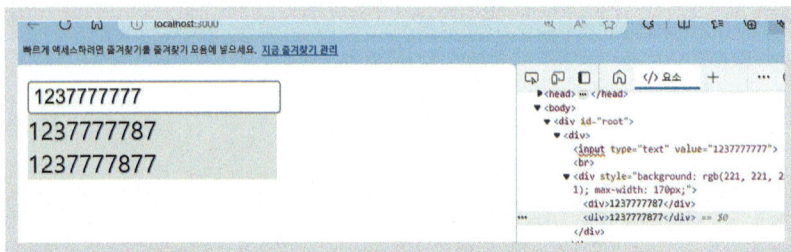

그림 21.7.1.2   숫자 7을 7회 입력한 상태

21-07-02. 토글버튼으로 디자인 적용하거나 삭제하기

텍스트 입력 상자에 숫자를 입력하면 useCallback 훅을 사용하여 필요하지 않은 경우 함수가 다시 생성되는 것을 방지할 수 있습니다. useCallback Hook을 사용하여 Todos 컴포넌트가 불필요하게 다시 렌더링되는 것을 방지하세요. 이 예에서는 할 일이 변경되지 않는 한 Todos 컴포넌트는 다시 렌더링되지 않습니다. 이는 React.memo 섹션에 있는 것과 비슷합니다.

◆ App.js

App() 함수형 컴포넌트는 처음 렌더링 될 때에만 함수형 객체인 getNum을 만들면서 초기화해주고 이후 렌더링에는 이전에 할당받은 getNum 함수형 객체를 재사용하게 됩니다. 메모제이션 된 getNum 함수형 객체값은 의존성 배열 내부에 있는 값이 변경되지 않는 한 다시 초기화되지 않습니다. 의존성 배열 내부의 값이 변경될 때 getNum 함수형 객체는 변경된 값으로 갱신됩니다.

① `<input type="number" ..... />`

텍스트 입력상자는 숫자만 입력 가능하도록 type 속성이 설정되어 있습니다.

② `const change= ( e ) => { if ( Number( e.target.value ) ) {setInput( Number( e.target.value) ); } };`

입력하는 텍스트가 숫자라면 input 태그에서 이벤트 핸들러인 onChange가 트리거 되면서 change 함수형 변수인 change를 호출하여 상태 변수인 input값이 변경됩니다.

③ `<button onClick= { () => setYes(( yes ) => !yes )}> { yes? "디자인 없애기" : "디자인 적용하기" } </button>`

[디자인 적용하기] 버튼은 토글 버튼입니다. 클릭하면 버튼의 value값은 [디자인 없애기]로 변경됩니다.

④ `const [ yes, setYes ] = useState( false );`

[디자인 적용하기] 버튼에서 상태 변수인 yes의 기본값은 false로써 디자인이 적용되지 않은 상태이며, 클릭하면 디자인이 변경됩니다.

C:\Users\컴퓨터이름\my-app\src\App.js

```jsx
import { useState, useCallback } from "react";
import List from "./list";

export default function App() {
  const [ numList, setList ] = useState(123) ;
  const [ yes, setYes ] = useState( false ) ;

  const pinkBox = {
    padding: yes ? "20px" : "20px",
    border: yes ? "3px dashed tomato" : "none",
    background: yes ? "pink" : "none"
  };

  const getNum = useCallback( () => {
    return [ numList + 10, numList + 100 ];
  }, [ numList ] ) ;

  const change = ( e ) => {
    if ( Number( e.target.value ) ) {
      setList( Number( e.target.value ) );
    };
  };

  return (
    <>
      <div style={ pinkBox }>
        <input type="number" value={ numList } onChange={ change } />  
        <button onClick={ () => setYes( ( yes ) => !yes ) } >
          { yes ? "디자인 없애기" : "디자인 적용하기" }
        </button>
        <List getNum={ getNum } />
```

```
      </div>
    </>
  );
}
```

◆ list.js
C:\Users\컴퓨터이름\my-app\src\list.js

```
import { useState, useEffect } from "react";

function List( { getNum } ) {

 const [ nums, setTxt ] = useState( [] ) ;

 useEffect(() => {
  setTxt( getNum() );
 }, [ getNum ] );

 return (
  <div>
     {
            nums.map( ( i ) => ( <div key= { i }> { i } </div> ) )
     }
  </div>
 );
}

export default List;
```

◆ index.js
C:\Users\컴퓨터이름\my-app\src\index.js

```
import ReactDOM from "react-dom/client";
import MyApp from "./App";

const root = ReactDOM.createRoot( document.getElementById( 'root' ) );
root.render( <MyApp /> );
```

◐ 무설치 방식의 리액트 HTML : index.21.7.2.1.html

```html
<!DOCTYPE html>
<html lang="ko">
 <head>
  <meta charset="utf-8">
  <meta name='viewport' content='width=device-width'>
  <title>리액트 테스트</title>
  <script src="https://unpkg.com/react@18/umd/react.development.js" crossorigin></script>
  <script src="https://unpkg.com/react-dom@18/umd/react-dom.development.js" crossorigin></script>
  <script src="https://unpkg.com/@babel/standalone/babel.min.js"></script>
 </head>
 <body>
        <div id="root"></div>
        <script type="text/babel" src='index.21.7.2.1.js'></script>
 </body>
</html>
```

◐ 무설치 방식의 리액트 JS : index.21.7.2.1.js

```jsx
function List( { getNum } ) {

 const [ nums, setTxt ] = React.useState( [] );

 React.useEffect(() => {
  setTxt( getNum() );
 }, [ getNum ] );

 return (
  <div>
        {
                nums.map( ( i ) => ( <div key= { i }> { i } </div> ) )
        }
  </div>
 );
}

function App() {
 const [ numList, setList ] = React.useState(123);
 const [ yes, setYes ] = React.useState( false );

 const pinkBox = {
```

```
    padding: yes ? "20px" : "20px",
    border: yes ? "3px dashed tomato" : "none",
    background: yes ? "pink" : "none"
  };

  const getNum = React.useCallback( () => {
    return [ numList + 10, numList + 100 ];
  }, [ numList ] );

  const change = ( e ) => {
    if ( Number( e.target.value ) ) {
      setList( Number( e.target.value ) );
    };
  };

  return (
    <>
      <div style={ pinkBox }>
        <input type="number" value={ numList } onChange={ change } />  
        <button onClick={ () => setYes( ( yes ) => !yes ) } >
          { yes ? "디자인 없애기" : "디자인 적용하기" }
        </button>
        <List getNum={ getNum } />
      </div>
    </>
  );
}

const root = ReactDOM.createRoot( document.getElementById( 'root' ) );
root.render( <App /> );
```

● 렌더링 초기상태
https://narinpublisher.github.io/my-react/index.21.7.2.1.html

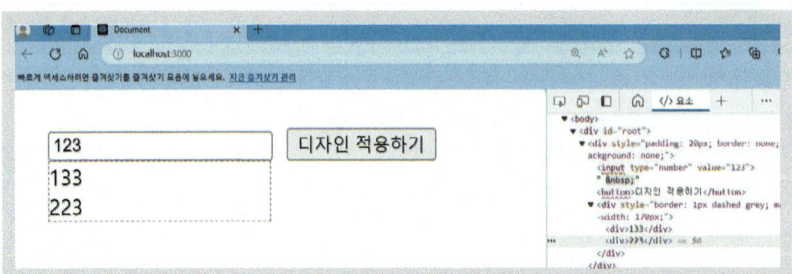

그림 21.7.2.1 렌더링 초기 상태

● [디자인 적용하기] 버튼을 클릭하여 디자인이 적용 된 상태

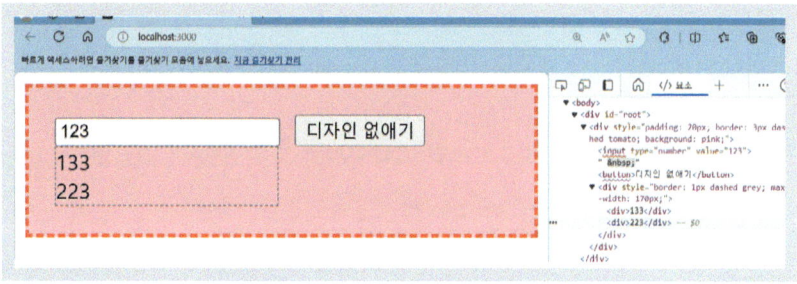

그림 21.7.2.2 [디자인 적용하기]버튼을 클릭한 상태

21-08. 리액트 useMemo 훅

- React useMemo Hook은 메모된 값을 반환합니다.
- 메모이제이션은 값을 다시 계산할 필요가 없도록 값을 캐싱합니다.
- useMemo Hook은 종속성 중 하나가 업데이트될 때만 실행되며 이렇게 하면 성능이 향상될 수 있습니다.
- useMemo Hook와 useCallback Hook은 유사합니다. 주요 차이점은 useMemo는 **메모된 함수의 결과값을 반환**하고 useCallback은 메모된 함수 자체를 반환합니다.
- useMemo 후크는 비용이 많이 들고 리소스 집약적인 기능이 불필요하게 실행되는 것을 방지하는 데 사용할 수 있습니다.
- 유의할 점이 있는데, useMemo는 초기화하는 동안 애플리케이션의 속도를 늦추는 경향이 있습니다.

> const memo = useMemo(calculateValue 계산값 함수 , dependencies 존속성 목록);
> calculateValue는 캐시 하려는 값을 계산하는 순수 함수.
> dependencies는 calculateValue에서 참조된 모든 값의 목록. (React는 여기에 담겨 있는 종속성들을 이전 값과 비교하여 변화가 있는지를 판단하게 됨.)

21-08-01. [+]버튼을 클릭하는 횟수만큼 카운트 수와 합계 증가하기

useMemo 후크를 사용하여 calcu 함수를 메모할 수 있습니다. 이렇게 하면 필요할 때만 함수가 실행됩니다. useMemo를 사용하여 calcu 함수 호출을 래핑할 수 있습니다. useMemo Hook은 종속성을 선언하기 위해 두 번째 매개변수를 허용합니다. calcu 함수는 종속성이 변경된 경우에만 실행됩니다. calcu 함수는 count가 변경될 때만 실행되고 할 일이 추가될 때는 실행되지 않습니다.

◆ **index.js**

① const calcu = (x) => { for (let i = 0; i < 100; i++) { x += 1; } return x; };

calc 함수는 최초 렌더링 때만 자동 실행되며, 이후에는 count가 변경 될 때에만 실행됩니다.

② const plus = () => { setCount((y) => y + 1); };

[+]버튼을 클릭하면 plus 함수가 호출되어 1이 증가 된 count가 setCount 됩니다.

C:₩Users₩컴퓨터이름₩my-app₩src₩index.js

```jsx
import { useState, useMemo } from "react";
import ReactDOM from "react-dom/client";

const App = () => {
  const [ count , setCount ] = useState(0);
  const sum = useMemo( () => calcu( count ) , [ count ] );

  const plus = () => {
    setCount( ( y ) => y + 1 );
  };

  return (
    <section style= {{ maxWidth: '300px' , border: '2px dashed skyblue' , textAlign: 'center' , padding: '10px' , margin: 'auto' }}>
      <h4>카운트를 증가하세요.</h4>
        카운트: { count }  
      <button onClick= { plus }> + </button>   <br />
      <p> 합계: { sum } </p>
    </section>
  );
};

const calcu = ( x ) => {
  for ( let i = 0; i < 100; i++ ) {
    x += 1;
  }
  return x;
};

const root = ReactDOM.createRoot(document.getElementById('root'));
root.render(<App />);
```

◐ 무설치 방식의 리액트 HTML : index.21.8.1.1.html

```html
<!DOCTYPE html>
<html lang="ko">
 <head>
  <meta charset="utf-8">
  <meta name='viewport' content='width=device-width'>
  <title>리액트 테스트</title>
  <script src="https://unpkg.com/react@18/umd/react.development.js" crossorigin></script>
  <script src="https://unpkg.com/react-dom@18/umd/react-dom.development.js" crossorigin></script>
  <script src="https://unpkg.com/@babel/standalone/babel.min.js"></script>
 </head>
 <body>
        <div id="root"></div>
        <script type="text/babel" src='index.21.8.1.1.js'></script>
 </body>
</html>
```

◐ 무설치 방식의 리액트 JS : index.21.8.1.1.js

```jsx
const App = () => {
 const [ count , setCount ] = React.useState(0);
 const sum = React.useMemo( () => calcu( count ) , [ count ] );

 const plus = () => {
  setCount( ( y ) => y + 1 );
 };

 return (
    <section style= {{ maxWidth: '300px' , border: '2px dashed skyblue' , textAlign: 'center' , padding: '10px' , margin: 'auto' }}>
                    <h4>카운트를 증가하세요.</h4>
                      카운트: { count }  
                    <button onClick= { plus }> + </button>    <br />
                    <p> 합계: { sum } </p>
    </section>
 );
};

const calcu = ( x ) => {
 for ( let i = 0; i < 100; i++ ) {
  x += 1;
```

```
  }
  return x;
};

const root = ReactDOM.createRoot(document.getElementById('root'));
root.render(<App />);
```

◐ 렌더링 결과

https://narinpublisher.github.io/my-react/index.21.8.1.1.html

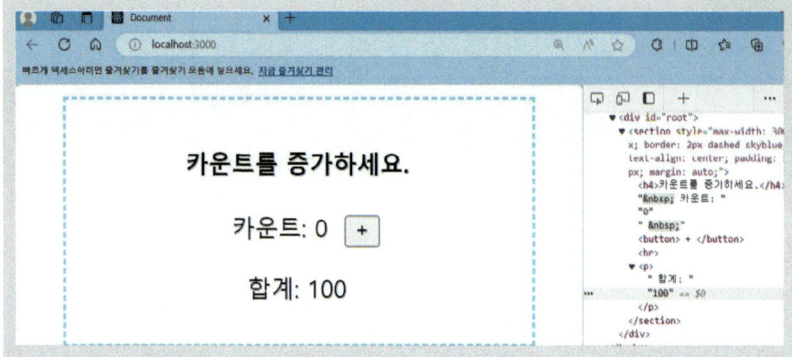

그림 21.8.1.1 렌더링 초기 상태

◐ [+] 버튼을 7회 클릭한 상태

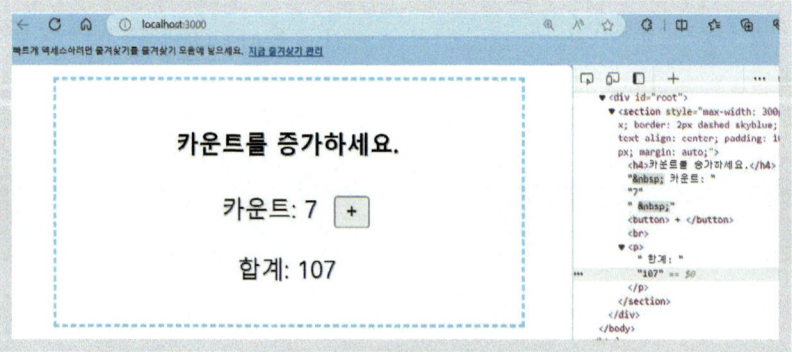

그림 21.8.1.2 [+] 버튼을 7회 클릭한 상태

21-08-02. 어제 식사한 칼로리는 몇 칼로리 입니까? (칼로리 증/감 버튼)

1500 숫자를 메모해 둔 후 [-]버튼이나 [+]버튼을 클릭하면 count 상태가 변경되면 calcu 함수가 실행되면서 1500 숫자와 가/감 숫자가 변경됩니다.

◆ index.js

① const cal = useMemo(() => calcu(count) , [count]);
　useMemo 후크를 사용하여 calcu 함수를 메모해 두었다가 필요할 때만 함수가 실행됩니다.

② const calcu = (num) => { for (let i = 0; i < 1500; i++) { num += 1; } return num; };
　calcu 함수는 종속성이 변경된 경우에만 실행되므로 count가 변경될 때만 실행됩니다.

C:\Users\컴퓨터이름\my-app\src\index.js

```jsx
import { useState, useMemo } from "react";
import ReactDOM from "react-dom/client";

const App = () => {
  const [ count, setCount ] = useState(0);
  const cal = useMemo( () => calcu( count ) , [ count ] );

  const plus = () => {
    setCount( ( x ) => x + 1 );
  };

  const minus = () => {
    setCount( ( y ) => y - 1 );
  };

  return (
    <section style= {{ maxWidth: '300px' , border: '2px dashed skyblue' , textAlign: 'center' , padding:
     '10px' , margin: 'auto' }}>
            <h4> 어제 식사는 총 몇 칼로리입니까? </h4>
                <p> {cal} 칼로리 </p>
                <button onClick= { minus }> - </button>
                  증/감: { count }  
                <button onClick= { plus }>  + </button>
    </section>
  );
};

const calcu = ( num ) => {
  for ( let i = 0; i < 1500; i++ ) {
    num += 1;
  }
```

```
    return num;
};

const root = ReactDOM.createRoot(document.getElementById('root'));
root.render(<App />);
```

● 무설치 방식의 리액트 HTML : index.21.8.1.1.html

```
<!DOCTYPE html>
<html lang="ko">
  <head>
    <meta charset="utf-8">
    <meta name='viewport' content='width=device-width'>
    <title>리액트 테스트</title>
    <script src="https://unpkg.com/react@18/umd/react.development.js" crossorigin></script>
    <script src="https://unpkg.com/react-dom@18/umd/react-dom.development.js" crossorigin></script>
    <script src="https://unpkg.com/@babel/standalone/babel.min.js"></script>
  </head>
  <body>
        <div id="root"></div>
        <script type="text/babel" src='index.21.8.2.1.js'></script>
  </body>
</html>
```

● 무설치 방식의 리액트 JS : index.21.8.2.1.js

```
const App = () => {
  const [ count, setCount ] = React.useState(0);
  const cal = React.useMemo( () => calcu( count ) , [ count ] );

  const plus = () => {
    setCount( ( x ) => x + 1 );
  };

  const minus = () => {
    setCount( ( y ) => y - 1 );
  };
```

```
  return (
    <section style= {{ maxWidth: '300px' , border: '2px dashed skyblue' , textAlign: 'center' , padding: '10px' , margin: 'auto' }}>
                    <h4> 어제 식사는 총 몇 칼로리입니까? </h4>
                    <p> {cal} 칼로리 </p>
                    <button onClick= { minus }> - </button>
                      증/감: { count }  
                    <button onClick= { plus }>  + </button>
    </section>
  );
};

const calcu = ( num ) => {
  for ( let i = 0; i < 1500; i++ ) {
    num += 1;
  }
  return num;
};

const root = ReactDOM.createRoot(document.getElementById('root'));
root.render(<App />);
```

◐ 렌더링 결과

https://narinpublisher.github.io/my-react/index.21.8.2.1.html

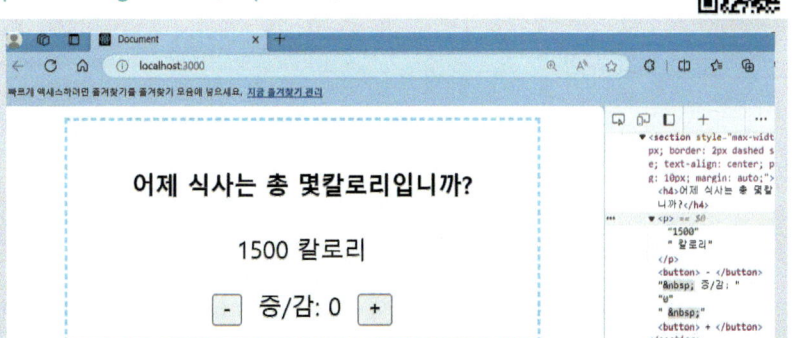

그림 21.8.2.1 렌더링 초기 상태

◐ [+] 버튼을 23회 클릭한 상태

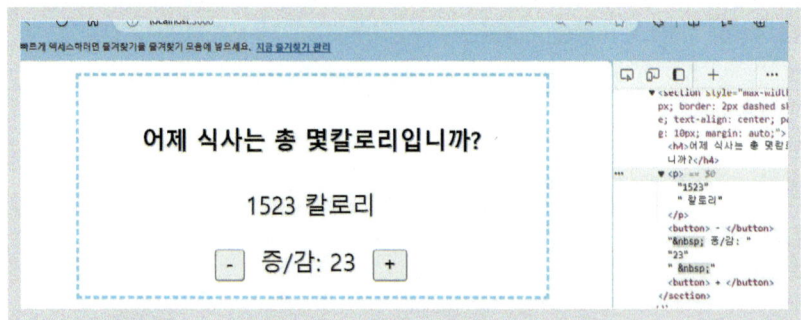

그림 21.8.2.2 [+] 버튼을 23회 클릭한 상태

21-09. 리액트 사용자 훅 (React Custom Hooks)

- 사용자(커스텀) 훅은 중복이 되는 로직을 재사용이 가능하도록, 자신만의 훅을 만드는 것입니다.
- 여러 컴포넌트에서 사용해야 하는 컴포넌트 논리가 있는 경우 해당 논리를 사용자 정의 후크로 추출할 수 있습니다.
- 사용자(커스텀) 후크는 이름이 'use' (예_ useAbcd)으로 시작합니다.

♣ **사용자(커스텀) 훅을 만드는 방법**

① 함수를 만들고, 이름을 'use'로 시작하는 이름으로 사용자(커스텀) 훅을 만듭니다.
 (예_ useAbc, useDefg, useGhijk)
② 해당 함수는 반드시 임의의 값을 반환해야 합니다.
③ 이렇게 만들어 둔 사용자(커스텀) 훅은 다른 훅을 호출하여 사용할 수 있습니다.

21-09-01. JSONPlaceholder 서비스를 이용하여 photo URL 표시하기

① PicUrl 컴포넌트에서 데이터를 가져와 표시합니다.

② 테스트용으로 페이크(가짜) 데이터를 가져오기 위해 JSONPlaceholder 서비스를 사용합니다. 이 서비스는 기존 데이터가 없을 때 애플리케이션을 테스트하는 데 적합합니다.
(페이크 데이터: https://jsonplaceholder.typicode.com/)

③ JSONPlaceholder 서비스를 사용하여 페이크(가짜) "photo" 항목을 가져오고 페이지에 URL을 표시합니다.

● 페이크 데이터 URL: https://jsonplaceholder.typicode.com/photos

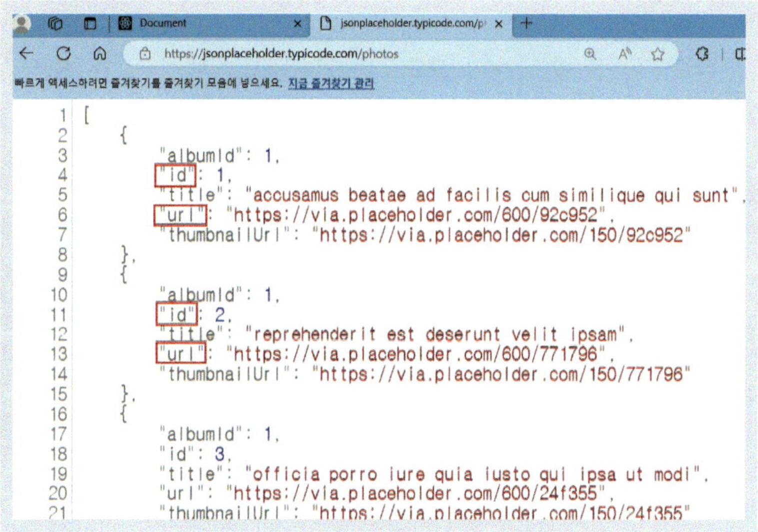

그림 21.9.1.1 JSONPlaceholder에서 photos 페이크 데이터

◈ index.js
C:₩Users₩컴퓨터이름₩my-app₩src₩index.js

```js
import ReactDOM from "react-dom/client";
import useCustom from "./custom";

const PicUrl = () => {
  const [ pic ] = useCustom( "https://jsonplaceholder.typicode.com/photos" );

  return (
    <section>
     { pic &&
      pic.map( ( item ) => {
        return <p key= { item.id }> { item.url } </p>;
    }) }
    </section>
  );
};

const root = ReactDOM.createRoot(document.getElementById('root'));
root.render( <PicUrl /> );
```

CHAPTER 21 리액트 훅 | 327

◈ **custom.js**

① fetch 로직은 다른 컴포넌트에도 필요할 수 있으므로 이를 사용자 정의 Hook로 추출합니다.
② fetch 로직은 사용자 정의 훅으로 사용하기 위해 새로운 파일 쪽에 접근합니다.

> **fetch() 함수는**
> - 자바스크립트에서 제공하는 비동기 네트워크 요청 메서드로, 서버에서 데이터를 받아오는 데 사용됩니다.
> - 원격 API를 간편하게 호출할 수 있도록 브라우저에 내장된 함수로 window 객체에 소속되어 있습니다.
> - Promise(비동기처리 연결)를 반환하며, Response 객체를 resolve하는 새로운 Promise를 생성합니다.
> - fetch 함수는 네트워크 요청을 보내고, 서버로부터 응답을 받습니다. 응답은 promise 객체로 반환되며, 이를 통해 비동기적으로 데이터를 처리할 수 있습니다.

C:\Users\컴퓨터이름\my-app\src\custom.js

```js
import { useState, useEffect } from "react";

const useCustom = ( url ) => {
  const [ pic , setPic ] = useState( null );

  useEffect( () => {
    fetch( url )
      .then( ( res ) => res.json() )
      .then( ( x ) => setPic( x ) );
  }, [ url ] );

  return [ pic ];
};

export default useCustom;
```

● 무설치 방식의 리액트 HTML : index.21.9.1.1.html

```html
<!DOCTYPE html>
<html lang="ko">
  <head>
    <meta charset="utf-8">
    <meta name='viewport' content='width=device-width'>
    <title>리액트 테스트</title>
    <script src="https://unpkg.com/react@18/umd/react.development.js" crossorigin></script>
    <script src="https://unpkg.com/react-dom@18/umd/react-dom.development.js" crossorigin></script>
    <script src="https://unpkg.com/@babel/standalone/babel.min.js"></script>
```

```
</head>
<body>
    <div id="root"></div>
    <script type="text/babel" src='index.21.9.1.1.js'></script>
</body>
</html>
```

◐ 무설치 방식의 리액트 JS : index.21.9.1.1.js

```
const useCustom = ( url ) => {
 const [ pic , setPic ] = React.useState( null );

 React.useEffect( () => {
  fetch( url )
   .then( ( res ) => res.json() )
   .then( ( x ) => setPic( x ) );
 }, [ url ] );

 return [ pic ];
};


const PicUrl = () => {
 const [ pic ] = useCustom( "https://jsonplaceholder.typicode.com/photos" );

 return (
  <section>
   { pic &&
    pic.map( ( item ) => {
     return <p key= { item.id }> { item.url } </p>;
    } ) }
  </section>
 );
};

const root = ReactDOM.createRoot(document.getElementById('root'));
root.render( <PicUrl /> );
```

◐ 렌더링 결과
https://narinpublisher.github.io/my-react/index.21.9.1.1.html

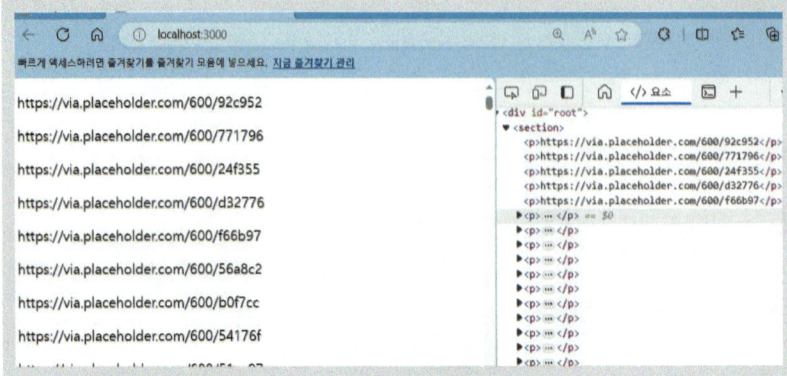

그림 21.9.1.2 렌더링 결과

21-09-02. JSONPlaceholder 서비스를 이용하여 album Title 표시하기

① AlbumTitle 컴포넌트에서 데이터를 가져와 표시합니다.
② 테스트용으로 페이크(가짜) 데이터를 가져오기 위해 JSONPlaceholder 서비스를 사용합니다. 이 서비스는 기존 데이터가 없을 때 애플리케이션을 테스트하는 데 적합합니다. (페이크 데이터: https://jsonplaceholder.typicode.com/)
③ JSONPlaceholder 서비스를 사용하여 페이크(가짜) "album" 항목을 가져오고 페이지에 Title을 표시합니다.

● 페이크 데이터 URL: https://jsonplaceholder.typicode.com/albums

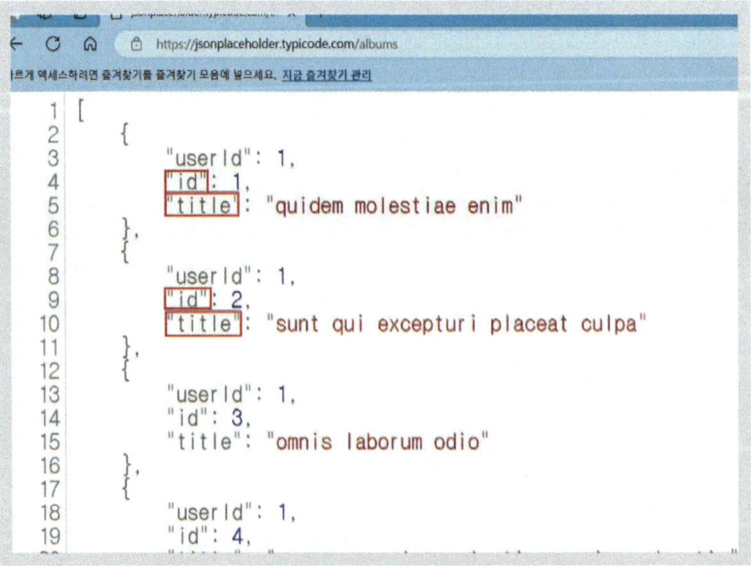

그림 21.9.2.1 JSONPlaceholder에서 albums 페이크 데이터

◆ index.js
C:\Users\컴퓨터이름\my-app\src\index.js

```jsx
import ReactDOM from "react-dom/client";
import myAlbum from "./albums";

const AlbumTitle = () => {
  const [ albumTlt ] = myAlbum( "https://jsonplaceholder.typicode.com/albums" );

  return (
    <section>
     { albumTlt &&
       albumTlt.map( ( list ) => {
         return <p key= { list.id }>  { list.title }   </p>;
      } ) }
    </section>
  );
};

const root = ReactDOM.createRoot(document.getElementById('root') );
root.render( <AlbumTitle /> );
```

◆ albums.js

① fetch 로직은 다른 컴포넌트에도 필요할 수 있으므로 이를 사용자 정의 Hook으로 추출합니다.
② fetch 로직은 사용자 정의 훅으로 사용하기 위해 새로운 파일 쪽에 접근합니다.

> **fetch() 함수는**
> - 자바스크립트에서 제공하는 비동기 네트워크 요청 메서드로, 서버에서 데이터를 받아오는 데 사용됩니다.
> - 원격 API를 간편하게 호출할 수 있도록 브라우저에 내장된 함수로 window 객체에 소속되어 있습니다.
> - Promise(비동기처리 연결)를 반환하며, Response 객체를 resolve하는 새로운 Promise를 생성합니다.
> - fetch 함수는 네트워크 요청을 보내고, 서버로부터 응답을 받습니다. 응답은 promise 객체로 반환되며, 이를 통해 비동기적으로 데이터를 처리할 수 있습니다.

C:\Users\컴퓨터이름\my-app\src\albums.js

```jsx
import { useState, useEffect } from "react";

const useAlbum = ( title ) => {
  const [ tlt , setTlt ] = useState( null );
```

```
  useEffect( () => {
   fetch( title )
     .then( ( response ) => response.json() )
     .then( ( y ) => setTlt( y ) );
  }, [ title ] );

  return [ tlt ];
};

export default useAlbum;
```

◐ 무설치 방식의 리액트 HTML : index.21.9.2.2.html

```html
<!DOCTYPE html>
<html lang="ko">
 <head>
  <meta charset="utf-8">
  <meta name='viewport' content='width=device-width'>
  <title>리액트 테스트</title>
  <script src="https://unpkg.com/react@18/umd/react.development.js" crossorigin></script>
  <script src="https://unpkg.com/react-dom@18/umd/react-dom.development.js" crossorigin></script>
  <script src="https://unpkg.com/@babel/standalone/babel.min.js"></script>
 </head>
 <body>
        <div id="root"></div>
        <script type="text/babel" src='index.21.9.2.2.js'></script>
 </body>
</html>
```

◐ 무설치 방식의 리액트 JS : index.21.9.2.2.js

```
const useAlbum = ( title ) => {
 const [ tlt , setTlt ] = React.useState( null );

 React.useEffect( () => {
  fetch( title )
    .then( ( response ) => response.json() )
    .then( ( y ) => setTlt( y ) );
```

```
  }, [ title ] );

  return [ tlt ];
};

const AlbumTitle = () => {
  const [ albumTlt ] = useAlbum("https://jsonplaceholder.typicode.com/albums");

  return (
    <section>
     { albumTlt &&
       albumTlt.map( ( list ) => {
         return <p key= { list.id }> { list.title } </p>;
     } ) }
    </section>
  );
};

const root = ReactDOM.createRoot(document.getElementById('root') );
root.render( <AlbumTitle /> );
```

◑ 렌더링 결과

https://narinpublisher.github.io/my-react/index.21.9.2.2.html

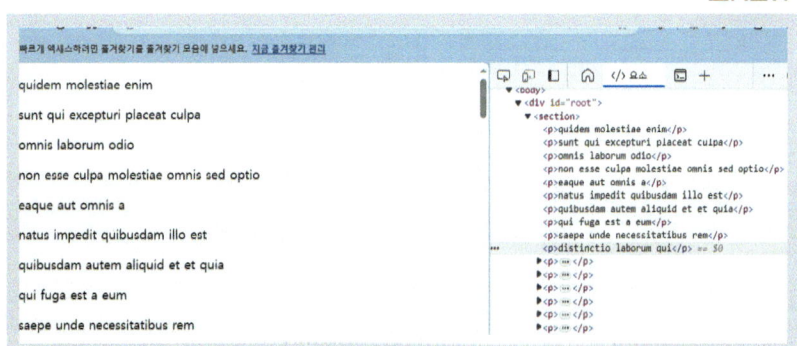

그림 21.9.2.2 렌더링 결과

CHAPTER

22

22. 리액트 포트폴리오 (React Portfolio Page) 336
22-01. useState와 목록 key와 sass를 사용한 웹페이지 336

URL, QR로 미리보고 학습하는 퍼펙트 리액트

리액트
포트폴리오

22 리액트 포트폴리오

22-01. useState와 목록 key와 sass를 활용한 웹페이지

1) 샘플용 이미지를 다운로드합니다.  https://narinpublisher.github.io/portfolio/images.zip
2) 앱을 생성하고 sass 기능을 추가합니다.
   ① 명령 프롬프트 창을 엽니다.

   cmd

   ② [portfolio] 앱을 생성합니다.

   C:\Users\컴퓨터이름> npx create-react-app portfolio

   ③ sass를 설치합니다.

   C:\Users\컴퓨터이름> cd portfolio

   C:\Users\컴퓨터이름\portfolio> npm i sass

3) index.html 페이지를 열고 마크업을 추가/수정합니다.

C:\Users\컴퓨터이름\portfolio\public\index.html

```
<!DOCTYPE html>
<html lang="en">
  <head>
    <meta charset="utf-8" />
    <title>리액트를 활용한 포트폴리오 페이지</title>
    <meta name="viewport" content="initial-scale=1, width=device-width" />
    <link rel="stylesheet" href="https://fonts.googleapis.com/css2?family=Material+Symbols+Outlined:opsz,wght,FILL,GRAD@24,400,0,0">
    <link rel="stylesheet" href="https://fonts.googleapis.com/css2?family=Montserrat:wght@300;400;500;600&display=swap">
  </head>
  <body>
    <div id="root"></div>
  </body>
</html>
```

4) index.js 페이지를 열고 마크업을 추가/수정합니다.

C:\Users\컴퓨터이름\portfolio\src\index.js

```
import ReactDOM from 'react-dom/client';
import MyPort from './myport.js';
```

```
const song = ReactDOM.createRoot ( document.getElementById('root') );
song.render ( <MyPort /> );
```

5) myport.js 페이지를 열고 마크업을 추가/수정합니다.
C:₩Users₩컴퓨터이름₩portfolio₩src₩myport.js

```
import { useState } from 'react';
import './imgList.scss';

function ImgList() {

    const menus= [
        {id: 1,   txt: 'ALL' },
        { id: 2,  txt: 'Web Design' },
        { id: 3,  txt: 'Development' },
        { id: 4,   txt: 'Marketing' }
    ];

    const items= [
        { id: 1,  sr: './images/logo.png',  al: 'sample image' },
        { id: 2,  sr: './images/logo.png',  al: 'sample image' },
        { id: 3,  sr: './images/logo.png',  al: 'sample image' },
        { id: 4,  sr: './images/logo.png',  al: 'sample image' },
        { id: 5,  sr: './images/logo.png',  al: 'sample image' },
        { id: 6,  sr: './images/logo.png',  al: 'sample image' },
        { id: 7,  sr: './images/logo.png',  al: 'sample image' },
        { id: 8,   sr: './images/logo.png', al: 'sample image' },
        { id: 9,  sr: './images/logo.png',  al: 'sample image' }
    ];

    const portList= [
        {
            id: 1,
            sr: './images/sample01.jpg',
            al: 'Web Design',
            hre: '#',
            class1: 'web',
            class2: 'material-symbols-outlined'

        }, {
            id: 2,
            sr: './images/sample02.jpg',
            al: 'Development',
            hre: '#',
            class1: 'de',
            class2: 'material-symbols-outlined'
```

```
        }, {
                id: 3,
                sr: './images/sample03.jpg',
                al: 'Development',
                hre: '#',
                class1: 'de',
                class2: 'material-symbols-outlined'
        }, {
                id: 4,
                sr: './images/sample04.jpg',
                al: 'Web Design',
                hre: '#',
                class1: 'web',
                class2: 'material-symbols-outlined'
        }, {
                id: 5,
                sr: './images/sample05.jpg',
                al: 'Marketing',
                hre: '#',
                class1: 'ma',
                class2: 'material-symbols-outlined'
        }, {
                id: 6,
                sr: './images/sample06.jpg',
                al: 'Web Design',
                hre: '#',
                class1: 'web',
                class2: 'material-symbols-outlined'
        },{
                id: 7,
                sr: './images/sample07.jpg',
                al: 'Web Design',
                hre: '#',
                class1: 'web',
                class2: 'material-symbols-outlined'
        },{
                id: 8,
                sr: './images/sample08.jpg',
                al: 'Development',
                hre: '#',
                class1: 'de',
                class2: 'material-symbols-outlined'
        },{
                id: 9,
                sr: './images/sample09.jpg',
                al: 'Marketing',
                hre: '#',
                class1: 'ma',
```

```
                    class2: 'material-symbols-outlined'
            }
];
/*menu 는 menus 객체 배열에서 각 values 이며, choice 는 active라는 state 값이고,
change 는 active 라는 state 값을 setActive 하여 갱신 */
const Items = ( { menu, choice, change } ) => {
        const same = choice === menu.txt || choice === '';

        return (
                    <button className={ same ? 'active' : '' }
                        onClick={ () => {  change( menu.txt ); } }
                    >{ menu.txt }</button>
        );
};
//메뉴 활성화 등에 사용되는 state 부분이며, useState(menus[0].txt)라면, 메뉴 초기상태가 활
성화되지 않음.
const [ active, setActive ] = useState( menus[0].txt );
/* i는 현재값,  j는 index
let PortList 에서 PortList 첫글자는 대문자,  portList.map 는 첫글자가 소문자임에 주의! */

let PortList = portList.map ( ( i , j ) =>    {
            //클릭한 버튼의 텍스트에 따라 보여야 할 포트폴리오의 클래스명이 결정됨.
            if ( active === i.al ) {
                    return (
                            <section key= { j } className={ i.class1 }>
                                <img src= { i.sr } alt={ i.al } />
                                <div>
                                    <h4>{ i.al }</h4>
                                    <a href={ i.hre } className={ i.class2 }>favorite</a>
                                    <a href={ i.hre } className={ i.class2 }>search</a>
                                </div>
                            </section>
                    )
            }       else if ( active === 'ALL' ) {
                    return (
                            <section key= { j } className= { i.class1 }>
                                <img src= { i.sr } alt= { i.al } />
                                <div>
                                    <h4>{ i.al }</h4>
                                    <a href= { i.href } className={ i.class2 }>favorite</a>
                                    <a href= { i.href } className={ i.class2 }>search</a>
                                </div>
                            </section>
                    );
```

```
            }
        });

        return (
            <div>
                <section id="layout">
                    <h1>My Portfolio</h1>
                    <p>I love what I do. I take great pride in what I do.</p>
                    <hr />
                    <nav>
                        { menus.map( ( i, j ) => (
                            <Items key= { j } menu= { i } choice=
{ active }
                            change= { setActive } />
                        )) }
                    </nav>
                    <div id="samples">
                        { PortList }
                    </div>
                </section>
            </div>
        );
    };

    export default ImgList;
```

6) imgList.scss로 디자인 스타일을 작업 합니다.

C:₩Users₩컴퓨터이름₩portfolio₩src₩imgList.scss

```scss
@charset "utf-8";

* {
    margin: 0; padding: 0; box-sizing: border-box;
}
body,h1,button {
    margin: 0; font-family: 'Montserrat', sans-serif;
}
::-webkit-scrollbar {
    width: 0;
}
#root {
    padding:50px; text-align: center;
    background-image: linear-gradient( to bottom, #eee 0% 2.5pt, #fff 50pt );
    background-attachment: fixed;
}
```

```css
#layout {
        max-width: 1300px; margin: auto; /*border: 2px solid blue;*/
}
#samples {
        display: flex; flex-wrap: wrap; justify-content: center; align-items: flex-end;
}
section {
        transition: 0.5s;
}
h1 {
        font-size: 2.3rem;
}
p {
        font-weight: 300;
}
hr {
        max-width: 80px; height: 1.5pt; background: #bbb; border: none;
        margin: 25pt auto 40pt;
}
button {
        padding: 9.2pt 30pt 9.5pt; font-weight: 400; margin: 10px 10px 50px;
        transition: 0.5s;
        background: transparent;
        border:none; cursor:pointer;
}
button.active, button:hover {
        background: black; color: white;
}
img {
        display: block; width: 100%; transition: 0.5s;
}
#samples section {
        overflow: hidden; max-width: 300px; height: 200px; margin: 10pt;
        display: flex; justify-content: center; align-items: center;
        position: relative; border-radius: 5pt; transition: 0.5s;
}
#samples section:hover {
        transform: translateY(-7pt); box-shadow: 0 0 7px rgba(0,0,0, 0.7);
        background: black; cursor: pointer;
}
#samples section:hover img {
        opacity: 0.3;
}
```

```css
#samples section:hover div {
        transform: scale(1); opacity: 1;
}
#samples section:hover a {
}
#samples div {
        position: absolute;  top: 30%; left: 0; width:100%; color: white; opacity: 0;
        transform: scale(0.7); transition: 0.5s;
}
#samples h4 {
        margin-bottom: 10px;
}
#samples a {
        padding: 4pt; border-radius: 50%; margin: 3pt; border: 2px solid white;
        text-decoration: none; color: white; transition: 0.5s;
}
#samples a:hover {
        background: white; color: black;
}

nav {
        display:flex; justify-content:center; width:100%;
}

/************************/
@media(max-width: 1096px) {
        #samples section {
                width: 45%; max-width: initial; height: 450px;
        }
}
@media(max-width: 780px) {
        nav button {
                margin: 0 0 20pt 0; padding: 6pt 10px;
        }
}
@media(max-width: 649px) {
        #samples section {
                width: 100%;
                height:200px;
        }
}
```

7) 포트폴리오 페이지를 웹에 게시하기 위해서 명령 프롬프트 창을 열고 작업 디렉토리로 이동한 후, npm run build 하면 웹 문서가 경량으로 압축됩니다.

```
C:\Users\컴퓨터이름\portfolio> npm run build
```

```
Windows PowerShell
Local:            http://localhost:3000
On Your Network:  http://▓▓▓▓▓▓▓▓:3000

Note that the development build is not optimized.
To create a production build, use npm run build.

webpack compiled successfully
```

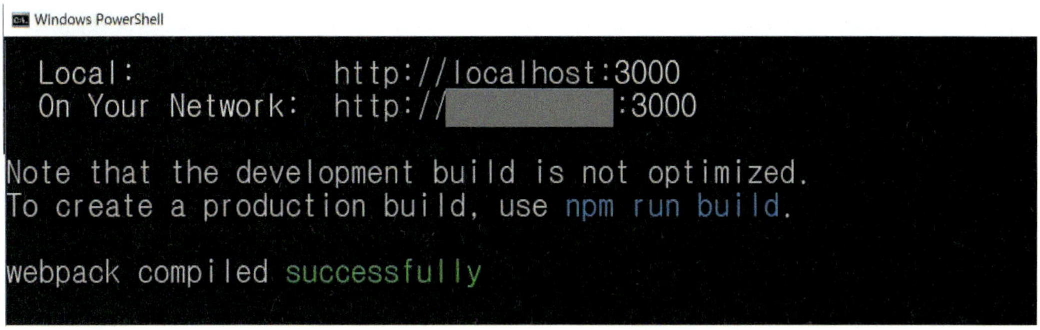

그림 22.1 웹에 게시하기 위해 npm run build 한 상태

8) 작업 폴더(예: portfolio)를 열면 새롭게 [build] 폴더가 생성되었습니다. build 폴더 안에 있는 파일들 중 불필요한 파일은 제거합니다.

그림 22.2 작업 폴더를 열고 새롭게 생성된 build 폴더를 확인

9) static 폴더안에 있는 파일들은 파일 명을 변경하고 경로도 변경할 수 있습니다. css와 js 파일들을 다른이름으로 저장하여 숫자를 제거할 수 있으며 파일 경로도 변경할 수 있습니다. css와 js 모두 map과 txt파일은 불필요하니 제거합니다.

그림 22.3 css와 js는 파일명을 변경하여 숫자 제거

10) css 폴더와 js 폴더를 static 폴더 밖으로 옮기고 static 폴더는 제거합니다.

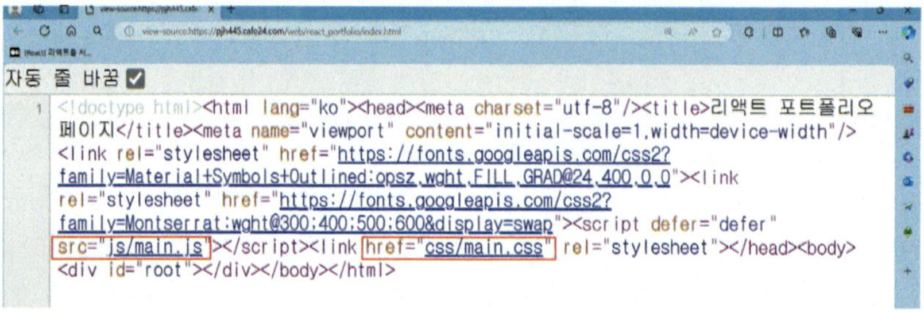

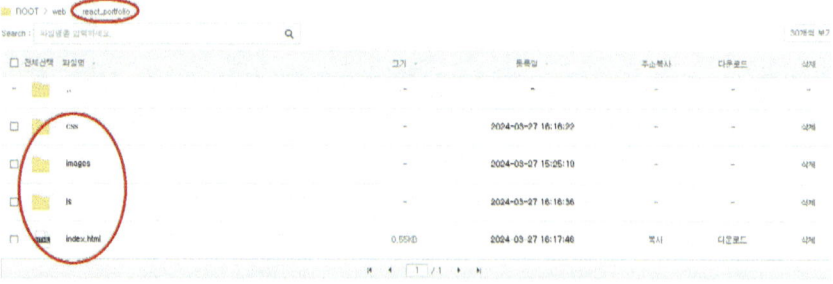

그림 22.4 작업 폴더를열고 새롭게 생성된 build 폴더를 확인

11) index.html 파일을 열고 css와 js 파일명과 경로를 수정합니다. 압축된 코드라서 줄바꿈이 없는 상태입니다.

<!doctype html><html lang="**ko**"><head><meta charset="utf-8"/><title>리액트 포트폴리오 페이지</title><meta name="viewport" content="initial-scale=1,width=device-width"/><link rel="stylesheet" href="https://fonts.googleapis.com/css2?family=Material+Symbols+Outlined:opsz,wght,FILL,GRAD@24,400,0,0"><link rel="stylesheet" href="https://fonts.googleapis.com/css2?family=Montserrat:wght@300;400;500;600&display=swap"><script defer="defer" src="**js/main.js**"></script><link href="**css/main.css**" rel="stylesheet"></head><body><div id="root"></div></body></html>

12) 유/무료 호스팅 서비스를 이용하여 파일을 업로드 합니다.

그림 22.5 호스팅 서비스를 이용하여 파일 업로드

13) 웹 브라우저로 해당 URL을 입력하여 확인한 후 정상적으로 보이지 않을때는 소스보기(원본보기)로 코드가 올바른지 확인합니다. 문제가 있다면 코드를 수정한 후 재 업로드하고 소스보기를 새로고침하여 정상적으로 업데이트 되었는지 확인합니다.

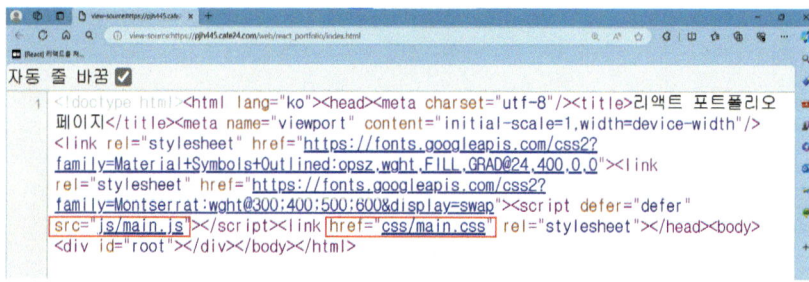

그림 22.6 웹호스팅 업로드 후 index.html 을 소스보기(원본보기) 한 상태

14) js 와 css 파일도 정상적으로 코드가 보이는지 확인합니다.

그림 22.7 호스팅 된 css 파일을 소스보기(원본보기) 한 상태

◆ 렌더링 결과

 - URL : https://narinpublisher.github.io/portfolio/
 - 파일 다운로드 : https://narinpublisher.github.io/portfolio/po.zip

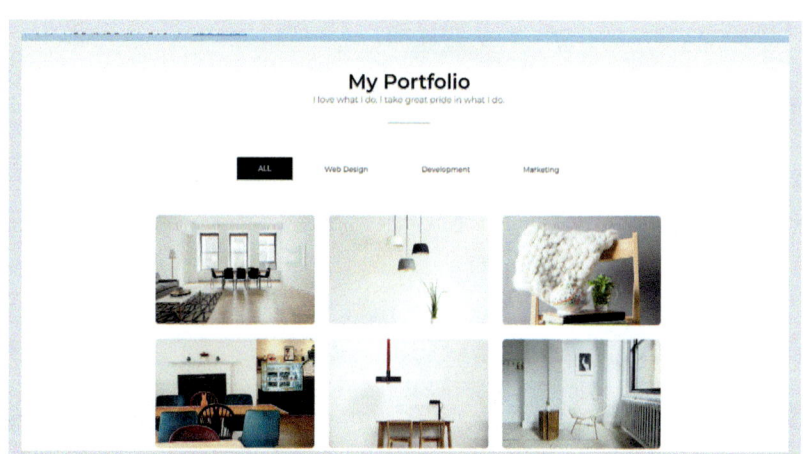

그림 portfolio-1 포트폴리오 페이지 초기화면

◆ 렌더링 결과

- URL : https://narinpublisher.github.io/portfolio/
- 파일 다운로드 : https://narinpublisher.github.io/portfolio/po.zip

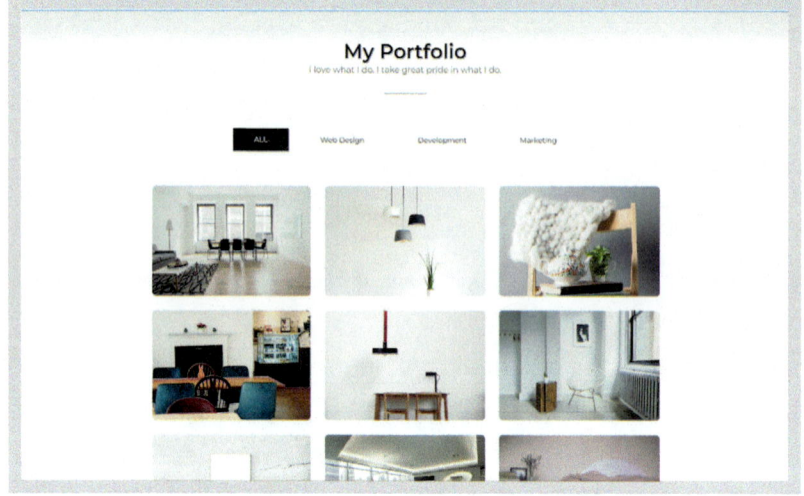

그림 portfolio-1 포트폴리오 페이지 초기화면

◆ 메뉴(내비게이션)에서 [Web Design] 항목이 클릭 된 상태

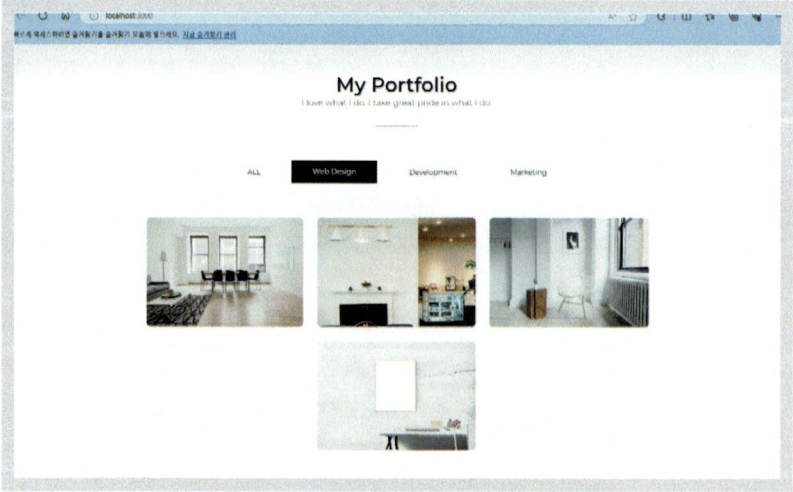

그림 portfolio-2 메뉴에서 [Web Design]을 클릭한 상태

◆ 포트폴리오 썸네일 이미지 영역 중 하나에 마우스오버 한 상태

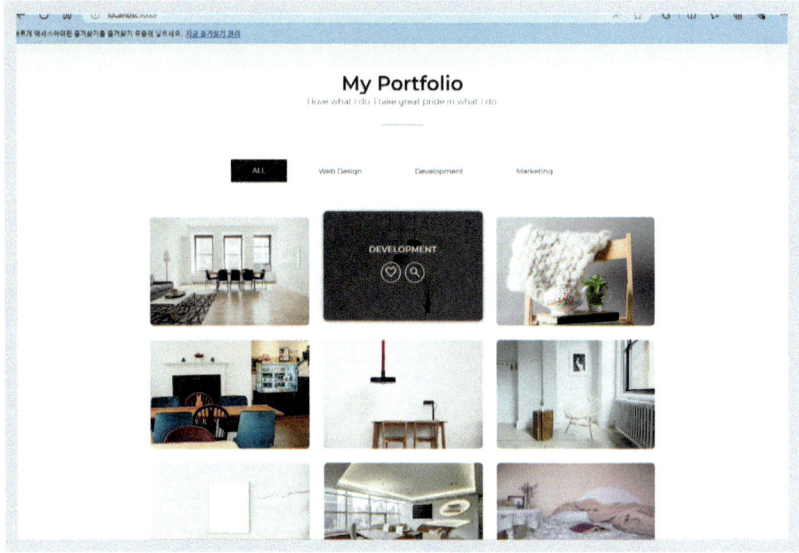

그림 portfolio-3 썸네일 이미지에 마우스오버 한 상태

◆ 포트폴리오 썸네일 이미지 영역에서 돋보기 심벌에 마우스오버 한 상태

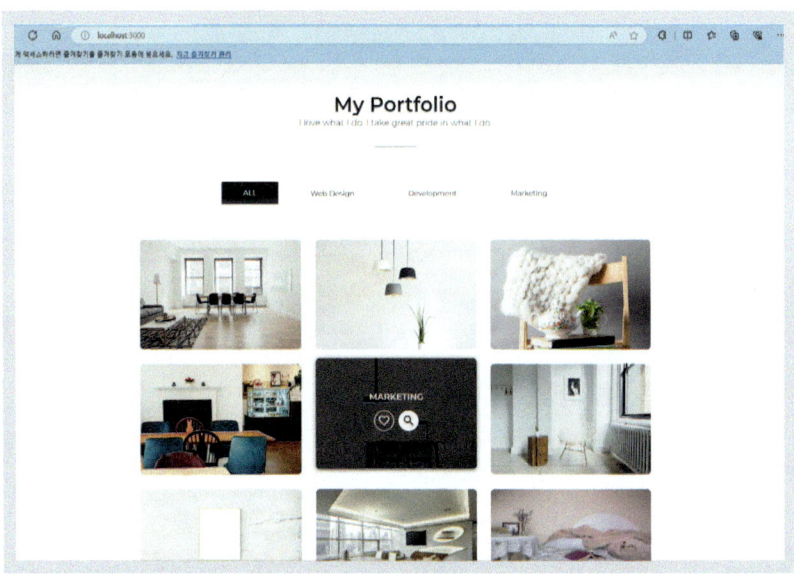

그림 portfolio-4 썸네일 이미지 영역에서 돋보기 심벌에 마우스오버 한 상태

♣ 참고사이트

https://www.w3schools.com/
https://react.dev/
https://developer.mozilla.org/ko/
https://stackoverflow.com/

♡ 감사합니다. 독자분들의 용감한 도전을 응원합니다 ♡
(오탈자 신고 및 문의: narin.books45@gmail.com)